Jüdische Religion, Geschichte und Kultur

Herausgegeben von
Michael Brenner und Stefan Rohrbacher

Band 31

Berndt Schaller

Christlich-akademische Judentumsforschung im Dienst der NS-Rassenideologie und -Politik

Der Fall des Karl Georg Kuhn

Herausgegeben von Ulrich Kusche

Vandenhoeck & Ruprecht

Mit 26 Dokumenten

Bibliografische Information der Deutschen Bibliothek: Die Deutsche Nationalbibliothek verzeichnet diese Publikation in der Deutschen Nationalbibliografie; detaillierte bibliografische Daten sind im Internet über https://dnb.de abrufbar.

© 2021 Vandenhoeck & Ruprecht, Theaterstraße 13, D-37073 Göttingen, ein Imprint der Brill-Gruppe (Koninklijke Brill NV, Leiden, Niederlande; Brill USA Inc., Boston MA, USA; Brill Asia Pte Ltd, Singapore; Brill Deutschland GmbH, Paderborn, Deutschland; Brill Österreich GmbH, Wien, Österreich)
Koninklijke Brill NV umfasst die Imprints Brill, Brill Nijhoff, Brill Hotei, Brill Schöningh, Brill Fink, Brill mentis, Vandenhoeck & Ruprecht, Böhlau, Verlag Antike und V&R unipress.

Alle Rechte vorbehalten. Das Werk und seine Teile sind urheberrechtlich geschützt. Jede Verwertung in anderen als den gesetzlich zugelassenen Fällen bedarf der vorherigen schriftlichen Einwilligung des Verlages.

Umschlagabbildung: Foto der Großen Synagoge von Warschau nach der Zerstörung in 1943. Mit freundlicher Genehmigung von Yad Vashem, Archival Signature 1605/1085.

Umschlaggestaltung: SchwabScantechnik, Göttingen
Satz: le-tex publishing services, Leipzig
Druck und Bindung: Hubert & Co. BuchPartner, Göttingen
Printed in the EU

Vandenhoeck & Ruprecht Verlage | www.vandenhoeck-ruprecht-verlage.com

ISSN 2198–722X
ISBN 978-3-525-50355-3

Adam Cerniaków
Warschau 1880 – Ghetto Warschau 1942

Faybusch Itzkewitsch
Libsko 1891 – Heil- und Pflegeanstalt Pirna 1941

Lea Horowitz, geb. Koller
Dabrova 1891 – KZ Auschwitz 1942

Charles Horowitz
Lańcut 1892 – Bonn 1969

zum Gedenken

Inhalt

Dankwort Familie Schaller 11

Geleitwort Susannah Heschel 13

1. Einleitung 29

2. Biographische Stationen 35
   2.1 Jugend, Schule, Studium, Promotion, Habilitation 35
   2.2 Mitgliedschaft in der NSDAP und SA 38
   2.3 Die wissenschaftliche Karriere 41
   2.4 Öffentliche Vortrags- und Lehrtätigkeit 48
   2.5 Militärdienst 53

3. Wissenschaftliche Publikationen 1933–1942 55
   3.1 Sifre zu Numeri (1933–1936/1959) 55
   3.2 Schriften zur Habilitation (1934/1937) 61
      3.2.1 Die älteste Textgestalt der Psalmen Salomos (1937) ... 61
      3.2.2 Die Entstehung des Namens Jahwe (1935) 62
      3.2.3 Die inneren Voraussetzungen der jüdischen
            Ausbreitung (1935) 62
   3.3 Artikel in „Theologisches Wörterbuch zum Neuen
       Testament" (1933–1942) 65
   3.4 Arbeiten zur „Judenfrage" (1936–1941) 66
      3.4.1 Die Entstehung des talmudischen Denkens (1936/1937) 67
      3.4.2 Weltjudentum in der Antike (1937/1938) 69
      3.4.3 Ursprung und Wesen der talmudischen Einstellung
            zum Nichtjuden (1938) 75
      3.4.4 Die Judenfrage als weltgeschichtliches Problem
            (1938/1939) 77
      3.4.5 Der Talmud – Das Gesetzbuch der Juden (1940 = 1941) 81

4. Rezensionen 1937–1939 85
   4.1 Hermann Schroer, Blut und Geld im Judentum. München 1936 85
   4.2 Antonin Causse, Du groupe ethnique à la communauté
       religieuse. Paris 1937 88

5. Gutachten 1937–1944 91
    5.1 Paul Fiebig, „Talmud-Zitate" und „Neues Testament und
        Nationalsozialismus" (1937) 91
    5.2 Gerichtsverfahren wegen „Rassenschande" (1938) 93
    5.3 „Rassenkundliche" Einordnung der Karäer (1942/1944) 95

6. Sonderauftrag 1940 – Jüdische Gemeinde Warschau 103

7. Kuhns Bearbeitung und „Bewältigung" der NS-Zeit 107
    7.1 Stationen der Entnazifizierung und Rehabilitierung (1945–1954) 107
    7.2 Strategie und Materialien zur Verteidigung 110
    7.3 Der Widerruf (1951/52) 117
        7.3.1 Eigenart und Umstände 118
        7.3.2 Anlass und Zusammenhänge 119
        Exkurs. Ein belastender Entlastungsbrief: Kuhn an
        Charles Horowitz 121
    7.4 Späteres Verhalten: Verweigerung weiterer Erklärungen 128

8. Auswertung – Fakten und Fragen 131
    8.1 Ein widersprüchliches, schwer durchschaubares Bild 131
    8.2 Judaist im antisemitischen Fahrwasser. Zu Ursachen und Motiven .. 134
    8.3 Kuhn zum Reichspogrom 1938 138
    8.4 Anzeichen einer Kehrtwende? – Sifre Numeri am Ende 140

9. Nachwort des Bearbeiters Ulrich Kusche 143

10. Dokumente 145
    1. Paul Fiebig 145
    2. Gutachten Kuhn im „Rassenschande"-Verfahren 148
    3. Berufungen 150
    4. Zum Status der Karaimen 153
    5. Chaim Tykocinski 163
    6. Briefe Horowitz an Kuhn 166

11. Abkürzungsverzeichnis 171
    1. Archivalien 171
    2. Zeitschriften, Reihen, Institutionen 171

12. Literatur 173
   1. Schrifttum Kuhn 173
      I. Veröffentlichungen 1930–1945 173
      II. Berichte und Dokumentationen 174
      III. Artikel in „Theologisches Wörterbuch zum Neuen
           Testament" (1933–1942) 174
      IV. Artikel in „Der neue Brockhaus. Allbuch in 4 Bd."
           Leipzig (1937–1939) 175
      V. Veröffentlichungen nach 1945 – zu schon vor 1945
           bearbeiteten Themen 175
   2. Sekundärliteratur 175

13. Personenregister 193

Bibliographie Berndt Schallers.
Zusammengestellt von Annette Steudel und Lutz Doering 197

Dankwort Familie Schaller

Die Arbeit über Karl Georg Kuhn hat meinen Mann und unseren Vater in den letzten Jahren seines Lebens intensiv beschäftigt. Er hat zahlreiche Archive und Bibliotheken durchforstet und mit vielen Zeitzeugen korrespondiert und gesprochen, um ein möglichst vollständiges Bild zu erhalten. Wann dieses Projekt begann, ist im Nachhinein nicht mehr zu rekonstruieren, er hat aber mindestens seit 2010 daran gearbeitet.

Leider war es ihm aufgrund seiner Erkrankung, die dazu führte, dass die Kräfte und die Konzentration langsam weniger wurden, nicht mehr möglich, dieses Projekt noch ganz abzuschließen. In den letzten Lebensmonaten hat Dr. Ulrich Kusche ihm tatkräftig assistiert. Es war der Wunsch von Berndt Schaller, dass die Arbeit zu einer Publikation von ihm vollendet wird.

Berndt Schaller ist am 1. Mai 2020 gestorben. Wir sind dankbar, dass wir ihn alle gemeinsam in den letzten Tagen seines Lebens zu Hause in der Ludwig-Beck-Straße begleiten konnten.

Wir danken Dr. Ulrich Kusche dafür, dass er das weitgehend fertiggestellte Manuskript anhand der umfangreichen Materialien durchgesehen und an den noch fehlenden Stellen ergänzt hat.

Die Materialien sind inzwischen der Bibliothek der Forschungsstelle „Qumran-Wörterbuch" der Akademie der Wissenschaften zu Göttingen übergeben worden. Sie können dort eingesehen werden. Wir denken, dass dies ein guter Ort ist, um allen, die sich wissenschaftlich mit den Qumran-Arbeiten von Karl Georg Kuhn beschäftigen, einen kritischen Zugang zu seiner Person zu ermöglichen.

Für die Zuschüsse zur Drucklegung durch die Buber-Rosenzweig-Stiftung, die Evangelisch-lutherische Landeskirche Hannovers, die Evangelisch-reformierte Gemeinde Göttingen, die Evangelisch-reformierte Kirche und die Gesellschaft für christlich-jüdische Zusammenarbeit Göttingen danken wir.

Göttingen, den 07.04.2021

Käte Schaller
Joachim Schaller, Jakobe Schaller-Schönhoff, Rahel Schaller

Geleitwort Susannah Heschel

Susannah Heschel ist Eli M. Black Distinguished Professor of Jewish Studies am Dartmouth College.

Warum wird ein frommer christlicher Theologe zu einem begeisterten antisemitischen Propagandisten der Nazis? Wie wird er nach 1945 zu einem akademisch anerkannten und geachteten Experten für Judaistik in der Bundesrepublik? Das ist das Rätsel, das der deutsche protestantische Theologe Karl Georg Kuhn (1906–1976) uns aufgibt, dessen nationalsozialistische Aktivitäten nach dem Krieg weithin bekannt wurden, seine Karriere aber nicht behinderten.

Indem er die Lebensgeschichte Kuhns sorgfältig untersucht, liefert Berndt Schaller neue und wichtige Informationen über Kuhns Lebenslauf und wirft historische und ethische Fragen auf. Besonders beunruhigend – so weist Schaller nach – ist, dass Kuhn seine Nazi-Aktivitäten nie bereute; im Gegenteil, dank seines von den Nazis unterstützten Aufstiegs und seiner vor 1945 erlangten Reputation und eines einfachen Entnazifizierungsprozesses konnte sich Kuhn eine Nachkriegskarriere als anerkannter Wissenschaftler sichern. Darüber hinaus hat niemand in seinem Fachgebiet der evangelischen Theologie seine Nazi-Aktivitäten verurteilt, angeprangert, oder auch nur in Frage gestellt, noch von Kuhn eine Rechenschaft für seine fanatischen antisemitischen Publikationen während des Dritten Reiches verlangt. Und er hat seine Aktivitäten niemals zugegeben, Reue ausgedrückt, sich entschuldigt oder Verantwortung übernommen während seiner dreißig Jahre nach dem Krieg.

Schallers detaillierte Darstellung von Kuhns Bemühungen, seine Entnazifizierung zu erreichen und eine Professur zu erlangen, stellt den wichtigsten Beitrag dieses Buches dar. Er präsentiert neues, bisher unbekanntes Archivmaterial und zeigt die Rechtfertigungen, mit denen Kuhn nach dem Krieg versuchte, eine Universitätsprofessur zu erhalten. So behauptete Kuhn, im Dritten Reich unvoreingenommen rein wissenschaftlich über das Judentum geforscht zu haben, mit dem einzigen Fehler, seine Arbeit in der ‚falschen' Zeitschrift, der des Reichsinstituts veröffentlicht zu haben. In Verhandlungen mit dem Dekan der theologischen Fakultät der Universität Mainz behauptete Kuhn fälschlicherweise, er sei nie an der Ostfront gewesen, was impliziert, dass ihm die Verbrechen der Nazis an den Juden nicht bekannt waren. Am aufschlussreichsten ist Schallers sorgfältige Analyse von Kuhns Versuch, einen ehemaligen jüdischen Kollegen aus Tübingen, Charles Horowitz, dessen Frau und Familie ermordet worden war, als ‚Persilschein' zu benutzen. Schaller ist zu Recht entsetzt über Kuhns Versuch, seine Beziehung zu Horowitz zu manipulieren und vorzutäuschen, einschließlich Kuhns Berufung auf Römer 5,8 in einem Brief an

Horowitz, als ob er, so schreibt Schaller, sich selbst die Absolution erteilen wollte. Letztlich war es Kuhns berüchtigter Artikel von 1938, „Die Judenfrage als weltgeschichtliches Problem", der zu seiner Ablehnung durch die Mainzer Fakultät führte. Die Göttinger Fakultät, so zeigt Schaller, war ganz anders.

1933 begann Kuhn seine Nazi-Karriere, indem er sich für die Zwecke der nationalsozialistischen Partei als Autorität in Sachen Juden profilierte. Seine Pseudo-Wissenschaft war Teil einer weit verbreiteten „Judenforschung" deutscher Wissenschaftler in vielen Disziplinen. Dirk Rupnow hat gezeigt, dass diese Art „Judenforschung" nicht weniger als rassistische Propaganda darstellte.[1] Dank Kuhns akademischer Qualifikationen in evangelischer Theologie und Semitistik und seiner Behauptungen, das rabbinische Judentum zu kennen, hatte Kuhns antisemitische Propaganda den Anschein von wissenschaftlicher Expertise; Gerd Theißen nennt es „programmatischen Antisemitismus auf akademischem Niveau".[2] Was Kuhn wollte, war eine Professur für Judaistik, die der NS-Propaganda ein akademisches Fundament geben sollte. Unterstützt wurde er dabei von seinem Doktorvater und Propagandapartner Gerhard Kittel sowie von weiteren Wissenschaftlern, Universitätsbürokraten und NS-Funktionären.

Verschiedene Wissenschaftler erhielten Lehraufträge für „Geschichte der Judenfrage" an verschiedenen Universitäten, aber es wurde keine ordentliche Professur eingerichtet, trotz der Bitten Kuhns und der Bereitschaft einiger Universitäten. Was Kuhn wollte, so zeigt Schaller, war eine Universitätsprofessur, die auf „wissenschaftlicher" Grundlage die Verschlagenheit der Juden und des Judentums aufzeigen sollte. Horst Junginger weist darauf hin, dass man mit dem Fortgang der Deportationen und der Ermordung der Juden fälschlicherweise annehmen konnte, das Naziregime werde keinen weiteren Bedarf an antisemitischer Judenforschung haben. Dass schließlich doch eine Professur für Kuhn an der Universität Frankfurt bewilligt wurde, die im Herbst 1945 beginnen sollte, zeigt, was auch Schaller nachweist: Auch nach der Ermordung der Juden wollten die Nazis die antisemitische Propaganda beibehalten, in Wort, Film und Museen.[3] Hitlers Niederlage beendete diese Chance für Kuhn, aber im Nachkriegsdeutschland erreichte er schließlich sein Ziel: eine feste Universitätsprofessur, diesmal an der renommierten Evangelisch-Theologischen Fakultät der Universität Heidelberg, wo er ein Zentrum für die Erforschung der Schriftrollen vom Toten Meer aufbaute, eine neue Generation von Wissenschaftlern ausbildete und international als selbsternannter Experte für das rabbinische Judentum auftrat.

---

1 Dirk Rupnow, *Judenforschung im Dritten Reich: Wissenschaft zwischen Politik, Propaganda und Ideologie* (Baden–Baden: Nomos, 2011).
2 Gerd Theißen, *Neutestamentliche Wissenschaft vor und nach 1945: Karl Georg Kuhn und Günther Bornkamm* (Heidelberg: Universitätsverlag Winter, 2009), 224.
3 Rupnow, *Judenforschung*, 126.

Kuhn wuchs in einer pietistischen Familie auf. Sein Vater war Prediger; Kuhn selbst begann 1925 ein Theologiestudium in Bethel und bald darauf 1926 an der Universität Breslau.[4] Dort besuchte er Talmudkurse bei Professor Israel A. Rabin am Jüdisch-Theologischen Seminar und erwarb Kenntnisse des rabbinischen Hebräisch und Aramäisch. 1928 wechselte er an die Universität Tübingen, wo er bei dem Neutestamentler Adolf Schlatter studierte und 1931 bei dem Orientalisten Enno Littmann promoviert wurde; seine Dissertation war eine Übersetzung mit Einleitung und Anmerkungen des ersten Teils des Midrasch Sifré zu Numeri; die Habilitation wurde 1934 abgeschlossen. Kittel war inzwischen an die Universität Tübingen gekommen, um die Nachfolge Schlatters anzutreten, als dieser in den Ruhestand ging. Als renommierter Neutestamentler, der rabbinisches Hebräisch studiert hatte, hatte Kittel Ende der 20er Jahre begonnen, in Zusammenarbeit mit jüdischen und protestantischen Wissenschaftlern eine Reihe von kritischen Ausgaben rabbinischer Texte herausgegeben.[5]

Tübingen war eine kleine, provinzielle Stadt mit 23.000 Einwohnern, als Kuhn 1930 dort sein Studium begann. Die Nazipartei erhielt bereits 1929 enthusiastische Unterstützung in der Studentenschaft.[6] Bis 1930 war die Hälfte der Studenten der Universität der NSDAP beigetreten, obwohl zu diesem Zeitpunkt nur wenige Professoren bereits Mitglieder der Partei waren.[7] Durch die Verschmelzung mit der Stadt entstand ein ungewöhnlich homogenes und zugleich provinzielles Umfeld. Jüdische Professoren waren in Tübingen offensichtlich nicht willkommen; nach dem Weggang des Physikers Alfred Landés, der 1931 in die Vereinigten Staaten emigrierte, blieb nur ein jüdischer Dozent übrig, der 1938 die Universität verließ.[8] Studierende und Dozenten waren sich einig in ihrer tiefen Abneigung gegenüber der Weimarer Republik, und viele engagierten sich in deutschnationalen Gruppen und unterstützten den Nationalsozialismus.

Die evangelisch-theologische Fakultät in Tübingen war die größte und zugleich eine der angesehensten in Deutschland.[9] Die Professoren Theodor Haering, Georg Wehrun und Karl Heim veröffentlichten Artikel mit einer Widmung an den

---

4 Heinz-Wolfgang Kuhn, "Karl Georg Kuhn, der Forscher und der Lehrer," *Ruperto Carola*, vol. 31, nos. 62/63 (November 1979), 53–58.

5 Robert P. Ericksen, *Theologen unter Hitler: Das Bündnis zwischen evangelischer Dogmatik und Nationalsozialismus* (Carl Hanser Verlag, 1986).

6 Rudy Koshar, "Two 'Nazisms': The Social Context of Nazi Mobilization in Marburg and Tübingen," *Social History* 7:1 (January 1982), 27–42.

7 Uwe Dietrich Adam, *Hochschule und Nationalsozialismus: Die Universität Tübingen im Dritten Reich* (Tübingen: J.C.B. Mohr, 1977), 29, 31.

8 Adam, *Hochschule*, 31.

9 Martin Elze, "Tübingen I. Universität," *Religion in Geschichte und Gegenwart*, dritte Auflage, Teil 6, 1068.

Führer.[10] Einige der Schüler unterstützten später aktiv als Theologen die antisemitischen Bestrebungen der Nazis, darunter Walter Grundmann, Georg Bertram und Kuhn.

Am 19. März 1932 trat Kuhn der NSDAP bei und dann am 28. April 1933 der SA. Als am 1. April 1933 zum landesweiten Boykott jüdischer Geschäfte aufgerufen wurde, hielt Kuhn auf dem Marktplatz der Stadt eine berüchtigte Rede, in der er den Boykott mit der Behauptung unterstützte, das internationale Judentum habe „dem neuen Deutschland den Krieg" erklärt. Im Anschluss an seine Rede sang die Menge das Horst-Wessel-Lied. Gerhard Lindemann weist darauf hin, dass die örtliche NSDAP Kuhn mit dieser Rede beauftragt hatte, weil er als evangelischer Theologe von der Universität noch mehr Beachtung finden würde.[11]

Dank Kuhns Ausbildung in rabbinischem Hebräisch wurde er schnell zu einem wertvollen Mitarbeiter Kittels. 1934 erhielt Kuhn eine Dozentur in Tübingen und behauptete in seiner Antrittsvorlesung, das jüdische Exil und die Diaspora seien der Ursprung des „ewigen Juden": „Richtig angepackt wird die Judenfrage und praktisch wirksam wird auch jeder Antisemitismus nur dann, wenn der ewige Jude als eine mit dem Begriff notwendig gegebene geschichtliche Tatsache begriffen wird."

Mit diesem Vortrag, bei dem er eine SA-Uniform trug und mit einem Dolch ausgestattet war, versuchte Kuhn, sich nicht nur als Wissenschaftler des rabbinischen Judentums zu positionieren, sondern auch als Wissenschaftler, der einen wichtigen Beitrag zum nationalsozialistischen Antisemitismus leisten konnte. In diesem Bemühen war er erfolgreich; im Juli 1936 wurde er als Talmud-Experte an das Reichsinstitut für die Geschichte des neuen Deutschlands berufen und baute mit Unterstützung von Walter Frank sein Ansehen und seine politischen Verbindungen aus, während er seine Dozentur in Tübingen behielt.[12]

Als Kittels Mitarbeiter schrieb Kuhn kurze Artikel für das *Theologische Wörterbuch zum Neuen Testament* (ThWNT), ein von Kittel herausgegebenes mehrbändiges Projekt, das schnell zu einem der wichtigsten Nachschlagewerke für das Studium des frühen Christentums wurde. Unter den Mitwirkenden waren nationalsozialistische Theologiestudenten, von denen einige zu führenden antisemitischen Propagandisten wurden. Der Inhalt der Artikel des ThWNT wurde von mehreren

---

10 Reinhold Rieger, "Die Tübinger evangelisch-theologische Fakultät während der Zeit der Weimarer Republik," in: *Württembergs Protestantismus in der Weimarer Republik*, hg. von Rainer Lächele und Jörg Thierfelder (Stuttgart: Calwer Verlag, 2003), 176.

11 Gerhard Lindemann, "Theological Research about Judaism in Different Political Contexts: The Example of Karl Georg Kuhn," *Kirchliche Zeitgeschichte* 17:2 (2004), 331–38.

12 Johannes Sijko Vos, "Antijudaismus/Antisemitismus im Theologischen Wörterbuch zum Neuen Testament," *Nederlands Theologisch Tijdschrift* 38 (1984), 89–110 (hier 89); zitiert von Lindemann, "Theological Research", 334.

Wissenschaftlern diskutiert, die darin übereinstimmen, dass sie nicht in einer offen rassistischen, antisemitischen Sprache geschrieben wurden, sondern dass es sich um den theologisch erforderlichen Antijudaismus handelt.[13]

Berndt Schaller zeigt in seinem Buch den offen diffamierenden Charakter der Schriften Kuhns über das Judentum. Schaller führt zahlreiche Beispiele an, darunter die folgende Passage aus dem ersten Vortrag in der Forschungsabteilung zur „Entstehung des talmudischen Denkens" von 1936: „Das ganze wird ... zur rein formalen Spielerei, zur bloßen Gedankenakrobatik, die allein um ihrer selbst willen betrieben wird, ohne Bezug auf eine irgend geartete Sinnwirklichkeit. Etwas für das talmudische Denken durchaus Typisches."[14] Schaller bemerkt dazu: „Das ist Originalton des gerade 30-jährigen Kuhn, der mit dieser spöttischen Bemerkung seine Ausführungen über das talmudische Denken abschließt und dabei ein Paradebeispiel antisemitischer Judenpolemik aufnimmt.".

1938 benutzte Kuhn inzwischen explizit rassistische Ausdrücke für Juden, wie Schaller in seiner detaillierten Analyse von Kuhns Schriften deutlich macht. So in Kuhns berüchtigtstem Vortrag, „Die Judenfrage als weltgeschichtliches Problem", der auf der Jahrestagung des Reichsinstituts für Geschichte des neuen Deutschlands im Dezember 1938 gehalten wurde, nur wenige Wochen nach der Reichspogromnacht vom 9./10. November 1938. 1939 veröffentlichte er den Vortrag als kleines Buch. Die Juden seien eine Rasse, geschaffen durch ihre schändliche talmudische Religion; Juden behielten ihre Gefährlichkeit, gleich ob sie den Talmud läsen oder nicht oder gar zum Christentum konvertierten; die Verdorbenheit des Judentums bleibe ihnen angehaftet. Er präsentierte die Juden als in der ganzen Welt verachtet für ihr Verhalten und ihren Geist, als die Manifestation ihrer Religion: „... [die] eigentümliche Rolle, die das Judentum in der Weltgeschichte spielt, ist so auf das Genaueste angepasst, [dass] die einzige Erklärung aus den rassischen Eigenschaften des jüdischen Volkes [ist], aus seiner biologischen Erbanlage." (29). Die wirkliche Gefahr, schrieb er, sei nicht der Hass der Juden, sondern der Hass der Juden gegen Deutschland. Diese Gefahr sei die wirtschaftliche und politische, und vor allem die rassische Vermischung mit den Juden. Wie Schaller schreibt, zielte der Vortrag

---

13 Vos, "Antijudaismus/Antisemitismus"; Maurice Casey, in einem Aufsatz mit dem Titel "Some Anti-Semitic Assumptions in the *Theological Dictionary of the New Testament*," 41(1999), 280–91; Wayne A. Meeks, "A Nazi New Testament Professor Reads His Bible: The Strange Case of Gerhard Kittel," in: *The Idea of Biblical Interpretation: Essays in Honor of James L. Kugel*, hg. von Hindy Najman und Judith H. Newman (Leiden: Brill, 2004), 513–44; Tobias Nicklas, "Vom Ungang mit biblischen Texten in antisemitischen Kontexten," *Hervormde Teologiese Studies/Theological Studies* 64 (2008), 1895–1921.

14 Karl Georg Kuhn, "Die Entstehung des talmudischen Denkens," *Forschungen zur Judenfrage* I, 1937, 64–80; Zitat ebd. 64, bei Schaller Kapitel 3.4.1.

darauf ab, „die im Novemberpogrom erfolgten und ihm folgenden antijüdischen Maßnahmen zu rechtfertigen". (Schaller Kap. 3.4.4)

Was hat Kuhn dazu bewogen, sich so vehement für den Nationalsozialismus einzusetzen? Horst Junginger schreibt, dass Kuhn sich 1932 in Tübingen gegen Gerüchte über seine ehemalige Verlobte, die Kommunistin geworden war, wehren wollte und gegen Behauptungen, er sei „pro-jüdisch".[15] Schaller referiert diese Interpretation, fragt jedoch nach tiefer liegenden Gründen. Kuhns Beharrlichkeit in seinen nationalsozialistischen Aktivitäten und die Hartnäckigkeit seines vulgären Antisemitismus, den er bis zum Ende des Dritten Reiches beibehielt, deuten auf einen tiefen, leidenschaftlichen Hass gegen Juden hin, der tiefere Wurzeln hat als den vorübergehenden Vorfall mit seiner Verlobten. Es waren vor allem politische und berufliche Beweggründe.

Kittel nahm Kuhn unter seine Fittiche und half ihm, in die oberen Ränge der antisemitischen Propagandisten des Dritten Reiches aufzusteigen. Beide gehörten zu den wichtigsten akademischen Kollaborateuren der NS-Partei und zu den aktivsten Mitarbeitern aus den Bereichen der evangelischen Theologie und der Semitistik. Die Zusammenarbeit mit Kuhn war für die NS-Funktionäre im Rahmen ihrer Bemühungen wichtig, den Lehrplan und die Wissenschaft an den Universitäten gründlich zu überarbeiten. Das SS-Ahnenerbe hat Universitätsprofessoren und auch Studierende unterstützt, um Projekte zu Rassentheorie und Antisemitismus zu unternehmen.[16] Kuhn war offenbar kein formelles Mitglied des SS-Ahnenerbes, aber seine Arbeit unterstützte dessen Ziele. Was seine Karriere vor allem für Wissenschaftler auf dem Gebiet der Judaistik so schockierend macht, ist die Tatsache, dass er sein Wissen über das Judentum in einen böswilligen Angriff gegen Juden umwandelte.

Berndt Schaller analysiert Kuhns Vorträge und Publikationen, ergänzt durch Informationen über ihn, die bereits in Büchern und Aufsätzen von Max Weinreich, Horst Junginger, Dirk Rupnow, Gerhard Lindemann und Alan Steinweis zum pseudowissenschaftlichen Antisemitismus deutscher Professoren während der NS-Zeit dargestellt wurden. Zudem diskutiert Schaller Gerd Theißens Untersuchung zur Rolle Kuhns innerhalb der neutestamentlichen Wissenschaft im Nachkriegsdeutschland. Alle diese Wissenschaftler zeigen, dass das, was Kuhn über Juden und das Judentum sagte, weder neu noch originell war; seine Diffamierungen schöpften aus einer langen Geschichte des christlichen, antijüdischen Diskurses. Neu ist der Rassismus, den Kuhn anwendet; während christliche Theologen oft

---

15 Horst Junginger, *The Scientification of the "Jewish Question" in Nazi Germany* (Leiden: Brill, 2017), 160.
16 Michael H. Kater, *Das ‚Ahnenerbe' der SS 1935–1945: Ein Beitrag zur Kulturpolitik des Dritten Reiches* (Stuttgart, Deutsche Verlags-Anstalt, 1974).

behauptet hatten, das Judentum sei mit dem Aufkommen des Christentums gestorben, behauptete Kuhn, die Bedrohung des Judentums bleibe bis heute fortbestehen, verkörpert in den Juden und gerichtet gegen die Deutschen. Die Geschichte der Juden, so argumentierte Kuhn, müsse unter Berücksichtigung der einzigartigen rassischen Vermischung (dieses Volkes) geschrieben werden.[17]

Kuhn hat eine beträchtliche Anzahl von Beiträgen zur „Judenfrage" für die Zeitschrift von Walter Franks „Reichsinstitut für Geschichte des neuen Deutschlands" geschrieben, und an den vom Institut organisierten Konferenzen und Vorträgen teilgenommen, zusammen mit einigen der berüchtigtsten Rassentheoretikern der Nazizeit.[18] Schaller schreibt, dass Kuhns Publikationen mit dem Jahr 1938 immer schärfer rassistisch wurden und damit die Veränderungen im politischen Ton des Dritten Reiches widerspiegelten, das sich auf den Krieg vorbereitete, die Auswanderung von Juden erschwerte und schließlich im November begann, das deutsche Judentum zu zerstören, indem es fast alle Synagogen im Reich niederbrannte, Geschäfte in jüdischem Besitz zerstörte, Juden auf der Straße prügelte, ermordete und Tausende von Reichsjuden in Konzentrationslager schickte.

Im Dritten Reich war Kuhn ein gefragter Redner, der auch vom Reichspropagandaministerium zu Vorträgen eingeladen wurde, oft zusammen mit seinen Kollegen von der Universität Tübingen, Kittel und dem Philosophen Max Wundt.[19] Horst Junginger schreibt, dass die Pressestelle der Universität Tübingen zusätzliche Werbung für Kuhn machte.[20] Die Tübinger Professoren sprachen im Rahmen der vom Reichspropagandaministerium organisierten antisemitischen Ausstellung „Der ewige Jude" in München und bei einer ähnlichen Veranstaltungsreihe in Berlin. Dort erhielt Kuhn den größten Zulauf und stürmischen Applaus für seinen Vortrag.[21]

Kuhns Vorträge bestanden, wie von Schaller besprochen, aus Tiraden gegen den Talmud und gegen das rabbinische Judentum, weil beides den Hass auf Nichtjuden schüre und Juden angeblich erlaube, Nichtjuden zu ermorden, um jüdische Interessen zu fördern. Es sei der jüdische Hass gegen Nichtjuden, argumentierte er, der eine antisemitische Reaktion hervorgerufen habe: Juden schufen also den Antisemitismus, und der Hass gegen sie sei laut Kuhn vollkommen angemessen, da Juden

---

17 Karl Georg Kuhn, "Die Entstehung des talmudischen Denkens," *FJ* 1 (1937), 64–80; s. Reinhard Markner, "Forschungen zur Judenfrage: A Notorious Journal and Some of its Contributors," *European Journal of Jewish Studies* 1:2 (2008), 395–416.
18 Zu Walter Franks „Reichsinstitut", s. Helmut Heiber, *Walter Frank und sein Reichsinstitut für Geschichte des neuen Deutschlands* (Stuttgart: Deutsche Verlagsanstalt, 1966).
19 Im Rahmen der Vortragsreihe des Reichsinstituts in Berlin im Januar 1939 sprach Kittel über, „Die historischen Voraussetzungen der Rassenmischung im Judentum" und M. Wundt über „Das Judentum in der Philosophie."
20 Junginger, *Scientification*, 233, 237.
21 Junginger, *Scientification*, 233.

"Parias und Parasiten" seien.[22] Seine 1939 veröffentlichte Schrift "Die Judenfrage als weltgeschichtliches Problem" war ein Höhepunkt solcher Anschuldigungen: Er beschwor die Mächtigkeit und den "Machttrieb" des Judentums, um einem Zitat von A. Ruppin über die politische und wirtschaftliche Bedeutung von 16 Millionen Juden ein Hitler-Zitat entgegenzusetzen: "Wir verstehen die Kampfansage, und wir nehmen sie auf!"

Schaller weist nach, dass Kuhns Antisemitismus ausgereift war und explizit zur Unterstützung des Nazi-Regimes und seiner Verfolgung von Juden diente. Kuhns Rechtfertigung für die Maßnahmen der Nazis gegen Juden umfasste: die – falsche – Behauptung, dass Juden eine tödliche Bedrohung für die Deutschen darstellen; die – falsche – Behauptung, dass das rabbinische Gesetz Juden entschuldigt, die Nichtjuden ermorden; die – falsche – Behauptung, dass das Judentum statisch, unveränderlich und starr ist. So versuchte Kuhn, den Hass und die Angst vor der angeblichen Gefahr der Juden zu verstärken und die Maßnahmen der Nazis gegen Juden zu rechtfertigen.

Ein Beweis für das hohe Ansehen, das Kuhn in den Augen der Nationalsozialisten genoss, ist seine Reise nach Warschau im Juni 1940, begleitet von SS-Oberscharführer Gerhard Mende, Leiter des Judenreferats der Gestapo in Warschau, und seines Assistenten, SS-Oberscharführer Franz Avriel. In den zwei Wochen seines Aufenthaltes traf er Adam Czerniakow, den Leiter des Judenrates, und den Historiker Meir Balaban. Das Ziel war es, jüdische Bücher und Artefakte für die antisemitische Bibliothek von Walter Franks Reichsinstituts in München zu beschlagnahmen.[23] Kuhn und seine Unterstützer an der Universität Tübingen nutzten die Reise nach Warschau, um eine Professur für Kuhn einzurichten. Der Dekan der philosophischen Fakultät schrieb dem Rektor der Universität, durch den "Sonderauftrag" in Warschau sei Kuhns "Vorrangstellung unter allen Forschern" anerkannt worden.[24]

Nicht immer hatten die Bemühungen von Kuhns Unterstützern Erfolg. Horst Junginger berichtet ausführlich darüber, wie versucht wurde, eine hebräische Schreibmaschine für Kuhns "Forschungen" zu erwerben. Sophie Ettlinger, eine 1885 geborene, in Karlsruhe lebende jüdische Witwe, wurde am 22. Oktober 1940 nach Gurs deportiert. Am 18. September 1941 bot das Reichserziehungsministerium ihre beschlagnahmte, nagelneue tragbare hebräische Schreibmaschine der Universität Tübingen an. Die Dekane der Philosophischen und der Theologischen Fakultät

---

22 Junginger, *Scientification*, 238.
23 Hans-Joachim Barkenings, "Spuren im Warschauer Ghetto," in: *Christlicher Antijudaismus und Antisemitismus*, hg. von Leonore Siegele-Wenschkowitz (Frankfurt am Main: Haag & Herchen Verlag, 1994), 114–24; *The Warsaw Diary of Adam Czerniakow*, ed. Raul Hilberg et al. (New York: Stein and Day, 1979), 158.
24 Junginger, *Scientification*, 178, 233.

reagierten sofort und baten beide darum, die Schreibmaschine für Kuhn zu kaufen, aber das Ministerium verkaufte die hebräische Schreibmaschine stattdessen an die Frankfurter Büros der antisemitischen Nazi-Pseudo-Forschungsstelle für das „Studium der Judenfrage". Wie Junginger schreibt, hatten „sichergestellte Manuskripte und Bücher sowie eine beschlagnahmte Schreibmaschine ... das erklärte Ziel, das Judentum mit Hilfe jüdischer Mittel zu bekämpfen."[25] Die von Kuhn und vielen anderen produzierte Propaganda diente nicht nur der Legitimation politischen Handelns, sondern „enthielt auch das Potential zur Kollaboration mit verbrecherischeren Implikationen."[26] Sophie Ettlinger wurde im August 1942 von Gurs nach Auschwitz deportiert. Eine hebräische Schreibmaschine, die bei einer in Auschwitz ermordeten Jüdin beschlagnahmt wurde, diente zur Herstellung antisemitischer Propaganda.

Kuhn in der Nachkriegszeit

Auch wenn die Kollaboration Kuhns mit dem Nazi-Regime in Amerika weitaus bekannter war als in Deutschland, bleibt die Frage, wie es ihm möglich war, nach dem Krieg noch einmal, als (judaistischer) Forscher und Theologieprofessor Karriere zu machen. Während seiner beiden Entnazifizierungsverfahren präsentierte sich Kuhn als Wissenschaftler des Judentums und leugnete jede antisemitische Handlung. Er verwies auf einen Bericht, den er 1942 im Auftrag des Rassenpolitischen Amtes der NSDAP verfasst hatte, in dem er feststellte, dass die Karaiten der Krim keine Juden seien. Dieser Bericht, so behauptete Kuhn, zeige, dass er die Karaiten vor der sicheren Ermordung durch die Nazis bewahrt habe.[27] Schaller zeigt, dass Kuhns Behauptung falsch war; Kuhn schrieb nur einen von zahlreichen Berichten, die fast alle zu demselben Ergebnis kamen, dass die Karaiten keine Juden waren. So schreibt Schaller: „Die in der Einschätzung der Spruchkammer zum Ausdruck kommende Voreingenommenheit und Kenntnislosigkeit lässt sich kaum überbieten." (ebd. Kap. 5.3) Schaller macht deutlich, dass Kuhn weder jemanden gerettet, noch sich im antinazistischen Widerstand engagiert hatte. Dennoch wurde er von den Entnazifizierungskommissionen vollständig entlastet.

Kuhn war nicht der Einzige, der zwölf Jahre antisemitischer Aktivitäten erfolgreich in eine Nachkriegskarriere als angeblicher Wissenschaftler des Judentums verwandelte. Andere, wie die Theologen Gerhard Kittel, Georg Bertram, Karl Euler, Rudolf Meyer, Paul Fiebig, waren zwar nicht so prominent wie Kuhn, doch auch sie

---

25 Junginger, *Scientification*, 260.
26 Junginger, *Scientification*, 261.
27 Alan Steinweis, *Studying the Jew: Scholarly Antisemitism in Nazi Germany* (Cambridge: Harvard University Press, 2006), 76–91.

waren vor 1945 mit der Diffamierung des Judentums hervorgetreten. Dank seiner Tätigkeit bei Kittel erlangte Kuhn sogar internationales Renommee und wurde auf dessen Vorschlag in die hoch angesehene Society for New Testament Studies (SNTS) gewählt; wie auch Grundmann.[28] Obwohl 1945 zunächst von seinem Lehrauftrag in Tübingen suspendiert, wurde Kuhn durch die Entnazifizierungsprozesse entlastet und erhielt 1949 einen befristeten Lehrauftrag für Neues Testament an der Universität Göttingen und 1954 eine ordentliche Professur für Neues Testament an der Universität Heidelberg, wo er ein Zentrum für das Studium der Schriftrollen vom Toten Meer aufbaute und eine neue Generation von Wissenschaftlern ausbildete.

Wie hat sich Kuhn in den Augen seiner Kollegen rehabilitiert? Die Umstände nach 1945 waren günstig: Das Fachgebiet der neutestamentlichen Wissenschaft hatte bis zum Kriegsende eine Reihe bedeutender Wissenschaftler verloren.[29] Nach dem Krieg verloren einige wenige Neutestamentler ihre Lehrstühle: Gerhard Kittel wegen seiner skandalösen antisemitischen Propaganda und sein Schüler Walter Grundmann wegen seiner frühen NS-Parteimitgliedschaft; Johannes Behm verlor seine Professur an der Universität Berlin und starb 1949. Kittel starb 1948, während Grundmann eine spektakuläre Karriere in der DDR startete, an dem Katechetenseminar in Eisenach und der theologischen Fakultät in Leipzig lehrte und zahlreiche Bücher veröffentlichte, darunter Kommentare zu den synoptischen Evangelien, die zur Pflichtlektüre für die Vorbereitung der theologischen Prüfungen deutscher Pfarrer wurden; er starb 1974.

Auf dem Gebiet der neutestamentlichen Wissenschaft im Nachkriegsdeutschland war Kuhn einzigartig wegen seiner Kenntnisse rabbinischer Texte. Der bedeutendste Neutestamentler in Deutschland war damals Rudolf Bultmann, der nie der Nazi-Partei beigetreten war. Als Professor an der Universität Marburg bildete er eine große Anzahl von Schülern aus, die Professoren in der Bundesrepublik und in den Vereinigten Staaten wurden.[30] Allerdings konzentrierten sich Bultmann und seine Studierenden auf den gnostischen und hellenistischen Kontext des frühen Christentums, mit wenig Interesse an oder Kenntnissen hebräischer Texte oder jüdischer

---

28 Lukas Bormann, "Auch unter politischen Gesichtspunkten sehr sorgfältig ausgewählt": Die ersten deutschen Mitglieder der Studiorum Novi Testamenti Societas (SNTS) 1937–1946, *New Testament Studies* 58 (2012), 416–452.

29 Hans Lietzmann verstarb 1942, Hans von Soden 1945, Martin Dibelius 1947, Julius Schniewind 1948, Herbert Preisker 1952.

30 Zu Bultmanns Schülern gehörten Ernst Käsemann (Tübingen), Günther Bornkamm (Heidelberg), Hebert Braun (Mainz), Hans Conzelmann (Göttingen), Philipp Vielhauer (Bonn), Erich Grässer (Bonn), Günter Klein (Münster), Willi Marxsen (Münster), und Otto Merk (Erlangen). Zwei Schüler gingen in die Vereinigte Staaten, Helmut Koester, Professor der Harvard Divinity School und Hans Dieter Betz, Professor der University of Chicago Divinity School.

Quellen. Ihr mangelndes Interesse und Kuhns fundierte Kenntnisse rabbinischer Texte öffneten ihm akademische Türen. Nach der Entdeckung der Schriftrollen vom Toten Meer, deren Texte in den Mittelpunkt von Kuhns Nachkriegsforschung rückten, standen ihm alle akademischen Türen weit offen.

Unter der ersten Generation der deutschen Forscher der Schriftrollen vom Toten Meer waren einige ehemalige Nazis, außer Kuhn auch Grundmann und Rudolf Meyer; Kuhn zeichnete sich durch seine Kenntnisse des rabbinischen Hebräisch und auch des Persischen aus. Für ihn spiegelten die Schriftrollen eine andere Art von Judentum wider: Ihr Festhalten an der Halacha war strenger als das der Pharisäer und ihre Weltanschauung spiegelte einen Dualismus wider, der aus dem zoroastrischen Einfluss resultierte und im Johannesevangelium nachhallt. Daher unterschied Kuhn die Qumrantexte inhaltlich von den Texten des rabbinischen Judentums und stellte die Schriftrollen-Texte als einen anderen Strang jüdischen religiösen Denkens und jüdischer religiöser Praxis dar.

Obwohl er seine Nazi-Kollaboration weder einräumte noch bedauerte, wurde Kuhn zu einer angesehenen Autorität bei der Erforschung der Schriftrollen vom Toten Meer, und als er 1971 in den Ruhestand ging, wurde ihm zu Ehren eine akademische Festschrift veröffentlicht.[31] Die Autoren der Festschrift waren angesehene Wissenschaftler aus Deutschland, Frankreich und den Niederlanden. Jacob Haberman weist darauf hin, dass die Festschrift weder eine biografische Skizze Kuhns noch eine vollständige Bibliografie seiner Publikationen enthält, wie es in einer Festschrift üblich ist, vermutlich um seine Aktivitäten und Publikationen aus der Nazizeit nicht berücksichtigen zu müssen.[32]

Außerhalb Deutschlands wussten jüdische Wissenschaftler sehr wohl, dass Kuhn ein Nazi war. Max Weinreich nahm ihn in seinem 1946 erschienenen Buch „Hitler's Professoren" auf.[33] Anfang der 1960er Jahre lehnte Gershom Scholem, der Historiker der jüdischen Mystik und Professor an der Hebräischen Universität in Jerusalem, eine Einladung als Gastprofessor an die Universität Heidelberg wegen Kuhns Mitgliedschaft in der Fakultät ab.[34] Kuhns deutsche Kollegen waren an einer Aufklärung von Kuhns Vergangenheit wenig interessiert.

---

31 Gert Jeremias, Heinz-Wolfgang Kuhn, and Hartmut Stegemann, *Tradition und Glaube; das frühe Christentum in seiner Umwelt: Festgabe für Karl Georg Kuhn zum 65. Geburtstag* (Göttingen: Vandenhoeck & Ruprecht, 1971).

32 Jacob Haberman, „Karl Georg Kuhn (1906–1976)," *Mahut: Journal of Jewish Literature and Art* (2005/06), 9–56 [hebräisch]. Horst Junginger bin ich erkenntlich, dass er mich auf Habermans Aufsatz aufmerksam gemacht hat; Haberman bietet eine wohlüberlegte Beurteilung von Kuhns Analysen rabbinischer Texte.

33 Max Weinreich, *Hitler's Professors: The Part of Scholarship in Germany's Crimes Against the Jewish People* (New York: Yiddish Scientific Institute, 1946).

34 Gershom Scholem, *Briefe II, 1948–1970* (Munich: C.H. Beck, 1995), S.53, Brief 33, am 25. Januar 1960; S. 105, Brief 65, am 6. August 1963, und S.271f.

Wie betrachtete Kuhn seine Nazi-Aktivitäten nach Kriegsende? Reue gab es nicht, weder während seines Entnazifizierungsverfahrens noch in späteren Jahren, abgesehen von einer Fußnote, in der er sein Bedauern allein über seine 1939 erschienene Schrift *Die Judenfrage als weltgeschichtliches Problem* ausdrückte.[35] In den 1960er Jahren, als der Journalist Rolf Seeliger seine bedeutende Studie über ehemalige Nazis schrieb, die an deutschen Universitäten lehrten, fragte er Kuhn, ob er seine antisemitischen Veröffentlichungen widerrufen würde. Kuhn antwortete, indem er seine Schriften als „historische Darstellungen des antiken Judentums" verteidigte und „durch entsprechende Zitate und Belegstellen aus antiken Quellen begründet"[36] hinstellte. Kuhn rief nicht zum Mord an den Juden auf, ebenso wenig wie Hitler; eine solche Sprache wurde nicht verwendet. Die Juden wurden ‚nur' verleumdet, diffamiert und als eine gefährliche Bedrohung für die Deutschen bezeichnet. Das war auch die Botschaft Kuhns.

Abschließende Auswertung

Berndt Schaller liefert uns die erste Monografie über Kuhns Schriften und Aktivitäten während des Dritten Reiches. Mit seiner sorgfältigen, detaillierten Analyse macht Schaller deutlich, dass Kuhn als nationalsozialistischer Theologe durch die Höhen, die er als antisemitischer Propagandist vor 1945 und als anerkannter Wissenschaftler nach 1945 erreichte, herausragt. Abfällige rassistische Reden über Juden zu halten, gerade als diese deportiert, in Ghettos gezwungen und in Vernichtungslagern ermordet wurden, stellt Kuhn in eine Reihe mit viel zu vielen deutschen Wissenschaftlern unterschiedlicher Disziplinen. Kuhns Versäumnis, sich nach dem Krieg zu seinem Nazi-Antisemitismus zu bekennen, ist nicht ungewöhnlich, aber zutiefst beunruhigend, da es sich bei ihm nicht um einen Wissenschaftler irgendeiner Disziplin, sondern um einen Forscher des Judentums handelte.

Hat Kuhn 1945 eine neue Seite aufgeschlagen? Schaller findet in Kuhns Nachkriegsveröffentlichung seiner Übersetzung des Midrasch Sifre zwar eine positive Bemerkung über das Judentum, stellt dann aber fest, dass sie im Widerspruch zu dem steht, was Kuhn im selben Text nur zwanzig Seiten früher geschrieben hatte. Wenn Kuhn mit diesem positiven Satz versucht haben sollte, sich als Vorreiter des christlich-jüdischen Dialogs darzustellen, so sei ihm das nicht gelungen, schreibt Schaller; er erkennt Kuhn als den reuelosen Opportunisten.

Wie sollte man die Karriere eines NS-Theologen bewerten? Allzu oft versuchen Wissenschaftler, die Nazi-Aktivitäten anderer Wissenschaftler, zumal Theologen

---

35 Karl Georg Kuhn, in: *Evangelische Theologie* 2 (1951), 72–75.
36 Steinweis, *Studying the Jew*, 90, der Seeliger, Braune Universität, 55 zitiert.

zu ignorieren oder zu entschuldigen. Verleumdungen des Judentums, die während des Dritten Reiches verfasst wurden, werden als „theologischer Antijudaismus" bezeichnet und als das Recht christlicher Theologen bezeichnet, das Judentum zu kritisieren. Im Gegensatz dazu ist Schallers Ansatz ausgewogen in seinem Urteil und ethisch in seiner Kritik. Am bedeutendsten ist seine Darlegung der Fakten von Kuhns Leben und seiner Schriften. Das Nazi-Regime machte die Politik, aber Wissenschaftler und Theologen wie Kuhn lieferten die Rechtfertigung, freiwillig und ohne Zögern, selbst wenn Menschenleben gefährdet waren.

Kuhns wissenschaftliche Publikationen sind gemischt. Wenige sind kluge Beiträge zur Judaistik, die meisten sind antisemitische oder gar rassistische Angriffe auf das Judentum. Schaller fragt nach Kuhns Beweggründen für diese Veröffentlichungen. Waren sie ein zynisches Mittel der Karriereförderung, in der Hoffnung, das Nazi-Regime würde ihm eine Professur verschaffen? Hat er wirklich geglaubt, was er schrieb? Wurden seine Ansichten vom Antisemitismus seines Lehrers, Gerhard Kittel, geprägt? Was ist mit den Erfahrungen, die er während seines Studiums am Breslauer Rabbinerseminar gemacht hat?

Die Nachkriegsjahre werfen nicht nur Fragen bezüglich Kuhns Versäumnis auf, seine Nazi-Aktivitäten zuzugeben und sein Bedauern auszudrücken, sondern Schaller stellt auch die Frage, was wir als Wissenschaftler:innen, Theolog:innen, Deutsche und Juden von Kuhn erwarten und wünschen würden. Fast kein deutscher Theologe von Kuhns Generation hat die Verantwortung für den Beitrag bestimmter christlicher Ideen und kirchlicher Institutionen zum Hass und zur Ermordung der Juden übernommen oder Rechenschaft darüber abgelegt; in dieser Hinsicht war Kuhn typisch. Doch die Art von Kuhns rassistischen, hasserfüllten Hetzreden gegen Juden, kombiniert mit seiner Expertise als Wissenschaftler des rabbinischen Judentums, machen sein Schweigen nach dem Krieg unerträglich.

Schließlich fragt Schaller seine Leser:innen: Was ist die moralische Haltung die wir von einer Figur wie Kuhn erwarten sollten? Vielleicht hätte jede Art von Nachkriegs-Entschuldigung unzureichend, ja banal geklungen, und kein Akt der Reue hätte adäquat sein können. Nach jüdischem Recht beginnt die Reue mit der Wiederherstellung, und es gibt keine Möglichkeit, jemanden, der ermordet wurde, wieder zum Leben zu erwecken oder den guten Ruf von Menschen, die verleumdet worden sind, wiederherzustellen. Wie Björn Krondorfer schreibt: „Hätten nicht der epochale Wandel des 20. Jahrhunderts, vor allem nach der Shoah, eine autobiographisch-theologische Erschütterung auslösen sollen? Hätte man nicht wenigstens einen tiefen Gram erwarten können? Das ist nicht geschehen... Es fehlt das Aufwühlende, Ungeordnete, Fragmentarische, Fragende, Suchende, Ungeschützte, Offenbarende, Unvollständige, Fehlbare, Ehrliche, Intime, Verwundbare. Lesen wir heute als Nachgeborene ihre geordneten, ordentlichen Selbstrechtjustifigungen, wünschte man sich nach Auschwitz manchmal ein entblößendes, autobiographischtheologisches Bekenntnisstammeln."[37] Krondorfer formuliert die entscheidenden Fragen, doch wen gab es in Kuhns professoralem und studentischem Umfeld, um diese Fragen an ihn zu richten?

Berndt Schaller war eine Generation jünger als Kuhn. 1930 geboren, wuchs er während des Dritten Reiches auf und war in seiner Schulzeit sicherlich der antisemitischen Indoktrination der Nazis ausgesetzt. Dennoch entwickelte sich Schaller zu einer einzigartigen Figur, die mit dem Schock, den Krondorfer beschreibt, reagierte und zu einem der Aufrechten der deutschen Theologie wurde. Lange bevor eine Auseinandersetzung mit der Shoah in der deutschen Diskussion aufkam, hat sich Schaller mit dem Judentum beschäftigt. Seine Dissertation unter der Leitung des Neutestamentlers Joachim Jeremias war eine Auseinandersetzung mit jüdischen Interpretationen des Buches Genesis, die er 1961 abschloss. Sein Engagement blühte im Laufe seines Lebens auf und erstreckte sich auf Forschungen zum Judentum in der Antike sowie auf Bemühungen, die zerstörten jüdischen Gemeinden in Deutschland zu dokumentieren. Seine 1980 abgeschlossene Habilitation trug den Titel „Judaistik einschließlich ihrer Bedeutung für die neutestamentliche Wissenschaft". Das war genau die Art von Studie eines christlichen Wissenschaftlers, die sich jüdische Wissenschaftler, von Abraham Geiger bis Leo Baeck, von ihren christlichen Kollegen erhofft hatten.

Schaller brachte seine Fachkenntnisse als langjähriges Mitglied verschiedener Kommissionen ein. Von 1985 bis 1997 war er Mitglied der *Kommission Kirche und Judentum* der Evangelischen Kirche in Deutschland. Von 1998 bis 2007 war er evangelischer Präsident des Deutschen Koordinierungsrates der Gesellschaften für Christlich-Jüdische Zusammenarbeit.

Als Professor an der Universität Göttingen, als Gastprofessor an anderen Universitäten in Deutschland und in Israel vermittelte er nicht nur sein umfangreiches Wissen, sondern vor allem auch die Bedeutung des Verständnisses des Judentums für die Christen in Deutschland. Berndt Schaller kannte keinen Ruhestand; die letzten Jahre seines Lebens verbrachte er damit, Kommissionen zu leiten, um das jüdische Leben in Deutschland, das die Nazis zerstört hatten, zu rekonstruieren. Er veröffentlichte ein Buch über die Göttinger Synagogen, ein weiteres über den jüdischen Friedhof von Adelebsen, einem Flecken in der Nähe von Göttingen, der vor 1933 wegen seiner großen und lebendigen jüdischen Gemeinde als „kleines Jerusalem" bekannt war und die von den Nazis völlig ausgelöscht wurde. Er schrieb auch ein Buch über Benno Jacob, einen bedeutenden Rabbiner und Wissenschaftler in Göttingen von 1890–1906, der einen Abschluss in Semitistik hatte und aufschlussreiche Kommentare zur Bibel schrieb, in denen er sich sowohl mit

---

37 Björn Krondorfer, Katharina von Kellenbach, und Norbert Reck, *Mit Blick auf die Täter Fragen an die deutsche Theologie nach 1945* (Gütersloh: Gütersloher Verlagshaus, 2006), 137.

der protestantischen Wissenschaft als auch mit traditionellen jüdischen Quellen auseinandersetzte.

Aufgewachsen in New York City, als Tochter von Abraham J. Heschel, einem aus Warschau gebürtigen und in der NS-Zeit geflüchteten jüdischen Wissenschaftler, einem jüdischen Theologen, hörte ich von klein auf von der Boshaftigkeit Karl Georg Kuhns. Die Freunde meiner Eltern, die ebenfalls geflüchtete Wissenschaftler des Judentums waren, sprachen häufig mit einem Ton des Unglaubens von den Professoren an deutschen Universitäten, die sie einst bewundert hatten, die aber zu Nazis geworden waren. Sie konnten sich nicht vorstellen, wie es möglich war, dass große Gelehrte, oft Leute, mit denen sie studiert hatten, manchmal sogar Bibelforscher, der Nazipartei beigetreten sind und, noch schlimmer, hässliche, diffamierende Schriften über das Judentum verfasst hatten. Fördert Gelehrsamkeit nicht eine ethische Verpflichtung?

Als Autor der ersten Monografie über Kuhn und seinen Werdegang liefert Berndt Schaller eine klare, detaillierte und unbeirrbare Darstellung, die als Vorbild für alle derartigen Untersuchungen zu dienen vermag. Die geflüchteten jüdischen Gelehrten, die ich in meiner Kindheit kannte und die über Kuhns Nazi-Aktivitäten schockiert waren, wären Berndt Schaller für seine Pionierarbeit dankbar gewesen. Als Theologe, der sich der Förderung der christlichen Wertschätzung des Judentums widmete und christlich-jüdische Begegnungen und Diskussionen organisierte, war Schaller eindeutig entsetzt über Kuhns Karriere und beschämt über die Ehrungen, die Kuhn im Nachkriegsdeutschland erhielt. Indem Schaller die Beweise für Kuhns verhängnisvolle Kollaboration mit den Nazis vor 1945 vorlegt und die Fragwürdigkeit seiner Rehabilitierung nach 1945 aufzeigt, richtet er kritische Fragen an die Ethik der deutschen Wissenschaft und die Moralität der deutschen protestantischen Theologen. In der sehr angespannten Post-Holocaust-Ära der Bundesrepublik lebte Berndt Schaller den höchsten ethischen Standard eines Theologen und Wissenschaftler vor.

Hanover, den 05.07.2021

Susannah Heschel

1. Einleitung

Zu den nach wie vor bestürzenden, ja erschreckenden Tatbeständen neuzeitlicher Kirchen- und Universitätsgeschichte gehört die Unterstützung, die die antijüdischen Maßnahmen des NS-Regimes im kirchlichen und akademischen Raum erfahren haben. Es waren ausgerechnet Theologen – vornehmlich protestantischer Prägung, mehrfach dazu judaistisch ausgebildet und oft im universitären Bereich angesiedelt –, die sich an den deutschchristlichen Bestrebungen zur „Entjudung" des Christentums[1] beteiligt haben und z.T. im Verbund staatlicher bzw. parteiamtlicher Einrichtungen sogar in den Dienst der NS-Judenpolitik und der von ihr gesteuerten „Judenforschung"[2] getreten sind. Die Zeit, da diese Verstrickungen und Verflechtungen nur unter der Hand und in Andeutungen verharmlosend weiter gereicht oder gar verschwiegen wurden, ist zwar vorbei. Gänzlich erfasst, geschweige denn wirklich aufgearbeitet sind diese Fälle und die mit ihnen verknüpften Zusammenhänge indes noch keineswegs. Nach wie vor fehlt es an einer Gesamtdarstellung der Unterstützung, die das NS-Regime mit seiner antisemitischen Politik in den Kirchen und den theologischen Fakultäten erfahren hat.[3] Nur begrenzt vorhanden sind die dafür notwendigen Grundlagenarbeiten, die es erlaubten, den Beiträgen der einzelnen involvierten Gelehrtengestalten genauer nachzugehen.[4]

---

1 Dazu s. Arnold (2010b); Schaller (2013), 31–66.
2 Dazu s. Papen (1999a); Junginger (2011); Rupnow (2011).
3 Selbst in dem Sammelband zum Thema „Die Kirchen und die Verbrechen im nationalsozialistischen Staat" (s. Brechenmacher [2011]) findet sich kein eigener Beitrag dazu.
4 Zu ihnen zählen: a) auf evangelischer Seite: Georg Beer (Alttestamentler, 1865–1946), s. Theißen (2009, 109f.), Heck (2012); Georg Bertram (Neutestamentler, 1896–1979), s. Seeliger (1965); Gerhard Delling (Neutestamentler; 1905–1986), s. Klee (2003), 104; Heinz Erich Eisenhuth (Systematiker, 1903–1983), s. Wolfes (1999); Karl-Friedrich Euler (Alttestamentler, 1909–1986), s. Klee (2003), 141; Paul Fiebig (Neutestamentler, 1876–1949), s. Klee (2003), 149; Walter Grundmann (Neutestamentler, 1906–1976), s.o. Anm. 1; Johannes Hempel (Alttestamentler, 1891–1964), s. Schenk (2002) 263–265, Weber (2000); Emmanuel Hirsch (Kirchengeschichtler/Systematiker, 1888–1972), s. Bautz, BBKL 2, 893–896, Ericksen (1986); Gerhard Kittel (Neutestamentler, 1888–1948) s. Junginger (2015); Johannes Leipoldt (Neutestamentler/Religionswissenschaftler, 1880–1965), s. Wesseling (1992); Rudolph Meyer (Alttestamentler, 1909–1991), s. Klee (2003), 408; Wolf Meyer-Erlach (Praktischer Theologe, 1891–1982), s. Klee (2003), 409; Karl Heinrich Rengstorf (Neutestamentler, 1903–1992), s. Bachmann (2005. 2008); Carl Schneider (1900–1977) s. Merz (2004); Ethelbert Stauffer (Neutestamentler, 1902–1979), s. Wesseling (1995); Adolf Wendel (Alttestamentler, 1900–1958), s. Schiefelbein (1999), 28,65,77, Klee (2003), 667; b) auf römisch-katholischer Seite: Karl Adam (1876–1968); s. Denzler (1997), 1–14; Hermann Löffler (1908–1978), s. Lerchenmüller (2001); Johannes Pohl (1904–1960), s. Kühn-Ludewig (2000) sowie ferner der Österreicher Viktor Christian (Altorientalist 1885–1963), s. Leitner (2010).

Das steht auch noch aus für einen der an der NS-Judentumsforschung beteiligten Hauptakteure, den in Tübingen ansässigen Theologen und Semitisten Karl Georg Kuhn. Sein Fall ist von besonderem Gewicht. In ihm begegnet der fachlich wohl am besten ausgewiesene Vertreter damals in Deutschland betriebener Judaistik, der sich dem NS-Regime zur Verfügung gestellt hat, und zugleich auch der einzige, der in der Zeit danach weiter universitär Karriere gemacht hat.

Auf Kuhns Verwicklungen in das NS-System und seine Beteiligung an dessen gegen Juden und Judentum gerichtete Aktivitäten hat zwar bereits 1946 Max Weinreich hingewiesen in seiner Darstellung von „Hitler's Professors. The part of scholarship in Germany's crimes against the Jewish People".[5] Kuhn selbst hat sich 1951 kurz zu seinem Verhalten in der NS-Zeit geäußert, es als „Blindheit" qualifiziert und sich von einer seiner einschlägigen Schriften distanziert.[6] Das geschah aber nur gleichsam unter dem Strich in Gestalt einer in einem Fachaufsatz untergebrachten Anmerkung und wurde entsprechend kaum wahrgenommen. Hinweise darauf begegnen nur in entlegenen Publikationsorganen. Die Zeitschrift des evangelischen Männerwerks „Kirche und Mann" druckte in der Oktobernummer 1951 Kuhns Erklärung vollständig ab; versehen mit dem Zusatz: „Wir Leser von ‚Kirche und Mann' haben wahrscheinlich nichts geschrieben, was wir heute zu widerrufen hätten. Aber wir haben vielleicht manches gesagt und vieles gedacht – und geschwiegen haben wir wohl alle."[7]

Die vom Sozialdemokratischen Hochschulbund herausgegebene Zeitschrift für demokratische Studenten „Frontal" brachte über 10 Jahre später im Februar 1965[8] unter der Überschrift „Dokumentation ad memoriam: 1000jährige Wissenschaft" einen Artikel über das NS-hörige Wirken und Verhalten von amtierenden Professoren in der NS-Zeit, in dem auch Karl Georg Kuhn mit einem Zitat aus dem von ihm 1951 revozierten Beitrag zur Judenfrage von 1938/39 erwähnt wird. Von den Herausgebern darüber informiert nahm Kuhn dies zum Anlass, einen Abdruck seiner damaligen Distanzierung zu erbitten. Was auch unter der Überschrift „Löbliche Ausnahme" in der darauf folgenden Nummer geschah.

Kuhns NS-Vergangenheit blieb in ihrem ganzen Ausmaß indes verborgen. Im Kreis der Kollegenschaft wurde sie weithin unter dem Siegel des Verschweigens und Verdrängens gehalten bzw. intern mit einer gewissen Verlegenheit behandelt und auf Andeutungen beschränkt kolportiert.[9] Unter Studenten war davon gar

---

5 Weinreich (1946), 40, 48, 50, 52, 56, 274. – Zu Weinreich s. Glasser (2008), Bd.2, 2014–2016.
6 Evangelische Theologie 1951/52, 73, Anm. 4.
7 Kirche und Mann 4/10, 1951, 11.
8 Colibri (1965), 10. Dazu s.u. 7.4.
9 Ein Beispiel dafür liefert der im August 1951 zwischen Günther Bornkamm, Heidelberg und Rudolf Bultmann, Marburg geführte Briefwechsel: Anfrage Bornkamm (14.8.1951): Halten Sie es für verantwortbar und erfolgreich, [im Blick auf eine Stellvertretung] doch noch Kuhn anzugehen?" (Zager

nicht[10] oder höchstens gerüchteweise die Rede.[11] Selbst die erste Zusammenstellung der von Kuhn in der NS-Zeit getätigten Veröffentlichungen und Vorträge zur „Judenfrage", die 1968 in der von Rolf Seeliger unter Mitarbeit von Rolf Schoner und Helmut Haasis herausgegebenen Dokumentationsreihe „Braune Universität. Deutsche Hochschullehrer gestern und heute" erschien, wurde – da in einem privaten Selbstverlag veröffentlicht – kaum bekannt, geschweige denn beachtet. Ausschließlich in Spezialuntersuchungen zur NS-Zeitgeschichte fiel hin und wieder Kuhns Name, wurden Einzelheiten seiner Verstrickungen in das NS-System erwähnt.[12] Auch nach seinem Tod (1976) hat sich das nur allmählich geändert. In den Kuhn gewidmeten Nachrufen[13] war davon selbst andeutungsweise an keiner Stelle die Rede. Stattdessen wurden die „ungünstigen und unseligen Zeitumstände" beschworen, unter denen Kuhn selbst zu „leiden" hatte.[14] Erst 20, z.T. 30 Jahre später wurde im Rahmen historischer Arbeiten zur NS-Judentumsforschung – namentlich in den Veröffentlichungen von Patricia von Papen (1999)[15], Horst Junginger (1999, 2006, 2010, 2011)[16] und Dirk Rupnow (2004, 2006, 2011)[17] – im deutschen Sprachraum damit begonnen, die Rolle Kuhns als wissenschaftlicher Gehilfe der NS-Judentumspolitik aufzudecken und einzuordnen. Wohl unabhängig davon haben zur gleichen Zeit auf jüdischer Seite Jakob Habermann[18] (2006) und Alan E. Steinweis (2006)[19] – der eine eingehend, der andere am Rande – Kuhns Veröffentlichungen und Auftreten in der NS-Zeit unter die Lupe genommen und kritisch erörtert.[20]

Die in Deutschland namentlich auf theologischer Seite bestehende apologetische Zurückhaltung[21] ist erstmals ansatzweise von Gerhard Lindemann (2004)[22] sowie

---

[2014], 217). – Antwort Bultmann: „Kuhn zu bitten, würde ich nur dann für erlaubt halten, wenn man sich entschließen kann, ihn für eine Professur vorzuschlagen." (ebd. 220).
10 So die eigenen Erfahrungen zwischen 1954/1955 als Göttinger Student.
11 Hinweis von Martin Reese für Bonn.
12 Poliakov/Wulf (1959), 387f., 390; Heiber (1966) passim, insbesondere 453ff., 476, 626ff.; Werner (1971); Gutteridge, (1976), 71f.; Adam (1977), 175ff.; Erickson (1977), 59–62.
13 Kuhn, H.-W. (1976), 106f.; ders. (1977), 117.
14 Ders. (1979), 5, 57; ders. (1999), 39f.
15 Papen (1999a), passim; s. insbesondere 75, 109ff.
16 Junginger (2011), 477.
17 Rupnow (2011), 491.
18 Haberman (2006), 9–56.
19 Steinweis (2006), 76–91; aufgenommen von Heschel (2008), 188f.
20 Gelegentliche Hinweise gab es bereits vorher, s. Gershom Scholem an Werner Conze, Heidelberg: Scholem Briefe II, 1448–1970, Nr. 65/ 6.8.1963, 105, 271.
21 Zuletzt erneut bei Jeremias (2008), 297–312 und Lührmann (2011), 1.
22 Lindemann (2004).

prononciert von Gerd Theißen (2009)[23] aufgegeben worden. Vor allem letzterem ist zu verdanken, dass der „Fall Kuhn" über den binnen-akademischen Diskurs hinaus bekannt wurde und die Frage nach den Voraussetzungen und Zusammenhängen der in ihm in besonderer Weise sich zeigenden Dienstbarkeit judaistisch gebildeter Gelehrsamkeit gegenüber dem NS-Regime und seiner mörderischen Judenpolitik nicht länger verharmlost werden konnte. Vieles ist inzwischen zutage gefördert worden. Art und Ausmaß der fachwissenschaftlichen Unterstützung, die Kuhn dem NS-System erwiesen hat, sind indes nach wie vor nicht gänzlich geklärt. Die Ansichten darüber gehen weit auseinander. Strittig sind nicht zuletzt auch Anlass und Beweggründe.

Der vorliegende Beitrag versucht, dem weiter auf die Spur zu kommen. Genauer untersucht wurden dazu die bekannten, freilich bislang meist nur oberflächlich betrachteten Arbeiten Kuhns sowie einige noch gar nicht beachtete Veröffentlichungen. Daneben wurde vor allem auch das bislang nur begrenzt erfasste Archivmaterial herangezogen und ausgewertet. Ein Teil davon ist Horst Junginger, Tübingen zu verdanken. Die Fülle seiner Funde hat er kollegial zugänglich gemacht und zur Auswertung zur Verfügung gestellt. Weiteres Material konnte zu Tage gefördert werden bei eigenen Recherchen in den Universitätsarchiven Göttingen und Mainz, im Bundesarchiv Koblenz und Berlin, im Militärarchiv Freiburg und im Staatsarchiv Ludwigsburg des Landesarchivs Baden-Württemberg, ferner in den Archiven der Evangelischen Landeskirchen des Rheinlands in Düsseldorf und Württembergs in Stuttgart sowie in den Stadtarchiven Oberhausen und Münster.

Vorgesehen ist als Einstieg ein Überblick über Kuhns biographische Stationen: Herkommen, schulische und universitäre Bildung, berufliche Entwicklung, politische Betätigung, Militärdienst, akademische Karriere vor und nach 1945. Die daran anschließenden Hauptteile betreffen die wissenschaftlichen Arbeiten, Lehrtätigkeit und Veröffentlichungen, sowie sonstige Aktivitäten zwischen 1933 und 1945, ferner die Verarbeitung der NS-Zeit nach 1945. Den Ausklang bildet der Versuch, Bilanz zu ziehen: Wie steht es um Eigenart und Umfang der dem NS-Regime gezollten Komplizenschaft? Wie lassen sich in der Rückschau Kuhns Beteiligung an der NS-Judentumsforschung und die damit verbundene Unterstützung der NS-Judentumspolitik erklären?

Dass ein solches Unterfangen auf Vorbehalte, ja Ablehnung stoßen wird, stand von vornherein zu erwarten. Warum und wozu sich mit diesen längst vergangenen Geschichten und ihren inzwischen verblichenen Handlangern beschäftigen? Das grenze an Leichenfledderei und Leichenschändung, war zu vernehmen. „Lass diese alten Kamellen auf sich beruhen und ihre Genossen endlich ruhen!" Stimmen und Stimmungen dieser Art haben die Vorarbeiten und die Ausarbeitung

---

23 Theißen (2009), 15–149.

dieses Beitrags vom Anfang bis zum Ende begleitet. Der Ratschlag, endlich „Gras darüber wachsen zu lassen" wurde mehrfach erteilt. Ihm zu folgen, hätte viele Kopf- und auch Herzschmerzen erspart, unter der Hand aber dazu beigetragen, das geschehene Unheil und Unrecht weiter zu verharmlosen, und die Opfer der NS-Rassenpolitik im Nachhinein in ihrem Geschick nochmals allein gelassen. Die dafür Verantwortlichen zur Rechenschaft zu ziehen, die als Mordgehilfen dabei unmittelbar Tätigen und nicht minder die an Schreibtischen und auf Lehrstühlen an der Vor- und Zubereitung daran Beteiligten dafür zu belangen, hat sich aus Zeitgründen inzwischen weithin erledigt. Die Aufgabe, aufzuklären, was geschehen ist und wie es geschehen ist, was dazu geführt hat und wie es geschehen konnte, bleibt indes. Die gesellschaftliche Verantwortung wissenschaftlicher Forschung und Lehre fordert es. Den in der NS-Zeit unter die Räder Gekommenen sind wir es schuldig.[24]

---

24 Dass völkisch-antisemitische Kreise sich inzwischen daran gemacht haben, die zwischen 1936 bis 1943 vom „Reichsinstitut für Geschichte des neuen Deutschlands" herausgegebene Reihe „Forschungen zur Judenfrage" erneut aufzulegen und dafür bezeichnender Weise einen Verlag und ein Institut für „ganzheitliche Forschung" etabliert haben, ist bislang zwar nur eine Randerscheinung, sollte in seiner Virulenz indes nicht unterschätzt werden.

2. Biographische Stationen

2.1 Jugend, Schule, Studium, Promotion, Habilitation

Karl Georg Kuhn entstammt einer in Süddeutschland beheimateten, christlich-pietistisch geprägten Familie. Er wurde am 6.3.1906 im pfälzischen Thaleischweiler als Sohn des am freikirchlich-theologischen Seminar von St. Chrischona/Schweiz ausgebildeten Predigers Georg Kuhn und seiner Ehefrau Magdalena Theison geboren und wuchs zusammen mit seinem 3 Jahre jüngeren Bruder Hugo[1] unter ihrer Obhut auf. Nach der Grundschule besuchte er zunächst von 1916 an in Landau, seit 1923 – bedingt durch die Berufung seines Vaters als CVJM Sekretär für Schlesien – in Breslau ein klassisch humanistisch ausgerichtetes Gymnasium.[2] Im März 1925 legte er dort das Abitur ab. Im selben Jahr verlobte er sich mit Irmgard Margarete Anna Marie Gräfin von Hardenberg (geb. 25.09.1905), einer Tochter der Eheleute Ernst Karl Friedrich Graf von Hardenberg und Elisabeth von Arnim, und begann mit dem Studium der Theologie. Das erste Semester (1925) verbrachte er in Bethel[3] an der dortigen Theologischen Schule. An ihr absolvierte er das für theologische Studienanfänger obligatorische Hebraicum und kehrte dann wieder für fünf Semester nach Breslau zurück.

In wie weit ihn die dort lehrenden Mitglieder der evangelisch-theologischen Fakultät angezogen haben, ist unklar. Er selbst erwähnt im Rückblick[4] ausschließlich den Neutestamentler Ernst Lohmeyer, freilich ohne eine besondere Affinität zu dessen exegetischen Arbeiten oder gar zu seinen NS-kritischen, insbesondere auch die „Judenfrage" betreffenden Äußerungen[5] erkennen zu lassen. Im heimischen Breslau entwickelte Kuhn stattdessen ein steigendes Interesse auf dem Gebiet der

---

1 Dieser hat später als Germanist und Mediävist gleichfalls eine akademische Laufbahn eingeschlagen, war im Unterschied zu seinem Bruder zu keiner Zeit spezifisch NS-hörig, s. Ott (1982).
2 Dazu s.u. 8.2.
3 So nach seinen Angaben für die Spruchkammer Tübingen (Fragebogen, Anlage 2). S. Anm. 27. Anders die Personalakten Kuhn des Reichs- und Preußischen Ministeriums für Wissenschaft, Erziehung und Volksbildung Bd. I (BArch R 4901 22289 Bl. 6). Danach war Kuhn im Sommersemester 1925 in Tübingen eingeschrieben und das folgende Wintersemester 1925/26 in Bethel. – Laut Jeremias (2008), 298 hat Kuhn zunächst 2 Semester das „Studium der Mathematik und Naturwissenschaft" betrieben. Wenn man den amtlichen Angaben folgt, könnte Kuhn ein Semester Naturwissenschaften studiert haben und danach zur Theologie umgeschwenkt sein.
4 Kuhn (1965), 62; s. Theißen (2009), 101.
5 Über Lohmeyer und seine Stellungnahmen gegen die staatlich verordneten und von Seiten theologischer Kollegen unterstützen antijüdischen Maßnahmen s. Köhn (2004), 61ff. sowie Meyer (1989).

orientalischen, semitischen Sprachen, die dort damals durch herausragende Gelehrte wie Franz Praetorius (1847–1927)[6], Carl Brockelmann (1968–1956)[7] und Arthur Ungnad (1879–1947)[8] sowie Heinrich Schaeder (1896–1957)[9] vertreten waren. Kuhn lernte Aramäisch, Syrisch, Arabisch sowie Persisch. Ferner ließ er sich zwei Semester lang als Gaststudent am Jüdisch-theologischen Seminar[10], der Ausbildungsstätte konservativer Rabbiner, einschreiben.

1928 wechselte er erneut den Studienplatz. Er selbst wäre gern nach Marburg gegangen, um Rudolph Bultmann zu hören; dem Wunsch der Eltern folgend zog er aber nach Tübingen, wo er schnell Anschluss bei Gerhard Kittel fand, einem der besten Kenner des antiken Judentums unter den Neutestamentlern in Deutschland[11], der damals nicht nur als Herausgeber des Theologischen Wörterbuchs zum Neuen Testament[12] fungierte, sondern zugleich auch ein umfassendes Projekt zur Publikation rabbinischen Schrifttums initiiert hatte.[13] Kittel, beeindruckt von der Begabung des jungen, gerade 23jährigen Kuhn, nahm ihn als Promovenden an und übertrug ihm als Aufgabe die Übersetzung und Kommentierung des Midrasch Sifre, eines altjüdischen Kommentars zum Buch Numeri, ein höchst anspruchsvolles Unterfangen, dem sich Kuhn Dank der durch Kittel vermittelten Förderung mit einem Stipendium der Notgemeinschaft Deutscher Wissenschaft intensiv widmen konnte. Bereits 1931 war die Arbeit so weit gediehen, dass ein umfangreiches Teilstück bei der philosophischen Fakultät eingereicht werden konnte und Kuhn auf Grund der durch Enno Littmann[14] als Orientalist und Gerhard Kittel als Neutestamentler und Judaist erstellten Gutachten im April 1931 zum Dr. phil. promoviert wurde.[15] Der theologischen Fakultät, die ihm schon 1930 einen Lehrauftrag für rabbinische Literatur erteilt hatte, blieb er weiter verbunden – auch ohne ein abgeschlossenes

---

6 DBE 8, 1998, 50. Hauptarbeitsgebiete: Äthiopistik und Hebraistik. Als Hebraist insbesondere beschäftigt mit biblischer Dichtung (Amos, Hosea, Jesaja) sowie mit der Herkunft der hebräischen Akzente und Namen.
7 DBE 2, 1995, 138; dazu s. Sellheim (1981).
8 DBE 10, 1999, 156.
9 DBE 8, 1998, 545.
10 Zu Geschichte und Prägung s. Brann (1905), ferner s. Kisch (1963); Roemer (2005), 50ff.
11 Zu Kittel und seinen Verstrickungen in die Judenpolitik des 3. Reiches sind beginnend mit den Arbeiten von Porter (1947), 329–406; Ericksen (1977) und Siegele-Wenschkewitz (1980) inzwischen zahlreiche Untersuchungen erschienen: Dahm (1992), 1544–1546; Meeks (2004), 513–544; Gerdmar (2008); Junginger (2011); ders. (2015), 81–112. Eine umfassende Studie steht indes nach wie vor aus. Jüngste Zufallsfunde betreffen ein Gutachten Kittels zur Rolle von Herschel Grynszpan als Auslöser des Novemberpogroms 1938, s. Junginger (2011, 2015) und ein Skript zu „Judentum, Israel, Christentum", s. Stegemann (2012).
12 Die ersten vier, zwischen 1932/33 und 1942 publizierten Bände fallen unter seine Herausgeberschaft.
13 Herausgegeben unter der Sammelbezeichnung „Rabbinische Texte", bislang unvollständig geblieben.
14 Knauf (1993), 134–136. Seine Rolle im Entnazifizierungs-Verfahren von Kuhn s.u. 7.2.
15 27.4.1931 (BABe R 4901 22289 Bl. 6).

theologisches Examen. Dies ließ lange auf sich warten und erfolgte – dies sei im Voraus erwähnt – auch nur notgedrungen in der Nachkriegszeit.[16]

Zunächst bemühte Kuhn sich darum, auch im weiteren kirchlichen Umfeld Fuß zu fassen. Darüber ist allerdings nur wenig bekannt. Für ihn besonders beeindruckend dürfte die Teilnahme an einer im März 1930 in Stuttgart von den deutschsprachigen Judenmissionsgesellschaften[17] veranstalteten Tagung gewesen sein, die im Rückblick als Ausgangspunkt sich anbahnender jüdisch-christlicher Begegnung vor der NS-Zeit gelten kann[18] und Vertreter unterschiedlicher christlicher und jüdischer Gruppen zusammen führte.[19] Unter anderem lernte er so Martin Buber kennen, der es auf sich genommen hatte, in diesem Kreis einen der Hauptvorträge zu übernehmen und vor der überwiegend christlichen Hörerschaft sich über „Die Brennpunkte der jüdischen Seele"[20] zu äußern. Engere Verbindungen zu judenmissionarischen oder judenchristlichen Kreisen scheinen sich für Kuhn daraus aber nicht ergeben zu haben.

Zwischen 1932–1934 bereitete er seine Habilitation im Rahmen der philosophischen Fakultät vor, gleichzeitig war er als Mitarbeiter Kittels beim Wörterbuch zum Neuen Testament beschäftigt[21], ferner als wissenschaftlicher Hilfsarbeiter an der Universitätsbibliothek Tübingen mit der Aufgabe betraut, die umfangreichen handschriftlichen Einträge Theodor Nöldekes in dessen Handexemplar des vierbändigen Lexicon Arabico-Latinum (Halle 1830–1837) von Georg Wilhelm Freytag (1788–1861) zu sichten und für eine Neuausgabe zu verzetteln. Letzteres war ein Mammutunternehmen, das Kuhn selbst auch nicht zum Abschluss gebracht hat.[22]

---

16 Zu den Umständen im Jahre 1946 s.u. 6.1.
17 Evangelisch-lutherischer Zentralverein für Mission unter Israel (Leipzig), Gesellschaft zur Förderung des Christentums unter Juden (Berlin), Westdeutscher Verein für Israel (Köln), Verein der Freunde Israels (Basel).
18 Dazu s. Küttler (2009), 204ff.; Baumann (2017), 48. – Zur zeitgenössischen Berichterstattung s. Saat auf Hoffnung 1930, 57; Harling (1930a); Der Stürmer 14, 1930, 3; Israelitisches Familienblatt 1930.
19 Die von Küttler (2009), 206 erstellte Liste der dabei anwesenden Fachtheologen benennt: W. Eichrodt (Basel); J. Jeremias (Greifswald); W. Staerk (Jena); A. Jeremias, A. Köberle, J. Leipoldt (Leipzig); K. Bornhäuser (Marburg); A. Schlatter, G. Kittel, K. Heim, K.-H. Rengstorf (Tübingen).
20 Der Vortrag wurde drei Jahre später veröffentlicht in „Kampf um Israel. Reden und Schriften (1921–1932)", Berlin 1933, 50–67 und dann erst wieder 1963 abgedruckt; dazu s. Röhm/Thierfelder (Stuttgart, 1990), 98ff.
21 An Stelle des 1933 entlassenen Chaim Horowitz, s.u. 7.3.2 Exkurs.
22 Dazu s. den kritischen Bericht von Ullmann (2003), 145; (2009), 247f.; ferner Kuhns eigene Stellungnahmen (UAT 126/284 nach fol. 9): Aufstellung seiner Arbeiten am Wörterbuch vom 22.5.1935 sowie sein Briefwechsel mit Littmann 15.1.1932; 6.9.1932; 11.1.1948 (Nachlass Nöldecke 246; SBB); dazu Theißen (2009), 18 Anm. 6; Junginger (2011) 182 Anm. 16.

Gegenstand der Habilitationsschrift[23] war eine textgeschichtlich-philologische Untersuchung zu einer Sammlung außerkanonischer, altjüdischer Psalmen, die unter dem Pseudonym „Salomos" laufen, aus dem 1. Jh. v.Chr. stammen, ursprünglich hebräisch verfasst, indes nur noch in griechischer sowie syrischer Fassung erhalten sind.

In der zur Habilitation fakultätsintern gehaltenen Probevorlesung wurde „Die Entstehung des Namens Jahwe" behandelt. Die daraufhin erteilte Lehrberechtigung für „semitische Philologie / orientalische Sprachen und Geschichte" wurde ihm am 22.10.1934 ministeriell bestätigt.[24] Die öffentliche Antrittsvorlesung fand am 19.12.1934 statt. Sie galt dem Thema „Die Ausbreitung des Judentums in der Antike".[25]

Im selben Jahr – seine persönlichen Verhältnisse hatten sich bereits 1932 durch die von seiner Braut ausgehende Lösung des Verlöbnisses verändert – heiratete Kuhn die Lehrerin Hanna Landwehr (geb. 28.3.1908) – die Tochter eines Diakons der Bodelschwinghschen Anstalten in Bethel, Hermann Landwehr –, die ihn auf seinem weiteren Lebensweg begleitete, förderte und persönlich wie sachlich wohl auch beeinflusste.

2.2 Mitgliedschaft in der NSDAP und SA

In nähere Verbindung zu Kreisen der NSDAP ist Kuhn erstmals Ende 1931 in Breslau getreten[26], zunächst zwar ohne sich ausdrücklich der NS-Bewegung anzuschließen. Dies ist erst 1932 in Tübingen erfolgt. Ausschlaggebend dafür war – seinen 1948 für das Entnazifizierungsverfahren abgelieferten autobiographischen Notizen[27] zufolge –, dass seine Braut, beeinflusst durch kommunistische Ideologie, sich von ihm getrennt hatte. Dadurch erstmals politisiert, habe er die NS-Bewegung

---

23 Dass Kuhn die „venia legendi für Orientalische Sprachen und Geschichte des Judentums" verliehen wurde, ohne dass er dafür eine eigenen Habilitationsschrift einreichen musste", so Junginger (2011), 184, trifft nicht zu. Die venia galt für orientalische Sprachen und Geschichte (des Orients). „Vornehmlich politische Gründe" sind verantwortlich für den erst 1936 erteilten Lehrauftrag für „Sprache, Literatur und Geschichte des Judentums unter besonderer Berücksichtigung der Judenfrage". S. 2.3.

24 UAT Kuhn 126a/28, fol.13.

25 Dazu s.u. 3.2.3; ferner Tübinger Chronik 24.12.1934.

26 Von Kuhn in seiner Eingabe an den Kreis Untersuchungs- und Schlichtungsausschuss (UschlA) vom 16.10.1933 vermerkt (s. Anm. 42), in seinen nach 1945 verfassten autobiographischen Skizzen hingegen übergangen.

27 S. Spruchkammerverfahren Tübingen Anlage 1 zum Fragebogen, Bl. 1, (StASi, Wü13, T 2 Nr. 2514/075). Online: https://www.landesarchiv-bw.de/plink/?f=6-632098-1 (zuletzt aufgerufen am 01.05.2021).

wegen ihrer sozialen Ausrichtung und antikommunistischen Prägung für sich entdeckt. Ihre judenfeindliche Haltung habe er nur als ein vorübergehendes Randphänomen wahr genommen. „Mit den sonstigen Programmpunkten der Partei konnte" er nichts anfangen, insbesondere nicht mit der Rassentheorie und dem Antisemitismus, die „ihm von seinem wissenschaftlichen Werdegang her fern lagen." Er „hielt dies beides für überspannte Ideen einzelner Parteiführer, die sich bald verlieren würden, wenn erst mal die Partei aktiv im Staat mitarbeiten müsste."[28]

Den Antrag zur Aufnahme in die Partei stellte Kuhn am 19.3.1932 in einer durch die bevorstehende Wahl des Reichspräsidenten mit den Kandidaturen von Hindenburg, Hitler, Düsterberg und Thälmann politisch besonders aufgewühlten Zeit, die den Nationalsozialisten den erhofften Sieg am Ende freilich nicht brachte, aber doch den Aufstieg der Partei Hitlers markierte.[29] Die Aufnahme selbst erfolgte am 1.9.1932.[30] Nach Hitlers Machtergreifung am 31.1.1933, die Kuhn zusammen mit an die 100 Tübinger Bürgern in einem von der Tübinger Chronik veröffentlichten „politischen Bekenntnis für die neue Reichregierung"[31] begrüßte, fasste er in der Partei schnell Fuß. Er avancierte zum Kulturwart und Kreisredner der Tübinger NSDAP.[32]

Bekannt wurde er in dieser Funktion durch seinen Auftritt bei der Eröffnung der am 1. April 1933 gegen jüdische Geschäfte, Warenhäuser, Banken, Arztpraxen, Rechtsanwalts- und Notar-kanzleien reichsweit durchgeführten Boykottmaßnahmen.[33] Begleitet von SA-Leuten, die Schilder mit Parolen wie „Meidet die Juden", „Kauft nicht bei Juden" vor sich her trugen[34], propagierte Kuhn im Auftrag des parteiamtlich eingesetzten „Ausschusses gegen jüdische Greuelpropaganda"[35] vor auf dem Marktplatz versammelten Tübinger Bürgern von der Kanzel des Rathauses herab den „Judenboykott" als legitime Antwort auf die gegen das neue Deutschland gerichtete Hetz- und Gräuelpropaganda des internationalen Judentums.[36] Der

---

28 „Mit den sonstigen Programmpunkten der Partei konnte ich nichts anfangen, insbesondere nicht mit der Rassentheorie und dem Antisemitismus, die mir von meinem wissenschaftlichen Werdegang her fern lagen. Ich hielt dies beides für überspannte Ideen einzelner Parteiführer, die sich bald verlieren würden, wenn erst mal die Partei aktiv im Staat mitarbeiten müsste." (Anlage 1 zum Fragebogen Bl. 1, ebd.).
29 Dazu s. Winkler (1999); 444–454.
30 Mitgliedsnummer 1 340 672.
31 Junginger (2011), 159.
32 S. Junginger (2006), 179ff. In der ministeriellen Personalakte wird er als solcher sogar bereits „seit Mai 1932" geführt (BArch R 490122289: K 529 Bl. 7).
33 Zu Tübingen vgl. Jens (1977), 402; Schönhagen (1991),122; des Weiteren s. Ahlheim (2011).
34 S. Junginger (2011), 183.
35 Adam (1972), 60f.
36 Vgl. den Bericht in der Tübinger Chronik 3.4.1933: abgedruckt bei Theißen (2009), 19 Anm. 11.

offiziellen Sprachregelung folgend[37] forderte er zu Disziplin auf, ließ zugleich aber an der Notwendigkeit des Boykotts als Kampfmittel in dem vom „internationalen Weltjudentum" aufgezwungenen Krieg keinen Zweifel aufkommen. „Niemand darf in diesem Abwehrkampf zurückstehen, damit er wirksam wird."[38] Durch diesen Auftritt wurde Kuhn nicht nur öffentlich bekannt, er gewann auch innerparteilich an Ansehen[39], was ihm durchaus zu passe kam, da seine Position in der Partei nicht ganz unangefochten war. Es gab Stimmen, die ihn als „verkappten Kommunisten" denunzierten und philosemitischer Neigungen beschuldigten.[40] Das waren zwar nicht mehr als Gerüchte[41], aber unter Umständen konnten sie die von ihm angestrebte Habilitation gefährden. Kuhn wehrte sich dagegen mit allen ihm zur Verfügung stehenden Mitteln.

Er strengte – unterstützt namentlich durch Gerhard Kittel – von sich aus ein Parteigerichtsverfahren an.[42] Dieses war längere Zeit beim Kreisgericht der Tübinger NSDAP anhängig, wurde am Ende aber erst nicht gar eröffnet.[43] Auch sein „Ende April oder Anfang Mai"[44] 1933 vollzogener Eintritt in die SA scheint in diesem Zusammenhang erfolgt zu sein. In seiner Zeit als Privatdozent stellte Kuhn diese Zugehörigkeit demonstrativ heraus. Er ließ sich in der Universität in brauner

---

37 VB 30.3.1933: „Aufruf der Parteileitung der NSDAP zur Abwehr der Gräuel- und Boykottpropaganda (28.3.33), 11. Die Aktionskomitees sind dafür verantwortlich, dass sich dieser gesamte Kampf in vollster Ruhe und größter Disziplin vollzieht. Krümmt auch weiterhin keinem Juden auch nur ein Haar!"

38 Zuvor: „Zwar wird der Kampf schwer, aber Sieger muss Deutschland sein." (TC ebd.) In diesem Punkt anders Gerhard Kittel, der sich in einer an das württembergische Staatsministerium gerichteten Denkschrift gegen den Boykott ausgesprochen hatte und „seine Vorbehalte … öffentlich unter Beweis" stellte, in dem er am 1. April Arm in Arm mit einem getauften jüdischen Geschäftsmann vor dessen Laden auf und ab ging"; dazu s. Siegele-Wenschkewitz (1987c), 71 f.; Morgenstern (2015), 52.

39 In seinen Einlassungen zur Entnazifizierung hat er das freilich bestritten und seinen Auftritt damit begründet, er habe Schlimmeres verhüten wollen. S. dazu u. 7.2.

40 Erstmals bei von Papen (1999a), 109 Anm. 218 erwähnt unter Verweis auf die Sammlung des Yivo-Archive, New York: NFI RG 222, Mappe 128 und dem Umkreis von Alfred Rosenberg zugeschrieben.

41 Diese speisten sich augenscheinlich allein aus dem Umstand, dass Kuhn in Breslau Gasthörer im dortigen Rabbinerseminar (s.o.2.1) gewesen war. Zur Frage „philosemitischer" Ausrichtung Kuhns in seiner Breslauer Zeit s.u. 8.2.

42 Antrag von Kuhn beim Untersuchungs- und Schlichtungsausschuss (USchlA) Tübingen 1.8.1933. Die Akte des Verfahrens vor dem Parteigericht findet sich in UAT 126a/284; ebd. auch Kittels Stellungnahme 20.10.1933.

43 Mitteilung vom 28.7.1934.

44 S. Anlage 1 zum Fragebogen, Bl. 2; s. Anm. 27 ebd. In einem Schreiben an das Akademische Rektorat vom 11.5.1934 gibt Kuhn den 28.4. an; so auch der Eintrag in den Personalakten des REM (BABe R 490122289 Bd. I K529).

Uniform mit umgeschnallten „Ehrendolch" sehen.[45] Im Rang eines Scharführers gehörte er zum Stab des „SA. Reserve Sturmbannes Tübingen" als Referent für weltanschauliche Schulung.[46] Innerparteiliche Gegner versuchten zwar auch später noch mit Vorwürfen mangelnder Einsatzbereitschaft[47] und mit Verdächtigungen ideologischer Unzuverlässigkeit[48] Kuhn zu diskreditieren, hatten damit aber keinen Erfolg. Mehrfach wurde ihm amtlich eine klare nationalsozialistische Haltung bescheinigt.[49]

2.3 Die wissenschaftliche Karriere

Nach der 1934 erfolgreich abgeschlossenen Habilitation blieb Kuhn zunächst ohne feste Anstellung im akademischen Stand eines Privatdozenten. Er war für sich und seine wachsende Familie bis 1936 auf ein Forschungsstipendium angewiesen. In diesem Jahr erlangte er zusätzlich zu dem 1930 von der theologischen Fakultät erteilten Auftrag einen auf die philosophische Fakultät bezogenen bezahlten, zwei-

---

45 Bericht von M.A. Beek (1950), 21: „Hij droeg toeeen een S.A. uniform en aan zijn zijde rinkelde een „Ehrendolch mit Widmung" omdat hij behoorde tot de eerste duizend S.A. lieden. De Widmung is later geschrapt, want nadat Röhm doodgeschoten was mocht dies nam nit meer op de „Ehrendolch" voorkomen." Nach der Angabe von Beek ereignete sich der geschilderte Auftritt im Sommersemester 1934, also vor der Ermordung Röhms im Juli 1934. – Die Verleihung dieser Ehrendolche, auch Röhmdolche genannt, erfolgte auf Grund der im Februar 1934 von Ernst Röhm als Stabschef der SA erlassenen Verfügung Nr.: 1444/34. Auf der Rückseite der Klinge waren in Röhms Handschrift die Worte „In herzlicher Kameradschaft Ernst Röhm" eingeätzt, die nach Röhms Hinrichtung entfernt werden mussten. Trageberechtigt waren SA-Männer, die vor dem 31.12.1931 in die SA eingetreten waren und seitdem ununterbrochen Dienst taten. Letzteres traf zwar für Kuhn genau besehen nicht zu, entspricht aber seiner bereits 1931 erfolgten Hinwendung zur Partei. Die Auszeichnung mit einem "Ehrendolch" wird in Kuhn betreffenden Darstellungen auch von W. Schenk (2002), 199 und G. Theißen (2009), 51 erwähnt, fälschlich jedoch als Auszeichnung der „SS" ausgegeben.
46 Von Kuhn in seinem Gesuch um Habilitation beim Akademischen Rektorat vom 11.5.1934 (UAT 1261/284, fol.1) ausdrücklich hervorgehoben, mit dem zusätzlichem Hinweis, für August/Oktober „für einen sechswöchigen Lehrgang auf der SA-Führerschule auf dem Heuberg vorgemerkt" zu sein.
47 Aufforderung durch Amt des Kultusministers an Herrn Privatdozent Dr. Kuhn, „sich zum Dienst in dem von dem Herrn Reichswissenschaftsminister eingerichteten Gemeinschaftslager zu melden." (Kultusminister Nr. 1443, Stuttgart 16.2.1935) – Rüge des SA-Scharführers KG Kuhn durch Obertruppführer Bölstler wegen dauerndem, unentschuldigtem Fernbleiben vom Dienst. Forderung einer Erklärung, „ob Sie in Zukunft SA-Dienst tun wollen." (5.10.1938 SA Sturm 6/180).
48 In der Literatur finden sich mehrfach Hinweise auf den „Assistentensturm" der SA als Urheber; von Junginger (2011), 181 als „SA-Sturm 9/126" bezeichnet.
49 Dazu s. Anm. 83–85.

stündigen Lehrauftrag für „Sprache, Literatur und Geschichte des Judentums"[50], der ausdrücklich mit dem Vermerk „mit besonderer Berücksichtigung der Judenfrage" versehen war[51] und ein Novum in der deutschen Universitätsgeschichte darstellte.[52]

Vorher war er bereits – wohl auf Empfehlung von Kittel – in den hoch besetzten[53] Sachverständigen-Beirat der in München angesiedelten „Forschungsabteilung Judenfrage" des im Oktober 1935 in Berlin gegründeten „Reichsinstituts für Geschichte des neuen Deutschlands"[54] berufen und für das Referat „Talmud" sowie neben Kittel vertretungsweise auch für das Referat „Palästina" eingesetzt worden.[55] Seine Mitarbeit in dieser Forschungsabteilung, die am 19. November 1936 – u. a. im Beisein von Rudolf Hess als Stellvertreter des „Führers" – eröffnet wurde und ein Zentrum der antisemitisch ausgerichteten deutschen Geschichtswissenschaft[56] werden sollte, war mit einem Auftrag zur „Untersuchung und Darstellung der Entstehung und Gesamtentwicklung des Judentums und der Judenfrage"[57] verbunden. Dieser nahm neben seiner Tübinger Lehrtätigkeit einen großen Teil seiner Arbeitskraft und -zeit in Anspruch. Bis zu seiner kriegsbedingten Einbe-

---

50 UAT 126a/284 Personalakte (6-6-05): Verleihung 11.11.1936. 1938 wurde Kuhns Privatdozentenbeihilfe aufgestockt. (Junginger [2011], 187). Im Mai 1940 wurde der Umfang des Lehrauftrags an der phil. Fak. auf 5 Stunden erhöht. (Junginger ebd., 196–198).

51 Vom damaligen Rektor Friedrich Focke gegenüber dem Stuttgarter Kultusministerium betont herausgestellt, 16.10.1936. UAT 126a/284, Pa Kuhn, fol. 13. Zur Erklärung Fockes im Spruchkammerverfahren s.u. 7.2.

52 S. Rupnow (2011), 125. Die Titel von Kuhns Lehrveranstaltungen zwischen 1937 und 1945 nennt Junginger (2011), 193 Anm. 59.

53 Die Liste der für die einzelnen Referate gewonnenen Gelehrten umfasst z.T. durchaus bedeutende Namen, z. B.: Rudolph Buttmann/München (Bibliothekswesen), Johannes Alt/Würzburg (Germanistik), Herbert Meyer/Göttingen (Rechtsgeschichte), Johannes Heckel/München (Staatsrecht), Gerhard Kittel/Tübingen (Religionsgeschichte), Ottokar Lorenz/Berlin (Wirtschaftshistoriker) Wilhelm Stapel/Berlin (Literaturgeschichte), Max Wundt/Tübingen (Philosophie), Hans Bogner/Freiburg (Alte Geschichte); Ottmar Freiherr von Verschuer/Frankfurt (Biologie) Wilhelm Ziegler/Berlin (Historiker) sowie den Nobelpreisträger Philipp Lenard/Heidelberg (Naturwissenschaft), s. Heiber (1966), 421f; Rupnow (2011), 70.

54 Frank, FJFr 3 (1938); dazu s. Rupnow (2005), 140ff.

55 S. Personalakte UAT 126a/284 fol. 12., Grau an Kuhn 24.7.1936; dazu s. Heiber (1966), 476. In diesem Zusammenhang ist es für die 2. Hälfte 1938 auch zur Planung einer von Kuhn zu leitenden Reise nach Palästina gekommen, die aber zunächst aus „Sparsamkeitsgründen" zurückgestellt wurde, später durch die Entwicklung der politischen Lage bedingt nicht mehr zustande kam.

56 Dazu s. Heiber (1966), 416ff.; Papen (1999b); Lammers (2001); Rupnow (2011), 67–85.

57 S. Berg (2008), 171; Schreiben des Reichsinstituts an Kuhn 12.12.1936, BArch R 1,6. Nach Junginger (2011), 188 erhielt Kuhn als Ausgleich dafür und für einen zweiten Auftrag zur „Rolle des Talmud im Judentum" über längere Zeit zwei Stipendien. Jeremias (2006), 302 spricht von 120 RM.

rufung Mitte 1940⁵⁸ wirkte Kuhn in diesem Rahmen als einer der produktivsten Mitarbeiter. Seine in dieser Zeit veröffentlichten Arbeiten sind alle aus Beiträgen erwachsen, die er auf Tagungen und Veranstaltungen der Forschungsabteilung beigesteuert hat. Namentlich mit ihnen festigte er seinen Ruf als judaistischer, rabbinisch-talmudistischer Fachmann. Als solcher übernahm er im Auftrag bzw. auf Anregung des Reichsinstituts auch weitere Aufgaben. Da die einschlägigen Akten des Reichsinstituts im Frühjahr 1945 weithin vernichtet wurden⁵⁹, lassen sich Umfang, Art und Umstände dieser Aufgaben allerdings nur noch in einigen wenigen Fällen ermitteln.⁶⁰

Karrieremäßig hat sich das alles für Kuhn freilich nur begrenzt ausgezahlt. Er blieb zunächst auf seiner Dozentenstelle in Tübingen sitzen. Im Oktober 1939 wurde er immerhin zum „Dozenten neuer Ordnung" ernannt – eine Maßnahme, die ihn als politisch zuverlässig eingestuft ausweist und zudem mit der festen Anstellung als Beamter verbunden war.⁶¹ Im September 1942 bekam er nach einigem Hin und Her zwischen den zuständigen Stellen in Staat und Partei⁶² auch den Titel eines außerplanmäßigen Professors verliehen – eine Auszeichnung, die anders als bisher mit der Versicherung „des besonderen Schutzes des Führers"⁶³ versehen war und als Ausdruck besonderer Loyalität galt. Ein Ordinariat, das gewöhnliche Ziel professoraler Sehnsüchte und Wünsche, blieb Kuhn freilich vorenthalten.

Entgegen einer verbreiteten Meinung⁶⁴ hat dies indes nichts mit grundsätzlich gegen Kuhn in NS-Amts- und Parteikreisen bestehenden Vorbehalten zu tun. Es gab zwar nach wie vor gegen ihn gerichtete Äußerungen persönlicher und politischer Antipathien, namentlich im Umkreis von Julius Streicher, dem Herausgeber des reichsweit verbreiteten radikal-antisemitischen Wochenblattes „Der

---

58 1.7.1940, s. 2.5. In Anlage 5 zum Fragebogen gibt Kuhn als Beginn des Kriegsdienstes den 20.6.1940 an. (WÜ 13 T2 Nr. 2514/075 – online: Bild 14).
59 Dazu s. Papen-Bodek (2001), 16: „Der Forschungsbeauftragte Hermann Kellenbenz verbrannte im Frühjahr 1945 tagelang Akten der Forschungsabteilung [in München], dasselbe Schicksal ereilte auch die ausgelagerten Akten des Reichsinstituts in Göttingen". So auch Heiber (1966), 1187, 1189. Ob letzteres zutrifft, ist freilich strittig. Frank Möbus, Göttingen, einer der wenigen Kenner der Materie, deutete in dem letzten vor seinem Tod (2015) mit ihm geführten Gespräch erhebliche Zweifel an.
60 S.u. 4.2 sowie 6. Sonderauftrag.
61 Ausführlich beschrieben in der Arbeit von Hauser (2007), 83–86; s. auch Junginger (2011), 195 Anm. 67.
62 Die Zustimmung der Partei-Kanzlei ließ zunächst auf sich warten, erfolgte dann aber mit dem Vermerk „in politischer Hinsicht keine Bedenken" (s. BArch R 4901/22289 BSTU 95–99).
63 So ausdrücklich in der Ernennungsurkunde vermerkt, s. Entwurf 29.1.1942 (BABe R 4901/22289 BSTU 101).
64 Von Kuhn selbst vertreten, s. Fragebogen Anl. 2, Bl. 2; s. Anm. 27 ebd.; unbesehen übernommen von Jeremias (2000).

Stürmer", dessen gegen Juden und Judentum gerichtete Artikel Kuhn wegen ihres wissenschaftlichen Dilettantismus unverblümt zu kritisieren wusste[65]; ferner bei dem wegen seiner Willkür verrufenen und später auch deswegen abberufenen Behördenleiter des Reichswissenschaftsministeriums, dem Volkskundler Heinrich Harmjanz.[66] Aber selbst letzterer hat sich nicht durchgehend gegen ihn gestellt.[67] Als Fachmann für Judentumskunde war Kuhn über den akademisch-universitären Bereich hinaus auch in hohen Parteikreisen bekannt und durchaus angesehen. In den seit 1939 verstärkt an mehreren Stellen betriebenen Planungen zur Errichtung einer diesbezüglichen ordentlichen Professur begegnet ständig und meist sogar ausschließlich sein Name.[68] Das trifft in Sonderheit für die Bemühungen um einen judaistischen Lehrstuhl durch die Tübinger Universität[69] zu, gilt aber auch für die gleichen Bestrebungen von Seiten der Berliner[70], der Frankfurter[71] und der Wiener[72] Universität, womöglich auch der in Innsbruck.[73] In all diesen Fällen wird Kuhn nicht nur erwähnt, sondern als der vornehmlich oder ganz allein[74] dafür in Frage kommende Kandidat hervorgehoben. Selbst Alfred Rosenberg, der Chefideologe der NS-Bewegung, hat im Oktober 1944 auch unabhängig von dem „im Frühjahr 1941 eröffneten „Institut für die Erforschung der Judenfrage"[75] der Nominierung von Kuhn" für die geplante Professur an der Universität Frankfurt „zugestimmt.[76] Der Referent im Reichserziehungsministerium Herman-Walther Frey ließ die Parteikanzlei am 24. 5. 1944 wissen, er werde „die Errichtung des

---

65 S. Anm. 87.
66 Zu Harmjanz s. Heiber (1966), 648–653; Bollmus (2006), 103; Gaisenheimer (2008), 103 Anm. 89.
67 Von Harmjanz stammt ein durchaus positiver Eignungsbericht im Zusammenhang mit der Ernennung Kuhns zum apl. Professor (BABe R 4901/22289, BSTU 100.18.9.1942). Auch Kuhn selbst erwähnt gegenüber dem Dekan der Tübinger Phil.-Fak. (20.3.1941, UAT 131/128(124), Harmjanz habe auf Befragen von Walter Frank geäußert: „Ich kann Kuhn nicht zum Professor in Tübingen ernennen, weil das Ministerium kein Geld für die dort vorgeschlagene Professur hat. Falls die Tübinger das Geld aufbringen, wird Kuhn sofort Professor, auch sonst würde er Professor, sobald eine Professur zur Verfügung steht."
68 Vgl. die Aufzählung bei Rupnow (2006b), 365, ferner die ausführliche Darstellung von Junginger (2010), 494ff.
69 Junginger (2010), 494ff.; (2011), 195f., 205.
70 Ebd., 194f; Rupnow (2011), 127f.
71 Junginger, ebd., 209 Anm. 121f.; Rupnow (2011), 57 Anm. 106, 126 Anm. 279.
72 Ebd., 128 Anm. 286, 324 Anm. 35. Junginger (2011), 211–216.
73 S. dazu Kuhns Brief an Walter Frank vom 19.2.1941 (10. Dokumente 3.).
74 Rupnow (2006), 179 u. Anm. 12.
75 Dazu s. Piper (2005), 477–486; Rupnow (2008b); (2011), 85–100.
76 Junginger (2011), 209 u. Anm. 121, 122. Rupnow (2011), 126 Anm. 280.

Lehrstuhls für Judenkunde zum Staatshaushalt 1945 anmelden." Mit dem für die Besetzung in Aussicht genommenen Prof. Dr. Kuhn sei er „sehr einverstanden".[77]

Die Gründe dafür, dass Kuhn an keiner dieser Stellen zum Zuge kam[78], sind mehrschichtiger Art. In erster Linie sind sie wohl durch Schwierigkeiten auf der administrativ-finanziellen Ebene bedingt[79], etatmäßig abgesichert eine Planstelle für die angestrebte neue Professur einzurichten; sie liegen daneben im Bereich der amtlichen Zuständigkeitshierarchien[80] und der darin eingebetteten Animositäten zwischen über- und untergeordneten Dienststellen und hängen z.T. wohl auch mit Spannungen zusammen zwischen der Leitung des zuständigen Reichserziehungsministeriums in Berlin und dem Leiter des Reichsinstituts für die Geschichte des neuen Deutschlands, Walter Frank, der zu den Hauptförderern Kuhns gehörte.[81] Dass die von Tübingen ausgehenden Bemühungen, für Kuhn einen Sonderlehrstuhl zur Erforschung der Judenfrage einzurichten, am Ende sogar daran gescheitert sein könnten, „dass man bei der in Angriff genommenen ‚Endlösung der Judenfrage' derartiger Lehrstühle nicht mehr bedurfte"[82], ist hingegen eher unwahrscheinlich. Dagegen spricht schon die 1944 erfolgte Freistellung Kuhns vom Wehrdienst im Rahmen der „Sonderelbe"-Aktion.[83]

Dass Kuhn aus politisch-weltanschaulichen Gründen übergangen und in seiner Karriere behindert worden sei, ist genau besehen eine Legende, derer er sich selbst

---

77 S. dazu Junginger (2011), 207f. mit Anm. 116. Am 9.1.1945 reichte Kuhn auf Bitten des Rektors der UT drei seiner Publikationen nach. (Junginger ebd. 209 mit Anm. 120)
78 Möglicherweise hat Kuhn sogar in einem Fall die Berufung abgelehnt. In einem Schreiben des Reichsdozentenführers Walter Schultze an den Präsidenten des Reichsinstituts Walter Frank (28.4.1941; Akte Kuhn LkAS A127, Nr. 1413, s.u. 10. Dokumente 3.) heißt es: „Kuhn selbst hat, wie wir soeben aus Tübingen erfahren haben, die Möglichkeit in Straßburg zuzusagen." Ein entsprechender Hinweis fehlt indes in Kuhns Erklärungen vor den Entnazifizierungskammern.
79 Das wird mehrfach ausdrücklich vermerkt: s. Gutachten E. Littmann (1941, BABe R 4901/22289 Bl. 8/2): „bisher scheint es aus finanziellen Gründen noch nicht möglich gewesen zu sein, seine Berufung zu verwirklichen."; C.A. Weber, Dekan phil. Fak. Tübingen, Brief an Kuhn (25.4.1941): Es treibe „keine in Frage kommende Stelle Obstruktion", es stehe „nur der Krieg mit der Stoppverordnung des Finanzministeriums" im Wege. (UAT 131/128); Weinreich, Dekan phil. Fak. Tübingen, Schreiben an Rektor Tübingen (26.9.1942): Kuhns Ernennung für ein Ordinariat ist „bisher nur an der Frage der Finanzierung gescheitert" (BABe R 4901/22289 BSTU 106); ferner dazu Hauser (2007), 86 u. Anm. 349.; Junginger (2010), 500, (2011), 194f.; Rupnow (2011), 130 Anm. 90, 291, 292.
80 Junginger (2010), 499f.; (2011), 206f.; Rupnow, (2011), 130, 291, 292.
81 Junginger (2011), 187. Als 1938 die Forschungsabteilung zum „Hauptreferat" wurde, dessen Leitung Frank selbst übernahm, wurde Kuhn dessen Stellvertreter. S. Junginger ebd. 244 sowie Anm. 74 zu Plänen Franks, Kuhn zum Leiter der Frankfurter Außenstelle des Reichsinstituts zu machen.
82 Dazu Junginger (2006), 189 unter Bezug auf Adam (1977), 179; vgl. Theißen (2009), 44.
83 Dazu s. Anm. 91.

nach 1945 gern bedient hat[84], für die es aber keinen stichhaltigen Beleg gibt. Kuhn galt im nationalsozialistischen Sinn als „politisch positiver" Wissenschaftler, als „von einer klar nationalsozialistischen Haltung getragen."[85] Seine „Arbeiten zur Erforschung des Judentums haben nationalpolitische Bedeutung und verbinden reine Gelehrtenarbeit mit der weltanschaulich notwendigen Fragestellung."[86] Auch der Umstand, dass er einen christlichen Hintergrund hatte und theologisch geprägt war[87], und selbst die Tatsache, dass es – namentlich im Umfeld von Julius Streicher – NS-Kreise gab, die seine Forderung nach einem wissenschaftlich begründeten Antisemitismus mit Argwohn verfolgten[88], haben das nicht in Frage gestellt. Ansonsten wäre ihm schwerlich 1939 die amtliche Genehmigung für die Mitgliedschaft in der angelsächsisch dominierten, internationalen Neutestamentler Gesellschaft, der Societas Studiorum Novi Testamenti, erteilt worden.[89]

Der deutlichste Beleg für die Anerkennung seiner politischen Zuverlässigkeit ist seine im Juni 1944 erfolgte Freistellung vom Wehrdienst. Das war kein gewöhnlicher Vorgang.[90] Um diese Zeit wurden im Gegenteil verstärkt viele bis dahin UK-gestellte Personen eingezogen; so zum Beispiel, der zweite, betont antijüdisch sich betätigende Kittelschüler Walter Grundmann im März 1943.[91] Kuhn's Freistellung war eine seltene Ausnahme.[92] Sie erfolgte im Rahmen eines mit dem skurrilen, wohl absichtlich nebulösen Decknamen „Sonderelbe Wissenschaft" ausgestatteten

---

84 In seiner eidesstattlichen Schlusserklärung vor der Spruchkammer Stgt-Feuerbach (Protokoll öffentl. Sitzung 21.9.1948, Bl. 5; s. StALbg Az. EL 902/20 Bü 51718) führt Kuhn ausdrücklich seiner Beförderung entgegen stehende Bestrebungen von Ley und Rosenberg an.
85 REM an Kumi Stuttgart 30.1.1937 (UAT 126a/284 Pa Kuhn, fol. 16); ähnlich W. Frank 30.11.1936 (BABe ebd. Bl. 34).
86 Gutachten des Dekans der phil. Fak. Tübingen Weinreich 23.1.1942 (BABe BSTU00091).
87 Das wird in parteiamtlichen Äußerungen über Kuhn mehrfach erwähnt; s. Personalakte Kuhn UAT 126a/284, ohne aber seine Qualifikation grundsätzlich in Frage zu stellen, s. Wetzel an Kumi Stuttgart (13.11.39 (fol 34.): „Weltanschaulich wäre – trotzdem auch hier noch etliche Erziehungsarbeit zu leisten bliebe – Kuhn der freiere Man als der immer Theologe bleibende Kittel." Ders.: „Mancher Eierschalensplitter seiner theologischen Herkunft ... wird noch abfallen." (BABe BSTU00093).
88 Dem Schreiben von Kuhns Anwalt an die Spruchkammer in Stuttgart (s. Anm. 82) ist als Anlage 29 beigefügt ein Brief des „Stürmer-Verlages" vom 7.2.1939, in dem bei Kuhn angefragt wird, ob er drei mitgeteilte Äußerungen am 19.1.1939 getan habe. Vgl. demgegenüber Streichers Anwesenheit im Juli 1938 auf der 3. Münchner Arbeitstagung, s. 3.4.3.
89 Zu den Auswahlkriterien und Kittels Einfluss s. Bormann (2012).
90 So Jeremias (2008), 304, wohl im Anschluss an Kuhn selbst.
91 Dazu s. Schaller (2013), 40.
92 Die von Kuhn dazu im Stuttgarter Entnazifizierungsverfahren angegebene Zahl von 5000 Fällen (Protokoll öffentl. Sitzung 21.9.1948, Bl. 2; s. Anm. 82) ist weit überzogen und dient offenkundig dazu, den besonderen Charakter dieser Maßnahme zu vertuschen. Auch der Vermerk von Jeremias (2008) 304, Kuhn sei „wie viele andere als Universitätslehrer unabkömmlich gestellt" worden, zielt darauf ab.

Führererlasses vom 30.5.1941.[93] Dieser bezog sich zunächst auf Natur- und Ingenieurwissenschaftler, die wegen rüstungs- und sonst kriegswichtiger Arbeiten vom Wehrdienst befreit wurden. Mit dem Führererlass vom 6. Mai 1944 wurde dieser Kreis indes auch für Geisteswissenschaftler geöffnet und zwar ausdrücklich mit dem Ziel, „eine geeignete akademische Nachwuchsreserve für die nach Kriegsende geplante Umgestaltung der Geisteswissenschaften im nationalsozialistischen Sinn zu rekrutieren."[94] Kuhn gehörte zur Gruppe derer, die dafür ausersehen waren. Das war gewiss kein Zufall, sondern Ausdruck der ihm von höchster Stelle – in seinem Fall sogar möglicherweise vom Amt Rosenberg ausgehend[95] – erteilten Anerkennung für seine als judaistischer Fachmann geleistete wissenschaftliche Arbeit zur Judenfrage, und geschah mit der Erwartung, in ihm nach dem „Sieg" einen „Statthalter" für die weitere NS-Judenforschung[96] zur Verfügung zu haben. In seinen vor der Entnazifizierungskommission gemachten Angaben kommt das freilich nicht zur Sprache. Kuhn begnügt sich damit, die Frage, warum er vom Wehrdienst zurückgestellt worden sei, mit dem Hinweis „Zur wissenschaftlichen Berufsarbeit" zu erledigen.

Wie anerkannt Kuhn war, spiegelt sich im Übrigen auch in der letzten, der 49., dem „Gedenken des ältesten Vorkämpfers der Deutschen Erhebung gegen den jüdischen Weltfeind"[97] gewidmeten Auflage von Theodor Fritsch, Handbuch der Judenfrage wider, die 1943/1944 parteiamtlich abgesegnet herauskam und in der mehrfach auf Kuhn und seine Veröffentlichungen hingewiesen bzw. daraus ausdrücklich zitiert wird.[98] Von einer gegenüber Kuhn aus weltanschaulich-ideologischen Gründen in Parteikreisen samt und sonders bestehenden Reserve, die verhindert habe, dass er für sein Fach eine ordentliche Professur erhielt, kann angesichts dessen schwerlich die Rede sein.

Was Kuhn in der Zeit seit seiner Befreiung vom Kriegsdienst im Juni 1944 bis zum Ende des NS-Regimes genau gemacht hat, wozu er eingesetzt war, wie weit er neben

---

93 Dazu s. Thiel (2006),176–194; s. ferner ders. (2004), 111–132; Jäger (1998), 327–332. – In den Listen der so ausgezeichneten Gelehrten finden sich u. a. Otto Harding, Carl Jantke, Gerhard Krüger, Hermann Noack, Joachim Ritter, Benno von Wiese; s. Thiel (2006), 192 Anm. 106.
94 Thiel (2006), 191.
95 Dazu s. Junginger (2011), 209.
96 Ebd. (2011), 220.
97 Fritsch (1944), 6.
98 Fritsch (1944), 76, 84, 328. 90 das ausführlichste Zitat: „Das ist, wenn man einmal so sagen darf, das Groteske an der talmudischen Einstellung zum Nichtjuden, dass hier Haß und Mißtrauen und Feindschaft es vermochten, dass die religiöse Bindung an die Tora sich auswirkte als ein Sichfestlegen auf eine längst überholte primitive Rechtsordnung für die Einstellung zum Fremden. Das einstige nomadische Wüstengesetz, für das der Fremde rechtlos und vogelfrei ist, wurde das Gesetz einer über die ganze Welt verstreuen völkischen Minderheit, einer kleinen Bevölkerungsgruppe für ihr Verhalten zu der übrigen Bevölkerung." (FzJfr 3, 215). S.u. 3.4.3.

seiner – mangels Studenten kaum besonders umfänglichen – Lehrtätigkeit amtlich mit weiteren Aufgaben betraut war und diesen nachgekommen ist, entzieht sich – abgesehen von der gutachterlichen Tätigkeit im Fall Dagmar Brandt[99] – unserer Kenntnis. Weder von ihm selbst noch sonst gibt es dazu genauere[100] Hinweise. Schwer einschätzen lässt sich auch, was es mit den von ihm im Nachhinein[101] erwähnten, damals angeblich aufgekommenen beruflichen „Selbstzweifeln" auf sich hat, wie weit Kuhn schon zu dieser Zeit begonnen hat, seine amtliche Mitarbeit in „Judensachen" selbstkritisch zu betrachten. Die Art, wie er dem 1947 gegen ihn eröffneten Entnazifizierungsverfahren begegnet ist, lässt davon nichts erkennen, spricht vielmehr eine andere Sprache.[102]

2.4 Öffentliche Vortrags- und Lehrtätigkeit

Neben seinen Aufgaben als Dozent auf den Feldern der Semitistik und Judaistik an der philosophischen und theologischen Fakultät in Tübingen hat Kuhn eine rege auswärtige Vortrags- und Lehrtätigkeit als Fachmann für Judentum ausgeübt und diese weithin mit seinen universitären Schwerpunktthemen bestritten. Überwiegend erfolgte diese amtlich bestellt durch Gremien der NS-Partei oder der ebenso NS-hörigen Verwaltung bei Veranstaltungen, die teils intern, teils öffentlich der politischen Erziehung und Propaganda dienten.

So gehörte Kuhn zu dem Kreis ideologisch besonders ausgewählter Gastdozenten[103] auf der NS-Ordensburg Vogelsang in der Eifel, einer der Schulungsstätten für den Führernachwuchs der NSDAP.[104] Dort hat er – anscheinend bereits 1936

---

99 S.u. 4.2 sowie 10. Dokumente 2.
100 Laut dem Vorwort zu seiner 1949 verfassten, 1950 veröffentlichten Arbeit über „Achtzehngebet und Vaterunser und der Reim" hat Kuhn schon zwischen 1930 und 1939 und auch in der Kriegszeit an diesem Thema gearbeitet. In Kuhns „Veröffentlichungen bis Ende 1938" in seiner Personalakte im REM ist genannt „Reim in den ältesten jüdischen Gebeten, insbesondere im SchmoneEsre, und seine Bedeutung für die Geschichte des Reims". Text ist offenbar unveröffentlicht geblieben.
101 In einem angeblich an Charles Horowitz geschriebenen Brief erwähnt Kuhn einen sonst unbekannten Brief an Kittel, den er „aus dem Felde" geschrieben habe, „als die Gerüchte über die grauenvollen Judenabschlachtungen durchsickerten". S.u. 10. Dokumente 5.
102 Dazu s.u. 7.2.
103 In einer Liste der für die Schulungstätigkeit an Ordensburgen vorgesehenen Gastlehrern, die vom Amt für Schulung der Rosenberg-Dienststelle mit der Bitte um Überprüfung der weltanschaulichen Eignung am 2.11.1936 verschickt wurde (BABe NS 15/51 Bl. 11), wird Kuhn zusammen mit zwei weiteren Mitgliedern der Abteilung „Judenfrage" im Reichsinstitut, Dr. Wilhelm Grau und Dr. Wilhelm Ziegler, als „bis jetzt zur Mitarbeit herangezogen [sic!]" angeführt. Dazu s. auch Theißen (2009), 32f.
104 Dazu s. Arntz (2010).

beginnend, von ihm selbst erwähnt 1938[105] – Vorträge über „Die Entstehung des Judentums", „Der Talmud und die Bedeutung der jüdisch-rabbinischen Literatur", „Das Judentum in der griechischen und römischen Welt" sowie „Die Geschichte und innere Entwicklung des Judentum bis zur französischen Revolution" angeboten. Von 1937 an war Kuhn ferner häufig an verschiedenen anderen Stellen mit seinem Spezial-Thema „Talmud" unterwegs. Geradezu gebucht war er dazu in Einrichtungen der Württembergischen Verwaltungsakademie: Aalen, 30.10.37; Ravensburg, 31.10.1937; Stuttgart, 10.11.1937; 9.5.1939; Horb, 21.11.1937; Crailsheim, 11.2.1939; Reutlingen, 12.2.1939; Sigmaringen, 29.1.1939. Mit einem Vortrag über „Der Talmud als Spiegel des Judentums"[106] trat er am 11.1.1938 an der Münchener Universität in einer Vorlesungsreihe auf, die vom Reichsinstitut für Geschichte des neuen Deutschlands als Rahmenprogramm zu der groß aufgezogenen, von Goebbels selbst initiierten und eröffneten antisemitischen Propagandaausstellung „Der ewige Jude"[107] veranstaltet wurde.[108] Diesen Vortrag wiederholte er – im Völkischen Beobachter referiert unter dem Titel „Die Gedankenakrobatik des Talmud"[109] am 19.1.1939 in der neuen Aula der Berliner Universität „unter Zuhilfenahme von zwei zusätzlichen Hörsälen"[110] in einer ebenfalls vom Reichsinstitut für Geschichte des Neuen Deutschlands zu „Judentum und Judenfrage" veranstalteten Vortragsreihe[111] vor einer angeblich 2500, vornehmlich Studenten, Hitlerjungen und Parteigenossen umfassenden Hörerschaft.[112] Unter der Überschrift „Der Talmud – das Gesetzbuch der Juden" präsentierte er das Thema im selben Jahr nochmals vor Ausbruch des Krieges in Tübingen auf einer Veranstaltung der „Wissenschaftlichen Akademie des NS-Dozentenbundes". Ein Auszug dieses Vortrags wurde am 24.2.1939 über den

---

105 Die Personalakte Kuhn (UAT 128 Kuhn an Rektor 8.1.1938) belegt entsprechende Vortragstätigkeit für den 12., 14. und 17.1.1938. Kuhn selbst führt in seinem Bericht für die Entnazifizierungskammer Tübingen (Fragebogen Anlage 2 Bl. 3, s. Anm. 27) nur den 14.1. an und unterschlägt auch dafür Anlass und Zusammenhang. Dazu s.u. 7.2.
106 Heiber (1966), 626.
107 Benz (2011), 114–117.
108 Weitere Referate hielten: Walter Frank (Berlin) zu "Dreyfuß, der ewige Jude", Wilhelm Grau (München) zu „Das Haus Rothschild", Wilhelm Ziegler zu „Die Juden in der Weltpolitik", Franz Koch zu „Goethe und die Judenfrage".
109 Völkischer Beobachter 21.1.1939; im Stuttgarter Neuen Tageblatt (Kulturbeiblatt) 28.1.1939 verkürzt auf „Der Talmud".
110 Heiber (1966), 628.
111 An ihr waren auch die beiden anderen Tübinger Vertreter im Reichsinstitut beteiligt, G. Kittel mit einem Vortrag über „Die historischen Voraussetzungen der Rassenmischung im Judentum" und M. Wundt über „Das Judentum in der Philosophie"; dazu s. den Bericht in der Tübinger Chronik 9.2.1939. Zur vorangegangenen Presseerklärung der Universität Tübingen s. Junginger (2011), 263.
112 Völkischer Beobachter 21.1.1939; Heiber (1966), 628 Anm. 3; von Jeremias (2008), 303 als Beleg für Kuhns „Lehrerfolg" hervorgehoben.

Deutschlandsender verbreitet.[113] Die Druckfassung konnte noch im folgenden Jahr im Tübinger Verlag von J.C.B. Mohr (Paul Siebeck) unter dem Titel „Der Talmud – das Gesetzbuch der Juden" in den Veröffentlichungen der Wissenschaftlichen Akademie erscheinen[114].

Die Veröffentlichung einer von Kuhn noch für 1940 angekündigten „Schrift über den Talmud" durch die Hanseatische Verlagsanstalt, Hamburg, kam indes nicht mehr zustande. Was aus dem weithin wohl fertigen Skript geworden ist, in dem laut Kuhns eigener Ankündigung „das Wichtigste über Entstehung und Inhalt dieses für die Kenntnis des Judentums entscheidend wichtigen Werkes zusammengefasst"[115] war, konnte nicht ermittelt werden. Dass Kuhn das Projekt nach 1945 nicht mehr in die Hand nahm und – anders als seine „Arbeiten über das jüdische Verhältnis zur nichtjüdischen Welt"[116] – auch nicht umgearbeitet zum Druck gebracht hat, ist wohl in der Sache bedingt. Der antijüdische Zuschnitt der diesbezüglichen Vorarbeiten dürfte zu ausgeprägt gewesen sein. Im Übrigen stand der dafür vorgesehene Verlag, der Hausverlag des Reichsinstituts für Geschichte des neuen Deutschlands, die Hamburger Verlagsanstalt nicht mehr zur Verfügung. Diese gehörte der Deutschen Arbeitsfront an und war ein ausgeprägt nationalsozialistisches Unternehmen.[117]

Neben dieser spezifisch Talmud-orientierten Reihe von Vorträgen ist Kuhn am 1.12.1938 anlässlich der vierten Jahrestagung des Reichsinstituts für Geschichte des neuen Deutschlands (30.11.–3.12.1938)[118] in Berlin mit einem Vortrag über „Die Judenfrage als weltgeschichtliches Problem" hervorgetreten.[119] Der reichsweit durchgeführte Pogrom, die Schändungen und Zerstörungen der Synagogen, die Plünderungen jüdischer Geschäfte und Wohnungen, die Überfälle und Morde, das alles lag nur wenige Wochen zurück. Im Vortrag selbst kommt nichts davon zu Sprache, nicht einmal in Andeutungen. Aber für jeden damaligen Hörer und ebenso kurz danach für die Leser war der Zusammenhang offenkundig. Was Kuhn in der Sache lieferte, läuft auf eine Rechtfertigung des Pogroms und der nach ihm eingeleiteten antijüdischen Maßnahmen[120] hinaus. Deutlicher als je zuvor hat Kuhn

---

113 Kuhn, Spruchkammer Tübingen, Fragebogen Anlage 2, Bl. 3; s. Anm. 27.
114 Kuhn (1940); dazu s.u. 3.4.5.
115 Kuhn (1940), 226 Anm. 2.
116 Der ursprünglich als Exkurs I zu Sifre Numeri geplante Text erschien 1960 in Festschrift J. Jeremias.
117 Dazu s. die umfassende Darstellung der Verlagsgeschichte durch Lokatis (1992).
118 Heiber (1966), 613.
119 Ebd., 615. In der Frankfurter Zeitung, Reichsausgabe 614/615, 2.12.1938, 2 des längeren vorgestellt; abgedruckt in Heim (2009), 536: Dokument 189.
120 Zu den ab dem 12.11. erlassenen spezifisch antijüdischen Verordnungen und Anordnungen gehörten u. a.: Verordnung zur Ausschaltung der Juden aus dem deutschen Wirtschaftsleben (s. Walk [1996], 254. 258. 259]; Anordnung betr. Verbot des Besuchs von Theatern, Kinos, Konzerten, Ausstellungen (ebd., 255); Verordnung über Sühneleistung der Juden deutscher Staatsangehörigkeit (ebd.]; Runderlaß betr. Ausschluss jüdischer Schüler aus dem allgemeinen Schulunterricht

sich hier als antisemitischer Propagandist betätigt. Mit diesem Vortrag ist Kuhn auch in der Folgezeit wiederholt aufgetreten: zunächst öffentlich am 23.1.1939 in Tübingen im Auditorium Maximum der dortigen Universität im Rahmen einer Veranstaltung der Akademie des NSD-Dozentenbundes[121] und am 9.5.1939 in Stuttgart bei der Eröffnung des Sommersemesters der Württembergischen Verwaltungsakademie.[122] Wenige Monate später erschien der Text als Bd. 14 in der Reihe „Schriften des Reichsinstituts für Geschichte des neuen Deutschlands" in Form einer eigenständigen Broschüre, die „innerhalb der Veröffentlichungen des Reichinstituts die größte Publizität" erfahren hat.[123]

Zwischen 1938 und 1940 hat Kuhn darüber hinaus auch vor christlichen Kreisen gesprochen: am 30.1.1938 „beim Christlichen Verein Junger Männer in Stuttgart"[124], am 27.2.1939 „auf der Seminarwoche des Jungmännerwerks im Ostdeutschen evangelischen Jungmännerwerk in Berlin"[125] „und auf einer gleichartigen Seminarwoche für evangelische Jugendarbeit 23.4.1940 in Stettin".[126] Thema war wieder meist der „Talmud", in einem Fall[127] aber auch die „Judenfrage als weltgeschichtliches Problem". Wie weit diese Auftritte sich von den öffentlichen, durch die Partei oder parteinahe Kreise organisierten Veranstaltungen unterschieden haben, ist schwer auszumachen. Kuhns eigene Darstellungen dazu lassen sich schwer auf einen Nenner bringen. Laut einer gegenüber der französischen Militärregierung im September abgegebenen Erklärung[128] waren die Texte wörtlich identisch; eine Behauptung, die ihm dazu dient, den unpolitischen Charakter seiner Vorträge und Veröffentlichungen insgesamt herauszustreichen. Anders klingt die Auskunft in seinen 1948 vor der Tübinger Entnazifizierungskammer zu seiner Entlastung abgegebenen Ausführungen.[129] Danach war seine Vortragstätigkeit in christlichen Kreisen ein Ausdruck spezifisch christlich orientierter Widerstandsgesinnung. Er habe damals die Gelegenheit benutzt, um vor den Leitern der evangelischen Jugendarbeit an Hand seiner wissenschaftlichen Arbeit „das durch die ‚Stürmer'-Propaganda verzerrte Bild richtig zu stellen und die auf Grund dieser Verzerrung

---

(ebd., 256. 270); Runderlaß betr. zusätzliche Führung der Vornamen Sara bzw. Israel durch Juden (Ebd., 258); Erlaß betr. Entziehung der Führerscheine und Zulassungspapiere für Juden (ebd., 262): Erlaß betr. Ausschluß von Juden aus den deutschen Hochschulen (ebd., 264).

121 S. Tübinger Chronik 24.1.1939. Junginger (2006), 185.194.
122 Schönhagen (1991), 444 Anm. 842.
123 Schochow (1969), 167 Anm. 139. – Dazu s.u. 3.4.4.
124 Kuhn, Spruchkammer Tübingen, Fragebogen Anlage 2, Bl. 3; s. Anm. 27 ebd. – online Bild 21.
125 S. Eidesstattliche Erklärung Pfr. Arnold Dannemann vom 18.9.1948 im Spruchkammerverfahren Stuttgart; s. Anm. 82 ebd.– online: www.landesarchiv-bw.de/plink/?=2-1777222, Bild 86f.
126 Kuhn vor Spruchkammer Tübingen; s. Anm. 27 ebd. – online Bild 9.
127 Kuhn ebd., Bl. 3.
128 Kuhn am 12.9.1945 an Rektor UT und Französische Militärregierung; s.u. 7.1.
129 Kuhn, ebd. Vgl. auch 7.2.

entstandenen Angriffe gegen das Christentum abwehren zu können".[130] Das mag partiell stimmen.

Mit dieser Attitude, sich als Verteidiger des Christentums auszugeben, steht Kuhn auch nicht allein. Ähnlich haben sich sein Lehrer Gerhard Kittel[131] sowie der ebenfalls zum Kittelkreis gehörige Walter Grundmann geäußert.[132] Sie haben sich wie Kuhn bemüht, die antichristlich bzw. antikirchlich ausgerichtete NS-Propaganda abzuwehren, aber keiner von ihnen ist den zunehmend gegen Juden und Judentum gerichteten Angriffen entgegen getreten. Im Gegenteil. Diese wurden teils ausgeblendet, teils hingenommen, teils durchaus sogar bejaht. Der Einsatz für die christlichen Belange erfolgte durchweg auf Kosten des Judentums. Bei Kuhn kommen selbst im späteren Rückblick die damals gegen die jüdische Seite gerichteten An- und Übergriffe höchstens pauschal in den Blick. Was er nach 1945 z. B. zum Verlauf des Novemberpogroms 1938 in Tübingen verlauten lässt, kann nur als Verharmlosung bezeichnet werden.[133] Nicht zuletzt die Tatsache, dass Kuhn auch den expressiv antisemitisch ausgerichteten Vortrag über „Die Judenfrage als weltgeschichtliches Problem" – dem, wie noch zu zeigen ist, einzigen, von dem er sich 1951 ausdrücklich distanzierte[134] – 1939 auch vor einer christlichen Zuhörerschaft gehalten hat, zeigt deutlich: Sein Eintreten für christliche Belange hat Kuhn nicht veranlasst, die zunehmenden Maßnahmen der Entrechtung, Unterdrückung und Vertreibung der jüdischen Bevölkerung kritisch ins Visier zu nehmen. Er hat diese wie schon 1933 auch 1939 propagandistisch unterstützt.

An den Arbeiten des namentlich von Walter Grundmann betriebenen, 1939 gegründeten, von 11 deutsch-christlich beherrschten evangelischen Landeskirchen geförderten Instituts zur „Erforschung und Beseitigung des jüdischen Einflusses auf das deutsche kirchliche Leben"[135] hat er sich nicht beteiligt.[136] Aber daraus kann schwerlich geschlossen werden, dass er das dort vertretene Programm der „Entjudung des Christentums" abgelehnt hätte. Es waren wohl eher taktische, auf seine Anstellung als Fachreferent für Judenfragen im NS-„Reichsinstitut für Geschichte des neuen Deutschlands" abzielende Gründe, die ihn veranlasst haben, sich in ein solches kirchliches Unternehmen nicht einbinden zu lassen. Vielleicht

---

130 Ebd.
131 S. Kittel, Meine Verteidigung (1946).
132 S. Grundmann, Erkenntnis und Wahrheit (1969).
133 S.u. 8.3.
134 Zu den Umständen s.u. 7.3.1.
135 Dazu s. Arnold (2010); Schaller (2013), 31–66.
136 Die von Heschel (1994), 140 erwähnte Beteiligung ist nicht belegt, s. Arnhold (2010), 548, 812.

haben auch persönliche Animositäten zwischen ihm und dem gleichfalls zum Kreis der Kittelschüler gehörenden Walter Grundmann dabei mitgespielt.[137]

2.5 Militärdienst

Zusätzlich zu seiner wissenschaftlichen Tätigkeit in Lehre und Forschung als Universitätsdozent und seinem Einsatz als Mitglied der NSDAP und der SA hat Kuhn von sich aus auch noch eine militärische Karriere bei der Reichswehr angestrebt. Möglicher Weise war dies ein Versuch, sich nach der Ermordung Röhms und dem damit verbundenen Bedeutungsverlust der SA noch ein anderes gesellschaftliches Standbein zu verschaffen.

Im Sommer 1935 nahm er erstmals an einem Lehrgang beim Ergänzungsbataillon Weingarten (7./1.R.35), Tübingen, teil.[138] Entsprechende Reserveübungen erfolgten 1936[139] 1937 und 1938, verbunden mit der Beförderung zum Unteroffizier[140] sowie 1939. Weitere Beförderungen erfolgten am 1.1. 1940[141] zum Leutnant der Reserve im Inf. Regiment 35 und am 1.3.1942 zum Oberleutnant der Reserve.[142] Nach Ausbruch des Krieges blieb er als Mitglied der Abteilung „Judenfrage" des Reichsinstituts für Geschichte des neuen Deutschland zunächst UK-gestellt.[143] Erst zum 1.7.1940 wurde er einberufen.[144] Nach seinen eigenen Angaben war er

---

137 Obgleich sie teilweise zur selben Zeit bei Kittel arbeiteten, gibt es keinerlei Hinweise auf eine persönliche Beziehung. Beide haben sich in ihren Arbeiten m. W. in ihren Veröffentlichungen nie aufeinander bezogen.
138 Kuhn an Rektor 25.4. 1935 (UAT 126a/284, fol. 9).
139 April/Mai 1936; ebd. 12.3.1936 (fol. 10).
140 April/Mai 1938; ebd. 22.3.1938.
141 So die Angaben auf der Personalkarte W.Kdo /W.Bez.Kdo. Tübingen (BArchMA, RH 59/2077). In der der Mitteilung Kuhns an Rektor Tübingen (22.2.1940; UAT 126a/284, fol. 37) ist hingegen vom 1.1.1939 die Rede.
142 Nicht aufgeklärt ist bisher, was es bedeutet, dass Kuhn im Fragebogen für die Spruchkammer Tübingen bei „Auslandsreisen" angibt: „Frankreich 20.6.-29.10. 1940 und April 1941 bis Juni 1944 Truppendienst beim Feldheer". (StASi Wü 13 T 2 Nr. 2514/075 – digital: http:// www.landesarchiv-bw.de/plink/?f=6-632098-1 – Bild 4) Wo war Kuhn von Nov. 1940 bis März 1941? G. Jeremias hat es bei der Mitteilung belassen, dass Kuhn „fast seine gesamte Militärzeit in Frankreich" verbrachte; s. ders. (2008), 304."
143 Aus den erhaltenen Unterlagen geht nicht eindeutig hervor, ob dies ausschließlich für Kuhn galt und mit seinem Einsatz als Judaica-Fachmann in Polen (dazu s.u. 6.) zusammen hing; so Junginger (2010), 494, oder auch für weitere Beteiligte an der als kriegswichtig eingestuften Judentumsforschung zutraf.
144 Laut Brief Dekan Phil. Fak. an Rektor 6.3.1941 (s. UAT 131/128 (124). Vgl. demgegenüber o. Anm. 58.

ausschließlich in Frankreich eingesetzt[145], 1941/42 in der Funktion eines Regimentsadjutanten.[146] Im Mai 1944 wechselte er zu einer neuen Dienststelle und zwar als nationalsozialistischer Führungsoffizier (NSFO) einer Division; ein weiteres Zeichen der Anerkennung seiner systemkonformen Haltung.[147] In dieser Funktion verblieb er indes nicht lange. Seine Entlassung aus dem Wehrdienst auf Grund des Führererlasses „Sonderelbe" erfolgte bereits wenige Monate später.[148]

Über Art, Umfang und Orte seiner Einsätzeund Sonderaufträge während des Krieges ist wenig bekannt. In seinen autobiographischen Notizen erwähnt er nur die zum Zweck eines wissenschaftlichen Gutachtens über die Karäer vom Ostministerium 1942 für ein paar Wochen erwirkte Beurlaubung[149] sowie seine Ende 1944 erfolgte Entlassung aus dem Wehrdienst, allerdings ohne die spezielle Zweckbestimmung zu benennen.[150] Von Kuhn übergangen, inzwischen aber umfänglich belegt sind hingegen eine im Juni 1940 im Auftrag des Reichsinstituts erfolgte vierwöchige Reise nach Polen und sein Aufenthalt in Warschau zur „Inspektion" von Einrichtungen der jüdischen Gemeinde. In den einschlägigen Akten wird als Zweck verbrämt „zum Studium des talmudistischen Judentums und zur Sicherstellung talmudistischer Handschriften und Bibliotheken"[151] angegeben, in Wirklichkeit ging es um den offiziellen Auftrag, das dort vorhandene jüdische Museums- und Bibliotheksgut zu sichten und unter Umständen – falls bedeutsam – zu beschlagnahmen.[152]

---

145 Ob das zutrifft oder nur eine Schutzbehauptung darstellt, lässt sich nicht mehr klären. Ein Teil der Einheiten seines Regiments ist nachweislich 1941 im Rußlandfeldzug eingesetzt gewesen. S.: http://www.lexikon-der-wehrmacht.de/Gliederungen/Infanteriedivisionen/35ID.htm. (zuletzt aufgerufen 8.3.21).
146 Laut Mitteilung des Dekans der phil. Fak. vom 23.1.42 an Rektor UT. (BABe 000091).
147 Die Einrichtung von NS-Führungsoffizieren erfolgte auf Grund eines Führer-Erlasses vom 22.12.1943. Dazu s. Besson (1961), 76–118. Ihr Auftrag betraf „die politisch-weltanschauliche Erziehung und Führung der Truppe." „Bei den Kommandobehörden bis zu den Divisionen" waren sie „hauptamtlich" einzusetzen (ebd., 96). „Bei der Auswahl" sollte „der hohen Bedeutung dieser Aufgabe entsprechend, ein besonders strenger Maßstab angelegt werden. Nur solche Offiziere sollen vorgeschlagen werden, die sich in gleichem Maße soldatisch und politisch bewährt haben." (ebd., 112). – Im Fragebogen für das Spruchkammerverfahren in Stuttgart vom 26.5.1948 hat Kuhn die Frage nach Dienst als NSFO verneint.
148 Dazu s.o. 2.3.
149 S.u. 5.3.
150 S.o. 2.3.
151 S. Dekan Weber an Rektor 27.9.1940 – UAT 131/128 (124).
152 S.u. 6.

3. Wissenschaftliche Publikationen 1933–1942

3.1 Sifre zu Numeri (1933–1936/1959)

Kuhns wissenschaftlicher Ruf als Fachmann auf dem Gebiet der Orientalistik/ Semitistik, namentlich der rabbinischen Literatur, beruht in erster Linie auf seiner Übersetzung des hebräisch verfassten, tannaitischen Midrasch zum 4. Buch Mose/ Numeri/Sifre zu Bᵉmidbar, ins Deutsche und den damit verbundenen, z.T. umfangreichen Anmerkungen, die „von einfachen Satzerläuterungen über Parallelenangaben, Hinweisen auf neutestamentliche Stellen, Alltagsrealien, Halachot, rabbinische Kontroversen und Schlussfiguren bis zu den religionsgeschichtlichen Zusammenhängen"[1] reichen. Dieses schon von seinem Umfang von 831 Seiten her magnum opus ist eine beeindruckende Leistung und hat – beginnend mit der Annahme eines Teilstücks als Grundlage für die Promotion zum Dr. phil. durch die philosophische Fakultät der Tübinger Universität – in der Fachwelt entsprechend große Anerkennung gefunden.[2] Es ist die Frucht ausgezeichneter Schulung im Bereich der semitischen Philologie und zeugt von eingehender Beschäftigung mit den Quellen des klassischen rabbinischen Judentums. Selbst der Umstand, dass Kuhn für die Übersetzung vor allem auf einen von dem Dresdener Rabbiner Jakob Winter[3] zur Verfügung gestellten Rohentwurf zurückgreifen konnte und die beigegebenen Erläuterungen zu einem Teil von den Professoren Gerhard Kittel[4], Hans Windisch[5] und Arthur Marmorstein[6] sowie ferner von Kittels zeitweiligen Mitar-

---

1 Colpe (1962), 387.
2 S. Beer, OLZ 7, 1934, 426ff. Das ist selbst der Fall in der Rezension der ersten sieben Hefte durch den jüdisch-amerikanischen Rabbinisten Higger (1936/37), in der allerdings kritisch angemerkt wird, dass die Deutung nicht immer der Übersetzung folge. Weitsichtig schließt Higger mit den Worten: „It is to be hoped that in the future issues oft the series, Dr. Kuhn will consult more frequently the Talmud as well as other traditional literature." Zum Gesamtwerk nach dessen Erscheinen im Jahre 1958 s. Colpe (1962).
3 Von Kuhn im Vorwort von 1959 (S. VIII) in einer Mischung von Dank und Abwertung nur kurz im Vorwort von 1932 (IV) mit „herzlichem Dank" gewürdigt und in der Anlage 2 zum bei der Tübinger Entnazifizierungskammer abgelieferten Fragebogen (StASi, Wü 13 T2, Nr. 2514/075) ausführlich dargestellt.
4 Im Text jeweils durch die Kürzel Ki. (= Kittel), Wi. (=Windisch), Ma. (=Marmorstein) gekennzeichnet.
5 Über ihn s. S. Wesseling (1998) 1375–1381.
6 Dazu s. die von seinem Sohn E. Marmorstein verfasste Biographie (1950).

beitern Dr. G. Leibowitz Ch. Horowitz[7] zur Verfügung gestellt wurden, mindert dieses Urteil nicht.

Wie Kuhn dazu gelangt ist, sich an ein solches Unternehmen zu wagen, darüber hat er selbst nur sporadisch Auskunft gegeben. Wenn nicht alles täuscht, verdankt er seine Kenntnisse auf diesem Gebiet in erster Linie Israel Abraham Rabin[8], einem seit 1921 als „Dozent für Geschichte, Bibelexegese, Talmud und hebräische Literatur" am Breslauer Jüdisch-Theologischen Seminar tätigen und seit 1926 auch als Lehrbeauftragter für Rabbinische Literatur am Seminar für Orientalistik der Breslauer Universität wirkenden, aus der Ukraine stammenden jüdischen Gelehrten.[9]

Die Publikation erfolgte von 1933[10] an in Einzellieferungen, zügig bis 1936.[11] Danach stoppte die Auslieferung. Die noch fehlenden Textteile waren indes schon druckfertig und standen Kuhn selbst auch gedruckt zur Verfügung. In zwei seiner populären Schriften hat er mit Angabe der Seitenzahl auf einen dort befindlichen Abschnitt ausdrücklich hinweisen können.[12] Vollständig veröffentlicht und zugänglich wurde das Gesamtwerk aber erst 1959.[13]

---

7 Für „mannigfache Bereicherung" und Rat dankt Kuhn im Vorwort von 1932 den jüdischen Mitarbeitenden. Im Vorwort von 1958 ist die „Bereicherung" auf A. Marmorstein beschränkt. Zu Horowitz vgl. u. 10. Dokumente 4.

8 Geb. 1882 Proskurow/Chmelnitzki, Ukraine – gest.1951 Haifa, Israel; 1921–1935 Breslau. Zu Biographie und Bibliographie, s. Jansen (2009), 496f.

9 Vorlesungs- und Personalverzeichnis der Schlesischen Friedrich-Wilhelms-Universität zu Breslau für das Sommersemester 1926, 62.

10 Die Vorbemerkungen der Herausgeber und das Vorwort des Verfassers sind auf „Dezember 1932" datiert.

11 Die Hefte 1 (S. 1–80 = § 1–24), 2 (S. 81–160 = § 24–59) und 3 (S. 161–240 = § 59–89) erschienen 1933 mit Datum vom 15.1., 15.3 und 15.7., die Hefte 4 (S. 241–320 = § 89–112) und 5 (S. 321–400 = § 112–118) 1934 mit Datum 15.1. und 15.5, die Hefte 6 (S. 401–480 = § 118–126) und 7 (S. 481–560 = § 126–136) 1935 mit Datum vom 13.1. und 13.6, sowie das Heft 8 (S. 561–640 = § 136–155) 1936 mit Datum September. Diese Angaben beruhen auf den in den Titelblättern der einzelnen Hefte abgedruckten Hinweisen. Die von Karl Heinrich Rengstorf 1958 im Geleitwort als Herausgeber der Neuauflage (1959) gemachte Darstellung (S. Vf.) lässt die Publikation erst mit 1934 beginnen und vermerkt mit 1937 endend 15 Lieferungen. Vermutlich sind in dieser Zahl die Lieferungen der ganzen, u. a. die Tosephta einschließenden Serie „Rabbinische Texte" eingeschlossen. Wieso Rengstorf den Beginn der Publikation erst 1934 beginnen lässt, ist unklar; auch auf den Umschlägen der seit 1953 neu einsetzenden Lieferungen zur Tosephta wird für Sifre Numeri ausdrücklich 1933 erwähnt.

12 Dazu s. Anm. 26.

13 Der Nachdruck der vorliegenden Textteile erfolgte bereits 1952, der Abdruck des bis dahin noch fehlenden Textbestands (S. 641–690) 1959 zusammen mit dazu gehörigen „Nachträgen" (S. 691–702), Ausführungen zur „Kollation von Sifre Numeri aus der Berliner Sifre Handschrift" (S. 703–708), einem Verzeichnis über „Die Varianten der Berliner Handschrift" (S. 709–785), sowie den im

Die Ursachen sind strittig. Eine gern und viel kolportierte Auskunft führt „politische Gründe"[14] an. Judaistische Arbeiten dieser Art seien staatlicherseits zunehmend „ideologisch verpönt gewesen."[15] Indes, von einer allgemeinen Behinderung oder gar einem Verbot kann für diese Zeit (1936/1937) nicht die Rede sein. Noch 1938 und sogar 1939 konnten derartige Spezialarbeiten verlegt werden, selbst jüdischerseits.[16] Dass die letzten Faszikel von Sifre Numeri nicht mehr zum Druck kamen, lag wahrscheinlich an Problemen unzureichend gesicherter Finanzierung.[17]

Bei den von Kuhn nach 1945 betriebenen Bemühungen um seine akademische Rehabilitation und bei den in diesem Zusammenhang für ihn eingebrachten Gutachten hat dieses Werk eine gewichtige, ja entscheidende Rolle gespielt.[18] Namentlich mit ihm konnte Kuhn sich als wissenschaftlich ausgewiesener Kenner des rabbinischen Judentums vorstellen und seine Grundhaltung reiner Fach- und Sachorientierung belegen. Die Übersetzung von Sifre Numeri und die darin eingeflochtenen Erläuterungen sind Paradebeispiele streng philologisch-historisch orientierter Wissenschaftlichkeit. Das zeigt sich nicht zuletzt daran, dass in der neuen, 1997 herausgegebenen, von Dagmar Börner-Klein bearbeiteten deutschen Ausgabe von Sifre Numeri[19] Kuhns Erläuterungen mehrfach wörtlich zitiert übernommen sind. Das konnte geschehen, da Kuhn sich in ihnen im Allgemeinen jeder Art antijüdisch oder gar antisemitisch gefärbter Tendenz enthalten hat.

Dass es in den nach 1934 publizierten Lieferungen ab Heft 6 (15.1.1935) zunächst nur noch ganz sporadisch[20], danach überhaupt keine Anmerkungen mehr gibt, die – durch das Kürzel Ma gekennzeichnet – dem ursprünglich als Mit-Herausgeber fungierenden, in London am Jews College lehrenden Arthur Marmorstein zu verdanken sind, ist freilich nicht zu übersehen. Wie weit das darauf zurückzuführen

---

Hauptteil bereits angekündigten Exkursen II (S. 787–792), III (S. 793–810) und einem Gesamtregister (S. 811–831).

14 Colpe (1962), 387.
15 So Karl Heinrich Rengstorf im Geleitwort zur Ausgabe des Gesamttextes, Stuttgart 1959, VI.
16 Dazu gehören z. B. die Übersetzung des halachischen Midrasch zu Leviticus, Siphra durch Jakob Winter und die Hefte des 82. Jahrgangs der Monatsschrift für Geschichte und Wissenschaft des Judentums, beide 1938 in Breslau bei Stefan Müntz verlegt; ferner die Textausgabe von Siphre d'be Rab/Siphre ad Deuteronomium, die Louis Finkelstein nach Vorarbeiten von H.S. Horovitz besorgt hat und noch 1939 im Verlag des jüdischen Kulturbundes in Deutschland erschien. Dazu s. Dahm (1993), 495ff: Liste der 1938/1939 fertig gestellten Druckwerke.
17 Der Verlag W. Kohlhammer verfügt kriegsschäden bedingt über keine einschlägigen Unterlagen mehr. Auf durch geringen Absatz bedingte Finanzierungsprobleme könnte der Umstand verweisen, dass Kittel sich um weitere Druckkostenzuschüsse bei der DFG bemüht hat; dazu s. Junginger (2011), 147 und Anm. 53.
18 In vielen von Kuhn vorgelegten Voten wird es erwähnt, s.u. 7.2.
19 Börner-Klein (1997).
20 S. 403 Anm. 22: Sifre § 119 zu Num 18,20; S. 442 Anm. 76: Sifre § 123 zu Num 19,3; S. 506 Anm. 20: Sifre § 131 zu Num 25,1; S. 520 Anm. 121: Sifre 131 zu Num 25,6.

ist, dass Kuhn vorhandene Beiträge Marmorsteins getilgt oder nicht gekennzeichnet hat, bleibt unklar. Belegt ist, dass Marmorstein angesichts der seit 1933 offenkundigen, namentlich in der Schrift „Die Judenfrage" publizistisch greifbaren NS-Schlagseite Kittels[21] seine Beteiligung als Herausgeber ohne Umschweife aufgekündigt[22] und damit auch seine weitere Mitarbeit eingestellt hat. Explizit antijüdisch oder gar antisemitisch gemünzte Aussagen fehlen indes auch in den von Kuhn nach dem Ausscheiden von Marmorstein angefertigten und publizierten Faszikeln durchweg, bis auf eine freilich markante Ausnahme.

In Kuhns Ausführungen zum Schlußteil von Sifre Numeri, der erst 1959 publiziert wurde, aber bereits 1936 gesetzt war, findet sich – eigentümlicher Weise bislang kaum wahr genommen – ein mit einem betont antijüdischen Akzent versehener Abschnitt. Es ist ein Text, in dem die biblischen Regelungen über die Einrichtung von Asylstädten (Num. 35, 9-34) für den Fall eines Tötungsdelikts verhandelt werden und dabei u. a. die Verfahrensweise für Israeliten wie für Fremdstämmige zur Sprache kommen (Num. 35,15). Nach Kuhn läuft „die rabbinische Erklärung auf eine völlige Umdeutung" des eigentlichen Sinnes unseres [des biblischen] „Textwortes" hinaus. Während dieses "ja gerade für alle Bewohner des heiligen Landes gleiches Recht setzen will", machen die Rabbinen

> „hier (und in [m] Makk II3 und [b] Makk 9b) in ihrem Haß gegen den heidnischen Mitbewohner Palästinas eine völlige Rechtsungleichheit zu Ungunsten des Beisassen, ja, dieser wird hier für das jüdische Recht geradezu als vogelfrei erklärt. Denn während sonst als jüdisches Recht gilt, dass beabsichtigte Tötung mit Todesstrafe und fahrlässige Tötung mit Verbannung geahndet wird, und dass, wenn weder Absicht noch Fahrlässigkeit vorliegen, Freispruch erfolgt ..., wird hier bestimmt: 1. Wenn der Täter Jude war und der Getötete ein heidnischer Mitbewohner Palästinas, dann bleibt der Jude straffrei, einerlei, ob die Tat fahrlässig oder gar mit Absicht geschah! 2. Wenn der Täter aber ein heidnischer Mitbewohner Palästinas und der Getötete ein Jude war, dann wird dieser Täter zum Tode verurteilt, nicht nur, wenn er die Tat mit Absicht begangen hatte, sondern auch, wenn sie nur fahrlässig geschah!"[23]

Kuhn räumt zwar ein: „Nun sind zweifellos diese Bestimmungen niemals praktisch in Anwendung gekommen, sondern waren rein theoretischer Natur, weil eben die Juden in der rabb.[inischen] Zeit nie das Recht der Halsgerichtsbarkeit hatten." Dann fährt er aber diese Einschränkung betont wieder relativierend fort: „Aber es

---

21 S. Kittel (1933).
22 Dazu s. Junginger (2011), 149. In Anm. 57 Verweis auf E. Marmorstein (1950), xxii.
23 Sifre zu Numeri § 160, 667f. Anm. 31; in „Ursprung und Wesen der talmudischen Einstellung zum Nichtjuden", Forschungen zur Judenfrage 3, 1938, 219 Anm. 1 ausdrücklich erwähnt.

ist doch außerordentlich bezeichnend für die Stimmung des Hasses gegenüber den heidnischen Mitbewohnern Palästinas, dass die palästinischen Rabbinen solche Bestimmungen als jüdische Rechtsnorm aufstellen konnten."
Kuhn begnügt sich indes noch nicht einmal mit dieser Feststellung. Daran anschließend holt er weiter aus und vermerkt:

„Übrigens kannte auch Luther diese jüdischen Rechtsbestimmungen und sagt darüber in seiner Schrift ‚Von den Jüden und ihren Lügen' auf das höchste empört: ‚Schreiben doch ihr Talmud und ihre Rabbinen, dass Töten nicht Sünde sei, wenn ein Jude einen Heiden tötet, sondern nur, wenn er einen Bruder in Israel tötet!'"[24]

Mit Luther als Zeugen[25] werden unter der Hand aus diesen rabbinischen Erörterungen allgemeine, jüdische Rechtsbestimmungen. Und so ist es auch nicht verwunderlich, dass Kuhn in seinen populären Ausführungen zum Talmud diesen Text in Sifre Numeri wiederholt[26] als Beleg für das Unwesen des jüdischen Rechtswesens anführt und damit die antisemitische Propaganda des NS-Regimes bedient – allerdings ohne die in Sifre vermerkte Einschränkung.

Dass Kuhn sich ausdrücklich auf Luther und dessen Judenschriften beruft, kommt nicht von ungefähr. Das war damals durchaus Brauch.

„Seitens protestantischer Theologen und Kirchenführer hat es nicht an Anstrengungen gefehlt, mit Hilfe der Judenfeindschaft Luthers den Nachweis zu führen, dass sich die evangelische Theologie und Kirche auf der Höhe des antisemitischen Zeitgeistes zu bewegen wüssten und eine besondere Affinität zur Ideologie des Nationalsozialismus besäßen."[27]

Ein krasses Beispiel dafür lieferte der Bischof der Thüringischen Landeskirche Martin Sasse, einer der Hauptvertreter der Deutschen Christen.[28] Bereits Ende

---

24 Text nach der Übersetzung in dem von Walter Linden herausgegebenen Sammelband „Luthers Kampfschriften gegen das Judentum", Berlin 1936, 169.
25 Aus welcher Quelle Luther schöpft, ist bislang nicht abschließend ermittelt. Morgenstern (2016) nennt die Postillen des Nikolaus von Lyra und die Additiones des Paul von Burgos. Er setzt sich auch mit der Haltlosigkeit der Aussagen von Luther (und Kuhn) auseinander (ebd. 128). Fehlanzeige bieten Eisenmenger (1711) und die auf ihm fußenden späteren antisemitischen Zusammenstellungen. Neuerdings begegnet die von Luther und Kuhn vertretene Position in einer 2009 im Umfeld der israelischen Siedlerbewegung von den Rabbinern Yitzchak Shapira und Yosef Elitzur unter dem Titel „Torath ha-melech", Weisung des Königs, veröffentlichten Schrift. (Mitteilung Igal Avidan vom 9.4.2019).
26 Ursprung und Wesen der talmudischen Einstellung zum Nichtjuden, FzJFr 3 (1938), 219 Anm. 1, s.u. 3.4.3 sowie: Der Talmud – das Gesetzbuch der Juden, 1940 (= 1941), 221, s.u. 3.4.5.
27 Kaufmann (2011), 143.
28 Lindemann (2016), 153–169.

November 1938 gab er als Begleitkommentar zu den Schändungen und Zerstörungen jüdischer Gotteshäuser eine Sammlung von Zitaten aus Luthers Schrift „Von den Juden und ihren Lügen" heraus, die er mit dem Zusatz „Weg mit ihnen" versehen ließ und zum Anlass nahm, Luther als „der größte Antisemit seiner Zeit" und als „Warner seines Volkes wider die Juden" herauszustellen.[29] Kuhn selbst ist zwar als Anhänger oder gar führender Vertreter der Deutschen Christen nicht hervorgetreten[30], das von ihm in seinen Kommentar zu Sifre Numeri eingebrachte Stück offenkundiger Judenfeindschaft bringt ihn indes deutlich in deren Nähe.

Das von Kuhn eingebrachte Lutherzitat erlaubt es im Übrigen, die Abfassung dieses Textes genauer zu datieren. Es folgt nicht der klassischen Fassung der Weimaraner Ausgabe[31], sondern fußt auf der 1936 von Walther Linden (1896–1943)[32], einem reichsweit bekannten NS-Literaturhistoriker, herausgegebenen und als Dokument „abendländischen Kulturwillens im Kampf gegen asiatische Überfremdung"[33] bezeichneten Sammlung von „Luthers Kampfschriften gegen das Judentum". Da Kuhn bereits in seinem im Juli 1937 in München gehaltenen, 1938 publizierten Vortrag über „Ursprung und Wesen der talmudischen Einstellungen zum Nichtjuden" ausdrücklich auf diese Stelle in Sifre zu Numeri mit Seitenangabe verweist[34], muss der Eintrag in der Zeit verfasst und gesetzt worden sein, als nach den olympischen Spielen zu Berlin im Sommer 1936 die antisemitische Propaganda von Seiten der Partei gesteigert und die antijüdischen Maßnahmen von Seiten des Staates ungehemmt wieder in Gang gesetzt wurden.[35]

In der 1959 aufgelegten Gesamtausgabe von Sifre wurde die besprochene Anmerkung unkommentiert wieder abgedruckt. Augenscheinlich haben weder der Verlag Kohlhammer noch der Herausgeber Karl Heinrich Rengstorf sich den Text genau genug angesehen. Dass Kuhn selbst ihn einfach hat stehen lassen, ist freilich noch auffälliger. Er hätte ihn in den Nachträgen berücksichtigen und berichtigen können. Allerdings hätte er damit ein weiteres Stück seiner NS-Hörigkeit bekennen müssen.

Hat er den Text schlicht übersehen? War dies ein Akt der Verdrängung? Oder hat Kuhn darauf gesetzt, dass diese Ausnahme von der sonst beachteten Regel der „Neutralität" in der Menge der Erläuterungen nicht weiter auffallen würde, wie

---

29 Dazu s. Kaufmann (2011), 142ff.
30 Dazu s. Schaller (1989), 131; Späth (2001).
31 WA 53, 417–552: 489: „Schreiben doch jre Thalmud und Rabbinen, das toedten sey nicht sünde, so ein jüde einen heiden tödtet, sondern so er einen Bruder in Israel tödtet, Und so er einem Heiden den Eid nicht helt, ist nicht sunde."
32 Zu Linden s. Dainath (2002), 73, 81f.
33 Linden (1936), 7.
34 Ebd. 219 Anm. 1; vgl. Anm. 23 u. 26.
35 Dazu s. Adam (1972), 159 ff.

das bislang auch geschehen ist? Der Umstand, dass Kuhn – wie noch zu zeigen ist[36] – den Sifre abschließenden Kommentarteil für die nach 1945 anstehende Gesamtausgabe höchst wahrscheinlich doch an einer anderen Stelle bearbeitet hat, dürfte für Letzteres sprechen.

3.2 Schriften zur Habilitation (1934/1937)

Die ersten Veröffentlichungen, die Kuhns wissenschaftliche Arbeit nach 1933 dokumentieren, sind die oben bereits erwähnte, zum Zweck der Habilitation eingereichte Schrift über die zum frühnachbiblischen Schrifttum gehörigen Psalmen Salomos sowie die Druckfassungen seiner im Zusammenhang der Habilitation im Fach Semitistik/Orientalische Sprachen und Geschichte gehaltenen Vorträge: die Probevorlesung zum Thema „Über die Entstehung des Namens JAHWE", die 1934 vor dem Fakultätsrat der Tübinger philosophischen Fakultät stattfand, und der 1. Teil seiner am 19. Dezember 1934 unter der Überschrift „Die Ausbreitung des Judentums in der antiken Welt" öffentlich vollzogenen Antrittsvorlesung[37], mit der das Verfahren offiziell abgeschlossen wurde.

Die Habilitationsschrift wurde 1937 im Rahmen der „Beiträge zur Wissenschaft des Alten und Neuen Testament", einer renommierten bibelwissenschaftlichen Reihe, publiziert. Die beiden anderen Arbeiten waren bereits 1935 druckfertig. Der Text der Probevorlesung erschien in der von dem international bekannten Niederländischen Verlag E.J. Brill, Leiden betreuten Festschrift „Orientalistische Studien" zum 60. Geburtstag seines Lehrers Enno Littmann, der Text der Antrittsvorlesung unter dem Titel „Die inneren Voraussetzungen der jüdischen Ausbreitung" in der Zeitschrift „Deutsche Theologie", einem als „Monatsschrift für die Deutsche Evangelische Kirche" firmierenden Organ NS-höriger protestantischer Theologen.

3.2.1 Die älteste Textgestalt der Psalmen Salomos (1937)

In seiner Habilitationsschrift über die Psalmen Salomos und ebenso in der vor dem engeren Kreis der akademischen Repräsentanten der philosophischen Fakultät dargebotenen Probevorlesung erweist Kuhn sich erneut als ausgezeichneter, sprachwissenschaftlich und historisch orientierter, im Bereich der Judaistik und Semitistik vielseitig kundiger Spezialist. Mit seinen Ausführungen zu den Psalmen Salomos betrat er geradezu Neuland. Gegen die bislang herrschende Meinung[38]

---

36 S.u. 8.4.
37 S. auch Tübinger Chronik vom 24.12.1934.
38 S. Viteau (1911).

suchte er den Nachweis zu erbringen, dass die syrische Textfassung nicht auf einer griechischen Vorlage fußt, sondern auf dem hebräischen Grundtext beruht. Mit dieser These hat er sich damals allerdings nicht durchsetzen können.[39] Inzwischen ist das Pendel wieder umgeschlagen. Neuere Arbeiten haben die Kuhnsche These aufgenommen.[40] Die Diskussion darüber ist indes noch keineswegs abgeschlossen, sondern jüngst erneut aufgeflammt.[41] Was Kuhn in beiden Fällen bietet, bleibt jeweils im Rahmen binnenwissenschaftlicher Erörterungen.

3.2.2 Die Entstehung des Namens Jahwe (1935)

Auch in seinen Überlegungen zur Herkunft des biblischen Gottesnamens präsentiert sich Kuhn als im Bereich der Semitistik rundum beschlagener Fachmann. Ausführlich das letzte Detail ausschöpfend, den Zuhörer bzw. Leser zugleich aber auch erschöpfend, führt er die einschlägigen Befunde vor. Er brilliert als Kenner des Materials. Die zentrale Frage nach der Entstehung des biblischen Gottesnamens wird am Ende freilich nur noch gestreift. Kuhn beschränkt sich darauf, mit der Vermutung aufzuwarten, der „Gottesname Ja" hänge „mit dem indoiranischen Djāu-s (= Ζεύς, Juppiter)"[42] zusammen. Das klingt geradezu nach einem Versuch, den biblischen Gottesnamen zeitgemäß zu „arisieren"[43]. Wahrscheinlich ist dies eher eine Verbeugung vor dem eigenen Lehrer, der diese Annahme „verschiedentlich mündlich geäußert"[44] hat.

3.2.3 Die inneren Voraussetzungen der jüdischen Ausbreitung (1935)

Anders verhält es sich in der für die universitäre und darüber hinausgehend allgemeine Öffentlichkeit dargebotenen Antrittsvorlesung. Diese gilt zwar gleichfalls einem „antiquarischen" Thema und wird entsprechend behandelt. Das eigentliche Interesse liegt aber nicht im historischen Bereich. Es ist aktuell politischer Natur. Das von Kuhn entfaltete Panorama der „Ausbreitung des Judentums in der antiken Welt" bildet die äußere Staffage. Es reicht vom 6. Jahrhundert v.u.Z. bei einer Zahl von 4–500 Tausend „zum weitaus größten Teile in Babylonien im Exil" lebenden Juden über das 1. Jahrhundert n.u.Z. mit 4–5 Millionen Juden, die „sich über die ganze damals bekannte Welt ausgebreitet hatten", bis zum 5. Jahrhundert n.u.Z., da Juden „überallhin" sich niederließen, „nach Westen bis Spanien und Marokko,

---

39 S. Begrich (1939), 133.
40 S. Trafton (1981; 1985; 1986, 227–237; 1994, 3–19) und zuletzt Ward (1996).
41 S. Joosten (2015).
42 Kuhn, FS Littmann (1935), 42.
43 Dazu s. Theißen (2011), 23 mit Anm. 20.
44 Ebd.

nach Norden bis Deutschland, nach Osten über den ganzen Orient bis hin nach China und nach Indien, im Süden bis nach Südarabien und bis hinüber nach Abessinien"[45]. Im Visier ist die „Judenfrage" allgemein, das zentrale Thema völkischer Ideologie und politischer Propaganda, sowie zugleich Gegenstand staatlich verordneter, antijüdischer Gesetzgebung. Kuhn benutzt seinen öffentlichen Eintritt in die akademische Welt, um sich dazu zu äußern. Es ist seine erste Verlautbarung zur „Judenfrage" allgemein, gleichsam sein Debut in der Sache, die zu seinem Hauptthema werden sollte.

Schon der gewählte Titel „Die inneren Voraussetzungen der jüdischen Ausbreitung" ist Programm. Er verdeutlicht: die Zerstreuung der Juden in der Welt, ihre Heimatlosigkeit und Fremdartigkeit ist kein ihnen im Verlauf der Geschichte von außen auferlegtes Geschick, sondern seit den Anfängen in der Antike „in der Struktur des Judentums selbst" verankert. „Die ganze Ausbreitung des Judentums vollzog sich nicht unter dem Zwang besonderer äußerer Verhältnisse – abgesehen von wenigen, für das ganze unbedeutenden Fällen" –, sie gehört zum Charakter des Judentums. Durch die „Einheit von Volk und Religion" geprägt lebt das Judentum „seinem Wesen nach in der Fremde." Zerstreuung, Unstetigkeit ist geradezu ein Kennzeichen der Juden. Im Unterschied zu seinem Tübinger Lehrer Gerhard Kittel[46] benutzt Kuhn in diesem Zusammenhang anfangs noch nicht den Begriff der „Rasse"– das geschieht bei ihm erst später[47] –, aber in der Sache laufen seine Ausführungen darauf hinaus und bei den Zuhörern und späteren Lesern ist das gewiss auch so angekommen.

Dass Kuhn die mythisch-legendäre Gestalt des Ahasver, des ewig wandernden Juden als „Inbegriff des Judentums"[48] dabei ins Spiel bringt, geschieht zunächst zwar nur beiläufig, deutet aber die eigentliche Stoßrichtung seiner Ausführungen an. Diese kommt unverhohlen im Schlussteil des Vortrags zum Ausdruck, in dem die damals aktuelle „Judenfrage" unmittelbar angesprochen und ihre Lösung mit folgenden Sätzen beschrieben wird:

„Richtig angepackt wird die Judenfrage und praktisch wirksam wird auch jeder Antisemitismus nur dann, wenn der ewige Jude als eine mit dem Begriff notwendig gegebene geschichtliche Tatsache begriffen wird. Es gibt nur eine einzige mögliche Behandlung der Judenfrage, nämlich die Juden überall dort, wo sie in ihrem Streben nach Macht sich vordrängen und etwa gar zu einer Bedrohung der Wirtsvölker werden, stets und immer wieder von neuem – darauf liegt der Nachdruck – weil es eben ein ewiges, nie endgültig

---

45 Kuhn, Deutsche Theologie 1935, 9.
46 Vgl. Kittel (1934),10f. Von Kuhn betont herausgestellt in der Rezension von A. Causse (1939); dazu s.u. 4.3.
47 S. Die Judenfrage als weltgeschichtliches Problem (1938/39), s.u. 3.4.4.
48 Kuhn (1935), 16.

lösbares Problem ist – sie immer wieder von neuem energisch in ihre Schranken zurück zu weisen."[49]

Was 1934 mit „immer wieder energisch in die Schranken verweisen" konkret gemeint ist, wie Kuhn sich das vorgestellt hat, kommt nicht klar zum Ausdruck. Im Ton erinnert dieser Schlusssatz der Antrittsvorlesung an Kuhns Kampfrede, die er am 1. April 1933 anlässlich des reichsweit angeordneten Boykotts jüdischer Geschäfte[50] von der Kanzel des Tübinger Rathauses gehalten hat.[51]

In der Sache folgt Kuhn aber auch hier Gerhard Kittel, der bereits 1933 die staatlichen antijüdischen Maßnahmen zur Ausgrenzung und Entrechtung der jüdischen Bevölkerung unterstützt[52] und dabei zur Begründung „die geschichtliche Gegebenheit" der Zerstreuung der Juden „unter die anderen Völker" angeführt hat.[53] Unverkennbar ist in jedem Fall: Kuhns eben zitierte Schlusssätze – 1934 formuliert und gesprochen, 1935 publiziert, als die antijüdischen Maßnahmen, staatlich verordnet, im öffentlichen Leben, nicht zuletzt auch im Raum der Universität[54], einschneidend umgesetzt wurden[55], – diese Sätze zeigen: der für das Fach Semitistik sich habilitierende Kuhn hat seine öffentliche Antrittsvorlesung benutzt, um sich als Fachmann für Antisemitistik zu profilieren. Was er in ihr entfaltet hat, ist – wie Gerd Theißen es präzis auf den Punkt gebracht hat – „programmatischer Antisemitismus auf akademischem Niveau".[56] Mit der Typisierung der Juden durch die Gestalt des zur ewigen Wanderschaft verurteilten Ahasver bedient er sich eines im 18. Jahrhundert im christlichen Bereich aufgekommenen

---

49 Ebd. 17.
50 Vgl. Benz (2010).
51 S.o. 2.2 und den Hinweis in Anm. 36 auf den Bericht in der Tübinger Chronik.
52 Kittel, Judenfrage (1933).
53 Ebd., 40; vgl. auch 13.
54 Für Tübingen s. Lang (2010), 609–628.
55 Das alles umfassende „Reichsbürgergesetz" und das damit verbundenen „Gesetz zum Schutze des deutschen Blutes und der deutschen Ehre" wurde zwar erst Mitte September 1935 erlassen, die Gesetzgebung zur Ausgrenzung der jüdischen Bürger war aber bereits seit März 1933 in vollen Gange, dazu s. Walk (1996).
56 Theißen (2009), 24. – Dass ausgerechnet dieses Elaborat Kuhns seit der 3. Aufl. von 1937 Eingang in Walter Bauers „Griechisch-deutsches Wörterbuch zu den Schriften des Neuen Testaments und der frühchristlichen Literatur" gefunden hat, bei den Literaturangaben zum Artikel „διασπορά", und sich nicht nur in den von Bauer verantworteten Auflagen (3. 1937; 4. 1952; 5. 1958/1959), sondern auch in der von Kurt und Barbara Aland bearbeiteten 6. Auflage (1988) und ebenso in den von William Arndt und F. Wilbur Gingrich betreuten englischen Fassungen (1957, 1979), ist schwer nachzuvollziehen. Wie die durchgängig fehlerhafte bibliographische Angabe „Die inneren Gründe [statt: Voraussetzungen] der jüdischen Ausbreitung" zeigt, ist dieser Eintrag nie hinterfragt worden, sondern stets unbesehen stehen geblieben.

antijüdischen Sprachmodells[57], das im 19. und beginnenden 20. Jahrhundert[58], als antisemitisches Stereotyp zunehmend und dann auch in NS-Kreisen Verwendung fand.[59]

3.3 Artikel in „Theologisches Wörterbuch zum Neuen Testament" (1933–1942)

Eigentümlicher Weise wird dieser Ton in den Beiträgen, die Kuhn für das von Gerhard Kittel herausgegebene Theologische Wörterbuch zum Neuen Testament[60] verfasst hat, durchgehend nicht angeschlagen. Dabei handelt es sich überwiegend um Artikel zu biblischen Namen, ferner um Spezialartikel zu biblisch-theologischen Grundbegriffen.

Abgesehen von gelegentlich verwendeten zeittypischen Begriffen wie „völkisch", „blutmäßig" sind diese sind durch die Bank – nicht nur die vor 1933, sondern auch die danach konzipierten – ideologisch tendenzfrei ausgerichtet. Selbst der für NS-trächtige Akzentsetzungen am ehesten anfällige Artikel zu „Israel, Jude und Hebräer" liefert in dieser Hinsicht keinen entsprechenden Beleg. Kuhn ist zwar auf Grund der generalisierenden Feststellung, „aufs ganze gesehen" sei Jisrael der Name, mit dem „das jüdische Volk sich selbst bezeichnet habe", während der Name Jᵉhudim – Ioudaioi in der „nichtjüdischen Welt" aufgekommen"[61] und mit einem despektierlichen, verächtlichen Klang verwendet worden sei, bisweilen so verstanden worden[62]. Aber genau besehen trifft das nicht zu. Kuhn führt zwar mehrfach Beispiele für einen negativen Gebrauch von „Jude" an, vermerkt indes ausdrücklich: Das ist „nicht die Regel. Im allgemeinen wird Ioudaios doch ganz unbefangen, ohne verächtlichen Unterton gebraucht."[63]

---

57 Erstmals greifbar bei Johann Jacob Schudt (1714–1717), 491; dazu s. Kaufmann (2006), 151–156.
58 Zu Ahasver als Personifikation des jüdischen Volkes s. Rapaport (1927), 159 ff.; Bein (1980) 75ff.; Körte (2000); Heni (2006) 51–80; auch bei Schopenhauer, Parerga und Paralipomena (1988), 238–240.
59 Nach Junginger (2011), 184 reichte Kuhn mit seinem Habilitationsgesuch eine „Darlegung" ein über Sinn und Ziel seiner wissenschaftlichen Arbeit „vom nationalsozialistischen Gesichtspunkt aus". Es sieht so aus, als habe er dies erstmals umgesetzt in der Antrittsvorlesung, die dann auch in der Zeitschrift der DC „Deutsche Theologie" erschien.
60 Dazu s. Voss (1984), 89–109; Rosen (1994); Casey (1999), 280–191; sowie Leutzsch (2020).
61 ThWNT III, 351.
62 So z. B. Dunn, Partings, 145; vgl. Casey (1999), 282f.
63 ThWNT III, ebd. S. dazu die Kritik an Kuhns Unterscheidung bei Staples (2021), 26ff.

Insgesamt kommt die manchen Artikeln des Kittelschen Wörterbuchs mit Recht attestierte[64] und von Kittel selbst durchaus intendierte[65] Tendenz antijüdischer Akzentsetzungen in Kuhns Beiträgen zum ThWNT nicht zum Vorschein.[66] Hat Kuhn seine Wortwahl je nach Publikationsort unterschieden und im Midrasch-Kommentar wie in den Wörterbuch-Artikeln auf die internationale Leserschaft Rücksicht genommen? Oder boten die hauptsächlich auf hebräische Namen bzw. eine aramäische Wortbildung bezogenen neutestamentlichen Befunde nur keinen entsprechenden Anhalt?

3.4 Arbeiten zur „Judenfrage" (1936-1941)

Anders verhält es sich bei den übrigen, nach 1933 verfertigten Publikationen Kuhns. Durchgängig handelt es sich um Schriften zur „Judenfrage". Sie sind im Rahmen seiner Mitarbeit im Sachverständigenbeirat der Abteilung „Judenfrage" im „Reichsinstitut für Geschichte des neuen Deutschlands" zustande gekommen und stehen insgesamt im Dienst der antisemitischen Propaganda und Politik des NS-Staats. Das Gros beruht auf Vorträgen, die Kuhn bei den mit großem personellen wie logistischen Aufwand begangenen Arbeitstagungen des Reichsinstituts in München (19.–21.11.1936, 12.–14.5.1937 und 5.–7.7.1938) und Berlin (30.11.–3.12.1938) gehalten hat[67] und später bei verschiedenen Gelegenheiten wiederholte. Ein kleiner Teil geht auf Vorträge zurück, die Kuhn noch halten konnte, nachdem die Arbeitstagungen kriegsbedingt nicht mehr fortgesetzt wurden und die Abteilung „Judenfrage" nur noch eingeschränkt arbeitsfähig war.

Mit diesen Beiträgen zählt Kuhn nach Kittel im Kreis der Sachverständigen der Abteilung „Judenfrage" des Reichsinstituts zu den besonders produktiven Mitgliedern. Die von ihm dabei ausgewählten Themen sind alle eng miteinander verzahnt. Seine Bestallung als Sachverständiger für „Talmud" spiegelt sich zumeist schon in den Titeln wider: 1936: „Die Entstehung des talmudischen Denkens"; 1938: „Ursprung und Wesen der talmudischen Einstellung zum Nichtjuden"; 1940: „Der Talmud als Gesetzbuch der Juden". Die weiteren Arbeiten (1938: „Weltjudentum in der Antike" und 1939: „Die Judenfrage als weltgeschichtliches Problem") gehen

---

64 S.Voss (1984), Rosen (1994), sowie Meeks (2004).

65 Dazu s. Junginger (2010), 489: Verweis auf briefliche Äußerung Kittels gegenüber Hans Schmidt vom 16.12.1938; BABe R 5101,23808.

66 Vgl. demgegenüber die nur 1938 gegenüber dem REM (2.3 Anm. 98) genannten, ohne Autorenangabe gedruckten Artikel in „Der neue Brockhaus" (1937-1939), dazu die Artikel „Talmud" und „Talmudismus". S. Literatur I. Schrifttum Kuhn 4.

67 An der 4. Münchner Arbeitstagung vom 4.-6.Juli 1939 konnte Kuhn wegen seiner vom 7.6.-18.7. stattfindenden Wehrübung nicht teilnehmen. Literatur zum „Reichsinstitut" s.o. 2.3, Anm. 56.

über diesen Rahmen hinaus, beziehen sich aber an entscheidenden Punkten auf das nach Kuhn für das Judentum schlechthin konstitutive talmudische „UnWesen".

3.4.1 Die Entstehung des talmudischen Denkens (1936/1937)

Mit dem ersten, „Die Entstehung des talmudischen Denkens"[68] betitelten Vortrag gab Kuhn seinen Einstand im Sachverständigenkreis der Abteilung „Judenfrage". Im Anschluss an den historisch orientierten Vortrag von Gerhard Kittel über „Die Entstehung des Judentums und die Entstehung der Judenfrage"[69] hob er literatur- und geistesgeschichtlich orientiert auf die zentrale Rolle ab, die der Talmud als „das entscheidende Fundament für die Behandlung der Judenfrage" spielt. In einem Gemenge aus literaturwissenschaftlichen und religionskundlichen Darlegungen werden – dem damaligen Stand der christlichen Forschung meist entsprechend – ausführlich Entwicklung und Eigenart des talmudischen Schrifttums und der darin verankerten Denkweisen entfaltet. Im Unterschied zu seinem Vorredner Kittel kommen aggressiv antijüdisch-antisemitische Töne dabei nicht zum Ausdruck. Kuhn bedient sich durchweg einer „neutralen" Sprache. Das hält ihn freilich nicht davon ab, in der Sache antijüdische Zerrbilder zu bedienen und gelegentlich antijüdisch gemünzte Bemerkungen einzuflechten.

Letzteres geschieht bereits in der Einleitung, in der zu zunächst pointiert der in christlichen Kreisen verbreiteten Einstufung von Talmud und Rabbinismus als Produkte einer zunehmenden Verknöcherung und „geistigen Erstarrung des eigentlichen Judentums" widersprochen wird. Für Kuhn ist „der entscheidende Gegenbeweis" „die reale Existenz des Judentums durch die Jahrtausende bis heute mit seiner außerordentlichen Vitalität und Machtentfaltung, die gerade auch das deutsche Volk zur Genüge kennen gelernt hat."[70] Dieser en passant eingebrachte Nachsatz enthält den einzigen Gegenwartsbezug, den Kuhn in seinen Ausführungen zur Sprache bringt. Er markiert allerdings Hintergrund und Zielrichtung des ganzen Beitrags. Für Kuhn geht es in der wissenschaftlichen Behandlung der „Judenfrage" um die vom Judentum ausgehende Bedrohung des deutschen „Volkskörpers".

Die weiteren Ausführungen zum Geist des Talmud und zum Wesen des talmudischen Denkens kommen ohne derart konkrete Anspielungen aus. Was Kuhn in der Sache dazu entfaltet, weist indes gleichfalls eine grundständig antijüdische Tendenz auf. Das zum Arsenal des theologischen Antijudaismus wie des weltanschaulichen Antisemitismus gehörige Klischee des geist- und seelenlosen, unproduktiven

---

68 FzJfr I, (1937), (2. veränderte und ergänzte Aufl., 1943). Erneut abgedruckt in: Forschungen über das Judentum 1, Institut für ganzheitliche Forschung. Materialien zur Geschichtsforschung Folge 6, Vieöl/ Nordfriesland 1996, 64–80.
69 FzJfr I, (1937), (2. veränderte und ergänzte Aufl., 1943). Ebenso erneut aufgelegt in Vieöl.
70 Kuhn, ebd. 55.

Formalismus ist federführend. Gelegentlich kann Kuhn zwar differenzieren und Zwischentöne einfügen, aber der Grundtenor bleibt durchgehend gleich: Als „für das talmudische Denken außerordentlich charakteristische Erscheinung" gilt „das vom konkreten Sinn abstrahierende, rein formale Denken."[71]

> „Das ganze wird ... zur rein formalen Spielerei, zur bloßen Gedankenakrobatik, die allein um ihrer selbst betrieben wird, ohne Bezug auf eine irgend geartete Sinnwirklichkeit. Etwas für das talmudische Denken durchaus Typisches."[72]

Ein weiterer „typischer Zug in dem Formalismus des talmudischen Denkens" ist die „unerträgliche Umständlichkeit der Gedankenführung", die „durch die Starrheit dieser vom Dialog herstammenden Terminologie entsteht."[73] „Überall hatte die kasuistische Theorie freie Bahn, zumal durch die praktische Unanwendbarkeit dieser Gesetze die theoretische Beschäftigung der Rabbinen dadurch durchaus nicht an Intensität verlor."[74] „Die Praxis der Rechtskniffe entwickelt sich und nimmt naturgemäß immer mehr an Umfang zu."[75]

> „Dieses talmudische Denken ist es also, in dem seit eineinhalb Jahrtausenden Generation um Generation des Judentums aufgewachsen ist, an dem es selbst seine geistigen Kräfte geschult hat. Und es mag nochmals als eines seiner typischen Kennzeichen hervorgehoben werden; sein immer wieder vom Sinn weitgehend abstrahierender Formalismus, der die Tätigkeit des scharfsinnigen Analysierens oft zum leeren Selbstzweck werden läßt."[76]

So lautet das Fazit, mit dem Kuhn seine Ausführungen über die Entstehung und das Wesen des talmudischen Denkens zusammenfasst. Bezeichnender Weise belässt er es dabei nicht. Zum Schluss bemüht er sich noch, das Ergebnis ideologisch mundgerecht zu formulieren und beschreibt die von ihm als „das Ideal des Judentums" ausgewiesene „formal-logische Virtuosität" auf folgende Weise:

> „Nicht der ist der berühmteste, der seiner Zeit den einen großen, tragenden, zur Entscheidung zwingenden und mitreißenden Gedanken zu geben vermag, sondern der, der unter

---

71 Ebd., 63. Auf der Internet-Seite des Holocaust-Leugners Ernst Zündel findet sich ein Verweis auf Kuhns Vortrag als Beleg für „jüdische Logik-Tradition ... zum Vorteil für die Juden". Aufgerufen am 27.6.2005.
72 Ebd., 64.
73 Ebd.
74 Ebd., 67.
75 Ebd., 68.
76 Ebd., 70.

Umständen bei irgendeiner kleinen Tüftelei hundert Beweise dafür u n d g l e i c h z e i t i g hundert Beweise dagegen zu führen vermag."[77]

Das ist Originalton des gerade 30-jährigen Kuhn, der mit dieser spöttischen Bemerkung ein Paradebeispiel antisemitischer Judenpolemik bietet. Im Hintergrund steht die spätestens seit Richard Wagner[78] salonfähig gewordene These der geistigen und kulturellen Unproduktivität der jüdischen Rasse. Wenn Kuhn sich bis dahin nur implizit antisemitisch geäußert hat, mit diesem Schlussakkord geschieht dies explizit.

3.4.2 Weltjudentum in der Antike (1937/1938)

Ein ähnliches Bild liefert auch der erneut historiographisch ausgerichtete Beitrag über das „Weltjudentum in der Antike."[79] Bereits in der Formulierung des Titels zeigt sich, wie sehr Kuhn antisemitischer NS-Ideologie verpflichtet ist. Mit „Weltjudentum" verwendet er ein in völkischen Kreisen schon vor 1933 mit spezifisch antijüdischer Tendenz benutztes[80] Sprachmuster, das im Dritten Reich verstärkt „als Hetz und Kampfwort"[81] diente, um das Judentum in seiner auf Weltherrschaft gerichteten Verschwörung zu brandmarken.[82] Die in diesem Begriff enthaltene antijüdische Interessenlage ist auch für Kuhn maßgeblich. Der ganze Beitrag ist, wie eingangs betont herausgestellt, entsprechend zugeschnitten. Geplant ist keine

---

77 Ebd.
78 Dazu s. Fischer (2000).
79 FzJfr 2, (1937), ebenfalls neu abgedruckt in: Forschungen über das Judentum 2, Institut für ganzheitliche Forschung. Materialien zur Geschichtsforschung Folge 7, Vieöl (1996).
80 Zu Aufkommen und Verbreitung s. Schmitz-Berning (2007), 689–693. Noch nicht vermerkt werden konnte dort, dass auch Heidegger sich dieser Terminologie bedient hat: s. Heidegger (1996), XII, 56; XIV, 243.
81 Betz, Werner (1965), 41; Zur zentralen Bedeutung des Konstrukts „Weltjudentum" für die NS-Weltanschauung und Politik s. Häfner (2016).
82 Das spiegelt sich auch in der Verbreitung entsprechend betitelter Publikationen: s. Dlugosch, Wilhelm: Der Jude – sachlich gesehen. Weltjudentum, Weltfreimaurerei, Judäobolschewismus/Errichtung der jüdisch-bolschewistischen Weltherrschaft, Berlin, 1935; Wache, Walter: Judenfibel. Was jeder vom Weltjudentum wissen muß!, Leipzig 1936; Schwarz, Dieter: Das Weltjudentum. Organisation, Macht und Politik, Berlin 1939 (= 1941.1944); Hest, Heinrich: Palästina – Judenstaat? England als Handlanger des Weltjudentums, Berlin 1939 (2.Aufl.: Seifert, Hermann Erich, Der jüdische Kampf um Palästina... 1943); Lornsen, Jens: Britannien, Hinterland des Weltjudentums, Berlin 1940 (Reprint **1990**); Fischer, Eugen/Kittel, Gerhard: Das antike Weltjudentum. Tatsachen, Texte, Bilder, Hamburg 1943; Vgl. dazu Weiss, (1997); Auerbach (1995). Kuhn selbst hat nach dem Bericht in der Tübinger Chronik (3.4.1933 Nr. 28; abgedruckt bei Theißen [2009],19, Anm. 11,) sich des Begriffs auch in seiner Rede zum Auftakt des „Judenboykotts" am 1. April 1933 bedient. In gleicher Weise auch Ernst Seebaß, s. Gremmels (2005), 90 Anm. 265.

„Darbietung neuen Materials zur Geschichte der Juden im Altertum", vielmehr soll „versucht werden, eine Übersicht zu geben über das Gesamtproblem unter dem besonderen …, neuen Gesichtspunkt, ob, wo und in welcher Form" in der Antike „bereits Judentum besteht in dem Sinne, den wir heute mit dem Wort ‚Weltjudentum' meinen; und als unmittelbare Folgerung daraus: ob, wo und in welcher Form die Antike eine J u d e n f r a g e[83] kannte im heutigen Sinn."[84]

Die Art und Weise, in der Kuhn dazu das Panorama der Welt des antiken Judentums chronologisch wie geographisch entfaltet, liefert erneut ein Beispiel für den im Kreis des Reichsinstituts für Geschichte des Neuen Deutschlands allgemein erhobenen[85] Anspruch auf Wissenschaftlichkeit: das Ganze ist kenntnisreich, quellenbezogen geschrieben, mit Verweisen auf zum Standard gehörige Veröffentlichungen versehen und darauf bedacht, Details wieder zu geben und Differenzierungen anzubringen, auch entgegenstehende Sachverhalte werden vermerkt. Auf den ersten Blick entsprechend beeindruckend, allerdings bei genauem Zusehen jedoch höchst fragwürdig.

In der Sache greift Kuhn das 1934 in seiner öffentlichen Antrittsvorlesung über „Die Ausbreitung des Judentums in der antiken Welt" Gesagte auf.

Allerdings wird die an den Anfang gesetzte Feststellung: „Das Judentum der Antike bildete eine deutlich geschlossene Einheit durch alle Länder und Völker hindurch" im weiteren Verlauf eigentümlicher Weise nicht weiter ausgeführt. Beschrieben wird vielmehr das Phänomen „einer überraschend weite(n) Mannigfaltigkeit" des antiken Judentums, „in den verschiedenen Formen seiner religiösen Gestaltung", „in seiner soziologischen Struktur", seiner Sprache, seinem Denken, seinem Leben, seiner Sitte, auch „in seiner rassischen Zusammensetzung."[86] Für Kuhns Darstellung grundlegend ist die historiographisch damals gängige Unterscheidung zwischen dem angestammten jüdischen Mutterland, dem „palästinischen"[87] Judentum einerseits, sowie der in der griechisch-römischen Welt ansässig gewordenen Judenheit, der westlichen Diaspora, andererseits. Die östliche Diaspora, namentlich das babylonische Judentum, ist hingegen ausgespart.

Für Kuhn liefern die in diesen beiden Ausprägungen des Judentums der Antike sich abzeichnenden Unterschiede und Gegensätze den Ansatz, die eingangs gestellte Frage nach dem Charakter des antiken Judentums als Weltjudentum zu beantworten. Sein vorweg genommenes Ergebnis lautet: „Das palästinische Judentum ist in vieler Hinsicht noch nicht ‚Weltjudentum', sondern eben doch noch in

---

83 Zu Aufkommen, Entwicklung und Verbreitung des Begriffs s. Schmitz-Berning (2007), 330–333.
84 FzJFr 2, 7.
85 S. Frank (1937), 22f., 31.
86 FzJfr.2, 7.
87 Kuhn spricht wie auch sonst üblich durchgehend von Palästina, obgleich diese Bezeichnung historisch erst im 2. Jahrhundert aufgekommen ist.

diesem Land verwurzelt und an dieses Land völkisch gebunden – im Gegensatz zur hellenistisch-römischen Diaspora."⁸⁸ Für die jüdische Diaspora den Charakter des „Weltjudentums" herauszuarbeiten, ist das Ziel seines Beitrags. An der im Folgenden referierten „Reihe von Erscheinungen"⁸⁹ meint er das aufzeigen zu können:⁹⁰

1. „Art und Form der Ausbreitung".

Für das palästinische Judentum wird „von einem festen, volksmäßig geschlossenen und einheitlichen Mittelpunkt aus die schrittweise Ausbreitung des staatlichen und damit zugleich völkischen Lebensraumes"⁹¹ ausgemacht, in der Diaspora hingegen „ein in der Hauptsache nur dem Gesetz wirtschaftlicher Opportunität folgendes, durchaus individuelles, unvölkisches Wandern einer nicht abreißenden Folge von lauter Einzelnen."⁹² Das palästinische Judentum ist politisch gekennzeichnet „durch das Streben, Staat und Volk ... zu erweitern über die Grenzen der Nachbargebiete hinaus"⁹³, für die Diaspora hingegen ist „das Auswandern gewissermaßen in den freien Raum" bezeichnend,

"um draußen in der Welt sein Glück zu machen. ... Dieses Fluktuieren, dieses in keiner Weise völkisch an keinen festen Ort oder wenigstens eine feste Richtung Gebundensein ist ja gerade das Charakteristische der jüdischen Diaspora im Unterschied zu Palästina, gerade das, worin wir hier eben Weltjudentum sehen."⁹⁴

2. Zur „soziologischen Struktur"

Für das palästinische Judentum ist wesentlich, „dass die soziologische Grundlage ... ein jüdisches Bauerntum war."⁹⁵ Daneben „stand natürlich, wie überall, ein bäuerliches oder kleinstädtisches Handwerkertum, das die notwendigen Einrichtungen, Werkzeuge und Gebrauchsgegenstände lieferte: der Töpfer, der Schmied, der Maurer, der Zimmermann."⁹⁶ „Jerusalem, die einzige Großstadt des Landes" bildet" zwar eine Ausnahme, „aber dadurch wird das soziologische Gesamtbild nicht geändert."⁹⁷

---

88 Ebd.
89 Ebd.
90 Was folgt, ist ein Versuch, Kuhns Ausführungen sachlich zusammen zu fassen, zugleich sprachlich möglichst zu belassen.
91 Ebd., 10.
92 Ebd.
93 Ebd., 10.
94 Ebd., 11.
95 Ebd.
96 Ebd.
97 Ebd., 13.

„Völlig anders die Struktur des Diasporajudentums."[98] Die Juden in der Diaspora leben „ganz überwiegend in den Städten und hier in erster Linie und weitaus am dichtesten in den Großstädten. Das ist wiederum, damals schon wie heutigen Tags, ein Charakteristikum des Weltjudentums."[99] Das Bauerntum tritt dem gegenüber „sehr stark zurücktritt."[100] Landwirtschaftliche Berufe" waren zwar auch „bei den Juden der Diaspora im Altertum … immer wieder vertreten"[101], „aber die Belege dafür (sind) im Verhältnis zu anderen Berufen ziemlich selten und vor allem in dem soziologischen Gesamtbild, wie es die Quellen zeigen, von geringem Gewicht. Auch für den antiken Menschen war der das Land bebauende Jude in keiner Weise eine typische Erscheinung."[102] Für ihn war „vielmehr das städtische Judentum, vor allem der G r o ß s t a d t j u d e der charakteristische Typus und das eigentliche Problem."[103]

Für Kuhn unfraglich liegen „die Hauptberufe der Diasporajuden auf dem Gebiet des H a n d e l s u n d G e l d w e s e n s. Vom Kleinhändler und Trödler, ja wenn man will, vom jüdischen Bettler und Hausierer angefangen haben wir durch alle Größenordnungen der Handelsberufe bis zum Großkaufmann und Exporteur zahlreiche Belege für jüdische Handelstätigkeit."[104] Juden „finden wir überall": „Im Getreidehandel, Weinhandel, Handel mit Vieh, mit Textilwaren aller Art, mit Waffen, mit Spezereien und Salben, mit Edelsteinen, besonders im Exporthandel – d. h. im W e l t h a n d e l – und in dem einträglichen Sklavenhandel."[105] Nicht alle Juden waren reich. Manche lebten „in recht ärmlichen Verhältnissen."[106]

Das „ändert doch nichts an der Tatsache, dass aufs ganze gesehen, die Judenschaft in der Diaspora durchaus wohlhabend war, dass vor allem zum mindesten einzelne Diasporafamilien g a n z e n o r m e n R e i c h t u m aufzuweisen hatten."[107] Sicher hat schon dieses antike Weltjudentum sehr gut die Macht, die der Reichtum verleiht, gekannt, und so hören wir bei den Kirchenvätern des 3. und 4. Jahrhunderts n. Chr. öfter „bittere Worte über die jüdische Habsucht und über das jüdische Geld und seine Macht."[108] „Wem wird da nicht die Parallele des heutigen Weltjuden-

---

98 Ebd.
99 Ebd.
100 Ebd.
101 Ebd., 14.
102 Ebd.
103 Ebd.
104 Ebd., 14f.
105 Ebd., 15.
106 Ebd.
107 Ebd.
108 Ebd.

tums in den Sinn kommen? Umso klarer lässt gerade der Unterschied zum antiken palästinischen Judentum das Wesen dieses Weltjudentums hervortreten."[109]

„Das gleiche Bild zeigt" laut Kuhn „die wiederum für das Weltjudentum so charakteristische Erscheinung der Assimilation."[110]

3. „Die jüdische Assimilation"

Das „orientalische Judentum", das hinausgezogen war „in die Mittelmeerländer, nach Ägypten, ebenso wie nach Kleinasien also in den Bereich der griechischen Weltsprache und der hellenistischen Weltkultur", „dieses werdende Diasporajudentum" ist gekennzeichnet von dem „Streben, nicht als orientalisches Barbarenvolk zu gelten, sondern als vollwertiges Glied dieser hellenistischen Kultur, – wenn man einmal so sagen will – als Angehöriger der zivilisierten Menschheit." „Die kulturelle Anziehungskraft der Welt des Hellenismus war ja keineswegs geringer als die … wirtschaftliche." Der „Weg der Assimilation an das Hellenentum" wurde umfassend, „rasch und eifrig" beschritten.[111] Er betraf die Sprache, die Sitten und Lebensgewohnheiten, das Denken und die Weltanschauung. Die heimatliche aramäische Muttersprache wurde „verblüffend rasch" aufgegeben und durch Griechisch ersetzt, in gleicher Weise auch Hebräisch als religiöse Sprache. Der Kanon der biblischen Texte wurde ins Griechische übersetzt. „Die jüdischen Kinder erhielten gebräuchliche griechische Namen."[112] „Der Besuch des griechischen Theaters war ebenso unbedenklich und selbstverständlich wie die Teilnahme am griechischen Gymnasion."[113] Man warf sich „mit Eifer auf das Studium der klassischen, griechischen Dichter und Philosophen. … Man schmückte seine Reden gern mit klassischen Zitaten. Auch um die Kunst der griechischen Rhetorik bemühte man sich. Jedoch hatte man dabei nicht immer eine glückliche Hand", das verwendete Griechisch war z.T. „ungenießbar schwülstig."[114]

„So weitgehend diese Assimilation aber auch war, an einem Punkt machte sie doch halt. An ihrer Religion hielten auch die Diasporajuden, wenigstens in ihrer Hauptmasse fest. Immerhin, es hat auch solche gegeben, die den Weg der Assimilation konsequent zu Ende gingen und aus dem Judentum überhaupt austraten, um völlig in ihrer Umwelt aufzugehen."[115]

---

109 Ebd., 16
110 Ebd.
111 Ebd.
112 Ebd., 17.
113 Ebd.
114 Ebd.
115 Ebd., 19.

Im übrigen gilt als „charakteristisch für dieses antike Weltjudentum, daß mit der beschriebenen kulturellen und geistigen Assimilation auch Hand in Hand ging das Streben nach der **politischen Gleichberechtigung**."[116]

„Analoge Vorgänge" begegnen zwar auch „in der palästinischen Judenschaft", aber „auch an diesem Punkt" zeigt sich „wieder der deutlichste Unterschied. Auch in Palästina war bis in das erste Drittel des 2. vorchristlichen Jahrhunderts der Hellenismus im Vordringen." Das betraf indes nur einen „Teil der höheren Schichten Jerusalems. Aber hier kam die Hellenisierung nicht aus sachlicher Notwendigkeit, was man dem Diasporajudentum nicht ohne weiteres absprechen kann. Die Hinneigung zum Hellenismus kam hier vielmehr entweder aus der Sucht, ... daraus politischen und persönlichen Gewinn zu schlagen oder ganz allgemein aus dem Streben ‚modern' zu sein."[117] „Das Land und die Kleinstadt blieben, wie im ganzen Orient, davon unberührt." „Und hier bestand die ... gesunde soziologische Struktur des palästinischen Judentums ihre Feuerprobe." Der „Widerstand des jüdischen Volkes vom Land und von der Kleinstadt aus ... eroberte auch Jerusalem dem von der neuen Zivilisation nicht angekränkelten Judentum zurück. Von da an ist der Hellenismus und die Assimilation ein für allemal als Gesamterscheinung aus dem palästinischen Judentum ausgeschaltet."[118] „Gewiß hat man auch in Palästina die kulturellen Errungenschaften der hellenistisch-römischen Welt gerne benutzt. Aber in seinem geistigen Leben hat sich das palästinische Judentum je länger je mehr rigoros abgekapselt gegen allen westlichen Einfluß."[119] Ein weiterer Beleg dafür,

> „wie das palästinische Judentum in jener Zeit, aufs Ganze gesehen, immer noch eine gesunde völkische Struktur hat, ... während die Diaspora ein durchaus unvölkisches Weltjudentum ist. ... Das hat auch seine entscheidenden Konsequenzen für das Verständnis der **Judenfrage** in der Antike."[120]

4. „Die Art des antiken Antisemitismus"

Das kleine jüdische Bauernvolk in den Bergen Palästina stellte im politischen Gefüge der antiken Welt kein „Problem" dar.[121] „Ganz anders das Judentum in der Diaspora". Das „Wechselverhältnis von vielfacher Verflochtenheit in die Umwelt und gleichzeitiger Absonderung in einer Einheit für sich" trug notwendig in sich den Keim zu Spannungen und Reibungen der mannigfachsten Art zwischen den Juden und ihrer Umwelt. Der Antisemitismus „im eigentlichen Sinne" richtete sich

---

116 Ebd.
117 Ebd., 21.
118 Ebd.
119 Ebd., 22.
120 Ebd. – Hier bricht das Referat Schallers ab, Die folgende Ergänzung stammt vom Bearbeiter.
121 Ebd., 23.

gegen diese „Struktur" des „Weltjudentums". Sicher haben auch „politische und wirtschaftliche Motive ihr gut Teil zur Entstehung des Judenhasses beigetragen, wenn sie auch in unseren Quellen gegenüber den religiösen Angriffen zurücktreten". „Getragen wird dieser antike Antisemitismus, aufs Ganze gesehen, von der breiten Volksmasse, und dazu, jedenfalls zum Teil von der Schicht der Gebildeten".[122]

Damit ist Kuhn auf dem Weg in die Gegenwart. Denn aus dem, dank der beschriebenen Entwicklung durch keine Assimilation veränderten Judentum Palästinas (und später Babyloniens) entstanden der Rabbinismus und der Talmud. Sie haben das Judentum vor dem Untergang bewahrt und bis zum beginnenden Mittelalter sich durch das ganze „Weltjudentum" hin „durchgesetzt".

„Die Durchsetzung des Talmud ist die Hauptursache für den weiteren Bestand des Judentums und damit schließlich auch die Ursache dafür, daß für uns auch heute noch, nach 2000 Jahren, die Judenfrage ein brennendes Problem ist."[123]

3.4.3 Ursprung und Wesen der talmudischen Einstellung zum Nichtjuden (1938)

Mit den im Juli 1938 im Rahmen der „Dritten Münchener Arbeitstagung des Reichsinstituts für Geschichte des neuen Deutschlands" in Anwesenheit von Julius Streicher[124] vorgetragenen und noch im selben Jahr in der Institutsreihe „Forschungen zur Judenfrage" veröffentlichen Ausführungen zu „Ursprung und Wesen der talmudischen Einstellung zum Nichtjuden"[125], greift Kuhn das Kernthema der sogenannten „Judenfrage" auf: Wie stellt sich aus jüdischer Sicht das Verhältnis des Nichtjuden zum Juden und umgekehrt des Juden zum Nichtjuden dar?

Das Verhältnis des Juden zur nichtjüdischen Welt kommt in den christlichen Judentumsdarstellungen der frühen Neuzeit vielfach zur Sprache – überwiegend kritisch, mehrfach auch ablehnend abfällig. Das erste, eigenständig und umfassend aus den jüdischen Quellen, insbesondere dem Talmud und der daraus entwickelten maßgeblichen Rechtssammlung des Schulchan Aruch geschöpfte Werk dieser Art ist Johann Andreas Eisenmenger's „Entdecktes Judentum" (1700/1711)[126], ein Werk, das ursprünglich der Abwehr jüdischer Einflüsse in christlichen Kreisen

---

122 Alle Zitate ebd., 24.
123 Zitate ebd., 27
124 Heiber (1966), 453 Anm. 3.
125 FzJfr 3 (1938), ebenfalls neu abgedruckt in: Forschungen über das Judentum 3, 199–234; Materialien für ganzheitliche Forschung Folge 8, 1996.
126 Zur Geschichte der Drucklegungen und der Verbreitung des Werkes, s. Niewöhner (2002); zu den populären Verbreitungen s. ferner: Hartmann (1834) u. Schieferl (1893).

dienen sollte[127], recht bald aber im Rahmen der Ende des 18. Jahrhunderts aufkommenden und im 19. Jahrhundert dann heftig geführten Auseinandersetzungen um die bürgerliche Gleichstellung der Juden benutzt wurde, um die „Feindseligkeit" und „Abartigkeit" des Juden schlechthin zu veranschaulichen.

Die daraus entwickelte judenfeindliche Pamphletliteratur fand – häufig in Form von kompendienhaft zusammengestellten, vielfach mit gefälschten bzw. zurecht gestutzten Zitaten ausstaffierten Textsammlungen, z.T. unter der alten Bezeichnung „Judenspiegel"– Verbreitung und war ein beliebtes Mittel der Propaganda der Ende des 19. Jahrhunderts Fuß fassenden antisemitischen Bewegung.

Bemühungen, dem von jüdischer Seite öffentlich, mit fachkundigen Gutachten auch gerichtlich[128] entgegen zu treten, hatten nur begrenzt Erfolg. Selbst wissenschaftliche Abhandlungen konnten daran nur wenig ändern.[129] Kein Wunder, dass auch NS-Kreise – namentlich im Gefolge von Alfred Rosenbergs 1920 erstmals erschienener „Unmoral im Talmud" – sich dieser antijüdischen Schriften bedient haben, um das für die nichtjüdische Welt vom Judentum ausgehende Bedrohungspotential darzustellen.

In seinen Ausführungen zur Sache blendet Kuhn das alles weithin aus.[130] Von ihm erwähnt werden einige das Thema betreffende Facharbeiten. An erster Stelle verweist er auf die diesbezügliche Monographie des Schweizer Alttestamentlers Albert Bertholet „Die Stellung der Israeliten und der Juden zu den Fremden" von 1896 sowie dessen Artikel „Fremde und Heiden in Israel" in der 2. Auflage der RGG von 1928.[131]

Im Übrigen wiederholt Kuhn seine bereits referierten Thesen aus früheren Arbeiten[132], um am Ende zusammenzufassen: „All das zeigt, dass hier nirgends eine wirkliche Durchbrechung des allgemeinen talmudischen Prinzips von der weitgehenden Rechtlosigkeit des Nichtjuden vorliegt". Ein „einstmaliges primitives Stammesrecht" wurde zum „Gesetz der jüdischen Minderheit gemacht". „Das ist,

---

127 Zu Recht betont herausgestellt von Niewöhner (2002), 170ff.
128 Dazu s. die Unterlagen zum Prozess Rohling contra Bloch bei Breitenstein (1890).
129 S. die Arbeiten von Gustav (Marx) Dalman (1886), Theodor Kroner (1871), Franz Delitzsch (1881), David Hoffmann (1894) und Paul Billerbeck (1922-1928).
130 Die Arbeit von Marx-Dalman wird nur in einem Fall (232, Anm. 1) angeführt. Michael Guttmanns Monographie von 1927 wird nur am Rande anmerkungsweise erwähnt und als „jüdisch-apologetisch orientiert und wissenschaftlich nicht brauchbar" abgefertigt (220f. Anm. 1).
131 Zu Bertholet s. Kusche (1991), 92-96. Der folgende Abschnitt ist vom Bearbeiter ergänzt.
132 Vgl. insbesondere die Darstellung von Sifre Numeri § 160, 667f. Anm. 31, s.o. 3.1 Anm. 23. Die nachfolgend zitierte Zusammenfassung Kuhns zeigt die antisemitische Tendenz, die er am 2.8.1948 gegenüber der Spruchkammer in Stuttgart zu widerlegen suchte mit einer eingereichten Gegenüberstellung der „antisemitischen Behauptungen" im „Stürmer" und ausgewählten dagegen gerichteten „Stellungnahmen" aus seinen Schriften, auch aus dieser von 1938. (Bl. 46-51 der Akte Kuhn im Stuttgarter Verfahren, s.o. 2.4 Anm. 123 ebd. – online Bilder 58-63).

wie ich glaube, der entscheidende Gesichtspunkt, der alle die vielen Einzelzüge, die wir im Laufe dieser Ausführungen betrachtet haben, zu einem geschlossenen Gesamtbild zusammenfügt, zu einem Bild, das in weitem Umfang dem ganzen Judentum sein Gepräge gegeben hat".[133]

3.4.4 Die Judenfrage als weltgeschichtliches Problem (1938/1939)

Dies ist der einzige Beitrag Kuhns, der als eigenständige Publikation in der Reihe der „Schriften des Reichsinstituts" erschien und auf diese Weise über den engeren Kreis von Fachleuten hinaus Verbreitung gefunden hat. Zugrunde liegt ein am 1. Dezember 1938 in Berlin bei der 4. Jahrestagung des Reichsinstituts gehaltener Vortrag, den Kuhn danach mehrfach, teils in Berlin, teils in Tübingen und andernorts wiederholt hat.[134] Dass die Drucklegung ungewöhnlich zügig erfolgte – das Vorwort datiert vom 15. Januar 1939 –, ist kein Zufall, sondern entspricht politischem Interesse. Das erste in Deutschland flächendeckend gegen Juden und Judentum gerichtete Pogrom seit dem Mittelalter, das als „Kristallnacht" verharmloste Ereignis vom 9./10. November, lag gerade 3 Wochen zurück.[135] Die Erinnerung daran, dass die jüdischen Gotteshäuser reichsweit brannten, ihre Einrichtungen samt der Thorarollen und der Gebetbücher geschändet, dass jüdische Geschäfte und Wohnungen geplündert und demoliert wurden, Juden einzeln drangsaliert, bei Leib und Leben angegriffen und mehrfach umgebracht wurden, das alles war noch lebendig in Erinnerung. Kuhn selbst kommt indes nur in zwei Andeutungen im Schlussteil[136] darauf zu sprechen. Und doch steht, was er unter der Überschrift „Die Judenfrage als weltgeschichtliches Problem" in der Sache darbietet, in einem unmittelbaren Zusammenhang damit. Es ist eine Art Begleitkommentar dazu und zielt darauf ab, die im Novemberpogrom erfolgten und ihm folgenden staatlichen Maßnahmen zur „Lösung der Judenfrage" akademisch stilisiert, historisch orientiert, ideologisch konturiert zu stützen und zu rechtfertigen.

Ein Eindruck von dem, was damals auf dem Spiel stand und im Blick war, vermittelt ein Bericht, der 1940 in der Theologischen Literaturzeitung zum Abdruck kam und aus der Feder des dem Eisenacher Entjudungsinstitut zugehörigen Professors

---

133 FzJFr 3, 234. Über Kuhns Vortrag wurde umgehend in der HZ berichtet und aus dessen Darstellung der gehässigen Einstellung gegenüber den Nichtjuden gefolgert, „daß die letzthin entscheidende Auseinandersetzung mit den Juden nur im politischen Kampf liegen kann." S. Hoberg (1938), 220.
134 S.o. 2.4.
135 Dazu s. Schultheis (1986); Döscher (1988); Graml (1988).
136 Kuhn zitiert den Zionisten Arthur Ruppin (ebd. 46) sowie den „Führer" am Grabe von W. Gustloff (ebd. 47).

für Neues Testament und hellenistische Religionsgeschichte in Königsberg Carl Schneider[137] stammt, der Kuhns Beitrag stark vereinfacht folgendermaßen vorstellt:

> „K. geht von der Tatsache aus, dass die Juden, seitdem sie überhaupt existieren, überall verhaßt waren. Er sucht die allgemeine, zu allen Zeiten gleichbleibende Grundstruktur des Judentums, die diesen Judenhaß zu allen Zeiten herausforderte, durch genaue historische Analyse zu gewinnen, was ihm meisterhaft auf wenigen Seiten gelingt. Das Judentum ist ausgesprochen Stadtbevölkerung und das ausgesprochene Händlervolk der Geschichte. Das wird vor allem mit zahlreichen Zahlenbelegen am amerikanischen Judentum gezeigt. Dazu kommt der merkwürdige religiöse Sachverhalt, dass hier Religion und Volkstum völlig eins sind, die Religion also nicht ohne das Volkstum gewechselt werden kann und umgekehrt. Das typische Jüdische hat sich keinesfalls durch äußere Ursachen gebildet, sondern stammt aus seiner biologischen Erbanlage, die geradezu zum parasitären durch die ungünstige Rassenmischung, die in ihr zum Ausdruck kommt, hindrängte. K. zeigt dann, wie sich diese Erbmasse seit der Judenemanzipation immer hemmungsloser auswirkte. Besonders wichtig sind die Feststellungen, dass das Judentum allmählich seinen religiösen Kern verloren hat und an seine Stelle der Gedanke einer jüdischen Weltnation getreten ist. Nur von diesem aus ist der Zionismus zu verstehen."[138]

Die Veröffentlichung Kuhns vom Ende 1938 unterscheidet sich von seinen bisherigen „Arbeiten zur Judenfrage" in mehreren Hinsichten. Seine Ausführungen gehen weit über das eigene judaistische Fachgebiet hinaus. Modernes Judentum, die zionistische Bewegung sowie insbesondere die Verhältnisse „jüdischer Einwanderung in Nordamerika im 19. und 20. Jahrhundert" nehmen einen breiten Raum ein. Kuhn ist bemüht, sich hier als Fachmann für Judentum schlechthin darzustellen. Aber nicht nur das. Zum ersten Mal betätigt sich Kuhn hier aus- und nachdrücklich als Ideologe, für den die „Judenfrage" sich grundlegend als Rassenproblem darstellt. Das kommt in dem weit ausholenden Hauptteil, der die historischen Befunde des „jüdischen Wesensgefüges" – wie Kuhn das zunächst nennt – betrifft, zwar noch nicht zum Ausdruck. Im Nachhinein wird indes deutlich, dass das an den Anfang gestellte Zitat aus dem Monumentalwerk „Geschichte des Altertums" von Eduard Meyer, demzufolge der „Judenhaß (d. h. der Hass gegen die Juden) so alt ist wie das Judentum selbst", bereits daraufhin abzielte. In seinen abschließenden Erörterungen bedient sich Kuhn dann auch durch die Bank der damals gängigen Rassentheoreme. Die rassischen Eigenschaften des Judentums dienen als Erklärungsmuster für „die Judenfrage". Wie die folgenden Exzerpte zeigen, spiegelt sich das bis in den Sprachduktus hinein unmittelbar wider.

---

137 S.o. 1. Anm. 4.
138 ThLZ 65, 1940, 119.

„Verstehen wir also das Judentum in der Weltgeschichte als ein Händlervolk, das über die ganze Welt zerstreut als Minderheit lebt, das in seiner wirtschaftlichen Tätigkeit ein wesentliches Kampfmittel hat zur Durchsetzung seiner Existenz und seines Machttriebes gegen die nichtjüdische Umwelt und das seinen völkischen Bestand durch die Jahrtausende sicherte in seiner zugleich absoluten und völkischen Religion, verstehen wir das Judentum als ein solches Wesensgefüge, dann bleibt immer noch die eine Frage: Wodurch kam es zu diesem Wesensgefüge? Welche Gründe, welche Ursachen haben zum Ausbau dieses völlig singulären Gebildes geführt?"

„Die Frage gewinnt an Bedeutung, wenn man sieht, dass dieser Ausbau nicht aus Ursachen erklärt werden kann, die außerhalb des Judentums liegen, weder durch äußeren Druck noch durch äußere Beeinflussung."[139]

„So bleibt die einzige Erklärung dieses jüdischen Wesensgefüges ... die Erklärung aus den rassischen Eigenschaften des jüdischen Volkes, aus seiner biologischen Erbanlage. ... Das jüdische Volk ist bekanntlich nicht eine einheitliche Rasse, sondern ein Rassengemisch. ... Die Erbeigenschaften dieser speziellen Rassenmischung sind es also, die letztlich zu dem Ausbau des oben dargestellten jüdischen Wesensgefüges und damit zu der eigentümlichen Rolle, die das das Judentum in der Geschichte spielt und damit dann auch zu der Judenfrage als einem weltgeschichtlichen Problem geführt haben müssen."[140]

„Das jüdische Wesen und seine Ausprägung in der Geschichte (ist) eine völlig singuläre Erscheinung ... auch gegenüber den Tatbeständen bei den andern semitischen Völkern. Es müssen daher auch die Erbeigenschaften, es muß die Rassensubstanz der Juden auch gegenüber derjenigen der anderen semitischen Völker ganz charakteristische, nur den Juden eigene Besonderheiten aufweisen ... sie sind augenscheinlich das eigentlich Gefährliche und Schädliche für die Rassensubstanz des Wirtsvolkes bei einer blutmäßigen Vermischung mit den Juden." [141]

Wie die folgenden Zitate zeigen, geht Kuhn auch in weiteren Punkten über seine bisherigen Äußerungen hinaus und nimmt explizit Stellung zu aktuellen Aspekten in der Einschätzung des Judentums und der mit ihm verbundenen „Judenfrage".

„Die Juden erhielten (im 19. Jahrhundert) die Freiheit und die Gleichheit. ... Die mittelalterlichen Ghettomauern fielen, aber der in Jahrhunderten hochgezüchtete Ghettogeist des

---

139 Judenfrage, 27f.
140 Ebd. 29f.
141 Ebd. 33f. Schon in Anm. 1 verweist Kuhn auf den „inhaltsreichen Aufsatz" des Rassebiologen v. Verschuer.

jüdischen Ausdehnungsdranges, jüdischer Wirtschaftsgesinnung gegenüber den Nichtjuden, jüdischen Machtwillens blieben erhalten, wenn auch zum Teil in verschleierter und dem Einzelnen persönlich unbewußter Form. ... Dieser Weg (führte) nicht nur zur kapitalistischen Macht und Herrschaft, sondern auch mit konsequenter Notwendigkeit zur führenden Mitwirkung in den revolutionären Bewegungen des 19. Jahrhunderts, vor allem im Marxismus und Bolschewismus. ... So hat sich der Jude der Arbeiterbewegung bemächtigt. ... So steht der Jude in historischer Gesetzmäßigkeit vor allem im russischen Bolschewismus in der vordersten Linie."[142]

„Was das Judentum seit einigen Jahren erlebt – nicht nur in Deutschland, sondern weithin in der Welt – ist nichts anderes, als dass es jetzt erntet, was es in seiner großen Mehrheit nun bald 150 Jahre hindurch gesät hat. Es ist die Rechnung für die Verfälschung des Sinnes der Emanzipation nach jeder Richtung durch das Judentum selbst. Aber das Judentum in der ganzen Welt begreift nicht den Sinn der weltgeschichtlichen Stunde. Es will ihn nicht und kann ihn auch nicht begreifen, weil es mit einem solchen Begreifen das Gesetz verleugnen würde, nach dem es angetreten."[143]

„Eines aber wissen wir, dass im deutschen Volk selbst der Führer in einer geschichtlich einzigartigen Weise zum ersten Mal – völkisch sowohl wie politisch, geistig sowohl wie wirtschaftlich – die Voraussetzungen geschaffen hat, die – soweit es Deutschland betrifft – durch allen Kampf hindurch letztlich eine wirkliche, den gesamtgeschichtlichen Gesichtspunkten allein gerecht werdende Lösung der Judenfrage ermöglichen."[144]

Unter den Äußerungen Kuhns zur Judenfrage markiert dieser Beitrag den Höhepunkt seiner Hörigkeit und Dienstbarkeit gegenüber dem NS-System. So deutlich und so umfassend hat er sich vorher an keiner Stelle im Sinn der nationalsozialistischen Rassenideologie und Rassenpolitik geäußert und so ausdrücklich hat er sonst nicht die in Kreisen wissenschaftlicher NS-Anthropologie entwickelten rassekundlichen Theorien aufgegriffen und sich zu eigen gemacht.[145]

---

142 S. 39f.
143 Ebd. 46. Anschließend zitiert Kuhn Arthur Ruppin und folgert: „Angesichts einer solchen Drohung begreifen wir es, wenn der Führer am Grabe Wilhelm Gustloffs sagte: ‚Wir verstehen die Kampfansage, und wir nehmen sie auf.'" (ebd. 47)
144 Ebd. 47. – Anstelle dieses Satzes schloss Kuhn laut Bericht der Tübinger Chronik vom 24.1.1939 die vor einem Tübinger Auditorium gehaltene Fassung seines Vortrags mit folgender Sequenz: „Das Verdienst des nationalsozialistischen Deutschlands aber ist es, in seinem Teil einmal einen radikalen Versuch zur Lösung der Judenfrage unternommen zu haben, der der Anfang einer Weltlösung werden kann."
145 Vom ihm wird ausdrücklich hingewiesen auf die Veröffentlichungen seiner Kollegen im Reichsinstitut Eugen Fischer (1938) zur Rassengeschichte der Hebräer (Kuhn ebd. 30) und von Otmar v. Verschuer zur Rassenbiologie der Juden (ebd, 34). Die „Zusammenarbeit" mit ihnen habe sich

Im Zusammenhang seiner Entnazifizierungsverfahren ist dieser Text bezeichnender Weise – von einer Ausnahme abgesehen[146] – so gut wie nicht beachtet worden. Sollte man ihn überhaupt zur Kenntnis genommen haben, so hat man ihn augenscheinlich als nicht besonders gravierend eingestuft.

Auch Kuhn selbst sah sich zunächst nicht veranlasst, zu diesem Text Stellung zu nehmen. Erst 1951/52 wurde – wie noch zu zeigen ist[147] – dieses Elaborat universitätsintern in seiner Brisanz wahr genommen und dadurch veranlasst von Kuhn in einer kurzen Stellungnahme bedauert und widerrufen.

3.4.5 Der Talmud – Das Gesetzbuch der Juden (1940 = 1941)

Dies ist eine der letzten Veröffentlichungen Kuhns aus der NS-Zeit. Sie beruht auf einem vor Ausbruch des 2. Weltkriegs im Rahmen der „Wissenschaftlichen Akademie Tübingen des NS-Dozentenbundes" zur Schulung des akademischen Nachwuchses der NSDAP gehaltenen Vortrag, der 1940 in der von Thomas Miller herausgegebenen Reihe „Aus den Jahresbänden der wissenschaftlichen Akademien des NSD. Dozentenbundes" als Bd. 1 veröffentlicht und 1941 nochmals bei Mohr (Siebeck), Tübingen, aufgelegt wurde. Ursprünglich war dieser Text als Vorstufe zu einer „Schrift über den Talmud gedacht, in der das Wichtigste über Entstehung und Inhalt dieses für die Kenntnis des Judentums grundlegenden Werkes in knapper in Form zusammen gefasst dargestellt werden sollte."[148] Bereits für 1940 angekündigt, kam es aber „kriegsbedingt nicht mehr zustande."[149]

Was Kuhn in diesem Zusammenhang ausbreitet, bietet ein Gemisch ähnlich seinen 1936 und 1937 vorgelegten Arbeiten über „Die Entstehung des talmudischen Denkens" und zu „Ursprung und Wesen der talmudischen Einstellung zum Nichtjuden", die in der Reihe „Forschungen zur Judenfrage" publiziert wurden. Noch unverblümter als dort versteht Kuhn es hier, fachliche Ausführungen polemisch zugespitzt mit antijüdisch ausgerichteten Invektiven zu verknüpfen.

Bereits im Titel deutet sich das an: „Der Talmud – das Gesetzbuch der Juden". Kuhn weiß natürlich, dass der Talmud im strikten Sinn kein Gesetzbuch ist, sondern ein Konglomerat unterschiedlicher literarischer und thematischer Gattungen

---

„auf das glücklichste angebahnt". (ebd. 34). Zu Fischer und auch zu Verschuer, bei dem der spätere SS-Hauptsturmführer und KZ-Arzt Josef Mengele Assistent war und mit dem dieser bis zum Kriegsende in Kontakt stand, s. Loesch (1997).
146 Zu Erich Kamke und seinem Widerstand gegen eine Fortsetzung der akademischen Karriere Kuhns s. 7.1 Anm. 11.
147 S.u. 7.3.1.
148 Ebd. 226, Anm. 2.
149 S. Junginger (2011), 302.

bietet. Er bringt das durchaus auch zur Sprache.[150] Wenn er dennoch durch die doppelte Artikelsetzung den Talmud ebenso pauschalisierend wie generalisierend als „Das Gesetzbuch der Juden" apostrophiert, geschieht das eben mit Hintersinn. Die literarische Größe Talmud soll dazu dienen, das die Judenheit im Inneren und Äußeren bestimmende Grundgesetz, das Wesen des Judentums, den Charakter „des" Juden zur Anschauung zu bringen.

In diese Richtung läuft bereits, was Kuhn einleitend über die dem Talmud inhärente schriftgelehrte Methodik der Rabbinen ausführt. Es ist eine "den natürlichen Sinn und Wortlaut des Textes vergewaltigende Methode", hinter der sich „weithin ein vom konkreten Sinn abstrahierendes, rein formales Denken verbirgt, bei dem die Tätigkeit des spitzfindigen formallogischen Analysierens zum reinen Selbstzweck wird."[151] Es ist „eine rein um ihrer selbst willen betriebene Gedankenakrobatik"[152], die in der damit verbundenen Kasuistik „zur Empfehlung und Anwendung von Rechtskniffen nach dem Prinzip des zwar formalen Haltens, sachlich aber Übertretens der Gesetze" führt.

Das alles sind auch schon in früheren Veröffentlichungen Kuhns verwendete Stereotypen, wie sie in der antijüdischen und antisemitischen Propaganda durchgängig das Bild des Juden prägen. Hinter dem von Kuhn derart beschriebenen Talmud stehen die Juden schlechthin. Diese Perspektive kommt in dem sich anschließenden Teil der Arbeit zum Ausdruck, in dem er das talmudische Recht in Einzelfällen vorstellt. Bezeichnender Weise beschränkt er sich dabei erneut auf den Bereich der Gesetze, „die die Rechtsstellung des Nichtjuden betreffen, also die talmudische Einstellung zum Nichtjuden", d. h. den Bereich, „der uns naturgemäß am wichtigsten ist", und den Kuhn bereits 1937/1938 in der Arbeit über die talmudische Einstellung zum Nichtjuden ausführlich dargestellt hat.[153]

Kuhn weist zwar nebenbei ausdrücklich darauf hin, dass es sich dabei nur um „einen verhältnismäßig kleinen Ausschnitt" handele, um dann doch pauschal auf die „weithin bekannte" ausgesprochene Gehässigkeit gegenüber dem Nichtjuden einzugehen. Diese trete „am groteskesten in Erscheinung bei dem Gesetz über

---

150 S. Kuhn ebd. 226.
151 S. ebd. 226.
152 Ebd.
153 Ein weiteres Mal bricht an dieser Stelle das Manuskript von B. Schaller ab. Die folgenden Zeilen sind vom Bearbeiter ergänzt.

Mord und Totschlag".[154] Nach den bereits andernorts zitierten[155] Beispielen aus talmudischer Literatur fasst Kuhn seine Ausführungen zusammen mit den Sätzen:

„Diese typische gehässige Einstellung zum Nichtjuden ist der Hauptgrund des seit vielen Jahrhunderten immer wieder von neuem geführten Kampfes gegen den Talmud von nichtjüdischer Seite. Und stets in der Geschichte wurde dieser Kampf geführt als ein Teil, und zwar ein wesentlicher Teil des Kampfes gegen das Judentum überhaupt."[156]

---

154 Ebd. 232.
155 Wie früher wird auch hier wieder verwiesen auf die zu Sifre Numeri §160 gehörige Anmerkung, ohne dass ihr Text ausgeliefert war. Zu welch abstrusen Folgerungen Kuhn kommen kann, zeigt ein Beispiel zu Bavli Baba Kamma 113a. Dort wird die Heiligung Gottes als Grenze für ethisch unerlaubtes Handeln des jüdischen Frommen benannt. Kuhn sieht die Reaktion des Nicht-Juden als Grenze und behauptet: „Entweihung des Gottesnamens tritt ein, wenn der Nichtjude den Kniff merkt und in seinem Zorn ... auf die Juden schimpft. Ist nicht zu befürchten, daß er etwas merkt, ... sind juristische Kniffe erlaubt." (ebd., 232).
156 Ebd. 232f.

4. Rezensionen 1937–1939

Rezensionen zu Veröffentlichungen in Sachen „Judenfragen" hat Kuhn soweit wir wissen, nur zweimal verfasst. Die erste ist eine in der Historischen Zeitschrift – dem von Leopold von Ranke gegründeten, führenden Fachorgan deutscher Geschichtswissenschaft – veröffentlichte Besprechung einer Abhandlung über jüdisches Ehe- und Fremdenrecht, die von Hermann Schroer, einem damals bekannten NS-Juristen[1], stammte und als antijüdische Kampfschrift Verbreitung fand.

4.1 Hermann Schroer, Blut und Geld im Judentum. München 1936

Dass Kuhn in der Historischen Zeitschrift zum Zuge gekommen ist, verdankt sich vermutlich dem Umstand, dass der 1935 als Herausgeber eingesetzte Münchener Historiker Karl Alexander von Müller[2] zugleich auch nominell die Forschungsabteilung „Judenfrage" leitete.

Was Kuhn bietet, läuft auf einen Totalverriss hinaus. Der Verfasser wird fachlich abgefertigt und abgekanzelt: Ihm „fehlen die notwendigen philologischen Voraussetzungen für selbständiges wissenschaftliches Urteil auf dem Gebiet der jüdischen Literatur, denn er kennt gar nicht die hebräische Sprache, und daher ist er auch … in diesem Stoff nicht sachkundig. … Die Quellen sind ihm unzugänglich."[3] Kurz: Das Buch ist „wissenschaftlich wertlos"[4] „zumal es auf einer längst überholten und dazu noch von „einem getauften Juden verfasstenen Übersetzung"[5] fußt.

Für Kuhn bezeichnend ist, wie er sich hier höchst unverblümt mit dem Anspruch auf wissenschaftliches Niveau gegen einen der lokalen NS-Platzhirsche zu Wort meldet. Damit hat er gewiss – zumal in Parteikreisen – nicht überall Zustimmung gefunden, erweckt er damit doch den Anschein, als ob er eine ideologiefreie Position reiner Wissenschaftlichkeit vertrete. Nach 1945 hat er dies in der Tat so für sich geltend gemacht, und nicht wenige haben gemeint, ihm dies auch bescheinigen zu

---

1 Mitglied der NSDAP seit 1922; Rechtsanwalt in Wuppertal: 1930. Gauführer des Nationalsozialistischen Rechtswahrerbundes in Düsseldorf: 1932. Abgeordneter im Reichstag: März 1933 bis November 1933; April 1938 bis Mai 1945: Wahlkreis 22 (Düsseldorf Ost); Abteilungsleiter der Reichsleitung der Rechtsabteilung der NSDAP: 1934; Reichsamtsleiter: 1938; Mitglied der Akademie für Deutsches Recht; s. Poliakov/Wulf (1959), 349f.
2 Dazu s. Berg (2014).
3 HZ, 314.
4 Ebd., 315.
5 Ebd. 313.

können.⁶ Das entspricht aber keineswegs der wissenschaftsstrategischen Position, die Kuhn in seinen Veröffentlichungen allgemein und speziell in dieser Rezension einnimmt. Das kommt freilich – was vielfach übersehen wird⁷ – erst nach dem Verriss programmatisch zum Ausdruck, wenn Kuhn fortfährt:

> „So geht es eben nicht, dass man eine vor hundert Jahren von einem getauften Juden hergestellte Übersetzung nimmt, sie mit einem schwungvollen antisemitischen Titel versieht und einer ebenso schwungvollen antisemitischen Einleitung, und dann durch Herausgabe des Ganzen etwa glaubt, dem Nationalsozialismus einen Dienst zu leisten. Im Gegenteil, man diskreditiert auf diese Weise nur unsere Wissenschaft im neuen Deutschland gerade auf diesem umkämpften Gebiet. Wir können und dürfen heute auf dem Gebiet der Judenfrage nicht so arbeiten, dass wir einfach … das Alte übernehmen und nur mit einer neuen Fassade versehen, sondern wir müssen aus den Quellen heraus ganz neu an die Probleme herangehen."⁸

Nur eine

> „aus den Quellen gearbeitete Darstellung von Entstehung, Wesen und Charakter des Schulchan Aruch und des jüdischen Rechts allgemein, [ist] … durch ihre klare weltanschauliche Frontstellung gegen jüdische Verschleierung für ein wirkliches deutsches Verständnis und eine deutsche Beurteilung des Problems heute geeignet …, jeden der über diese Dinge etwas wissen will, sachlich und weltanschaulich richtig zu unterrichten."⁹

Dieses Fazit macht deutlich: Der von Kuhn nach 1945 im Blick auf seine in der NS-Zeit verfassten Schriften erhobene Anspruch exakter Wissenschaftlichkeit war in der Tat ein wesentliches Element der „Judentumsforschung", wie auch Kuhn sie im Rahmen der „Forschungsabteilung Judenfrage" des „Reichsinstitut für Geschichte des neuen Deutschlands"¹⁰ betrieben hat. Damit stand er nicht allein da. Die im Dritten Reich eingerichteten Forschungsstätten zur Judenfrage¹¹ waren

---

6 Vgl. die entlastenden Voten in den Spruchkammerverfahren s.u. 7.2.
7 Nicht zuletzt auch von den Mitgliedern der beiden Entnazifizierungskommissionen, die sich sogar dazu verstiegen haben, diese Rezension als Beleg für Kuhns Opposition gegen das NS-Regime zu qualifizieren. S.u. 7.2.
8 Ebd., 315.
9 Ebd., 316.
10 Dazu s. Heiber (1966), 314–635.
11 Neben dem Reichsinstitut mit seinen Außenstellen: Institut zur Erforschung der Judenfrage in Frankfurt/Main (Schiefelbein 1993), Institut zum Studium der Judenfrage in Berlin, Referat Judenforschung am Institut für deutsche Ostarbeit in Krakau (Rupnow 2011), Lehrstuhl Reichsuniversität Posen, Kunde des Judentums am Orientalischen Institut in Wien (Rupnow 2010).

durchweg unter dem Vorzeichen der „Verwissenschaftlichung"[12] angetreten. Sie waren „Bestandteil der Anstrengungen des NS-Regimes, für breite gesellschaftliche Schichten einen akzeptablen, vernünftigen' Antisemitismus ... zu konstruieren."[13] Mit der in seiner Rezension erhobenen Forderung nach Wissenschaftlichkeit bleibt Kuhn somit der antisemitischen NS-Propaganda und – Praxis verhaftet.[14] Dass er, wie von ihm selbst ins Entnazifizierungsverfahren eingebracht[15], dem Vorwurf, sich antisemitisch zu betätigen, mit dem Bonmot begegnet ist, er sei „Professor für Semitistik, nicht für Antisemitistik", ist ein sich selbst dekuvrierender Versuch, dies zu verschleiern. Wie sehr Kuhn antisemitische Denkart übernommen hat, kommt in dieser Rezension unverhohlen gleich zwei Mal zum Ausdruck: zu Beginn und gegen Ende lässt Kuhn sich darüber aus, dass in der betreffenden Arbeit das für jüdisches Rechtswesen grundlegende Kompendium des Schulchan Aruch in einer deutschen Übersetzung Verwendung gefunden hat, die von einem „getauften Juden" stammt. Allein der Umstand, dass der Übersetzer jüdischer Herkunft ist, dient Kuhn dazu, die benutzte Quelle von vornherein als unzuverlässig zu kennzeichnen; was er an einer weiteren Stelle noch dadurch unterstreicht, dass er das „oft geradezu ungenießbare Deutsch" hervorkehrt. Das in christlichen Kreisen seit langem[16] schon verbreitete antijüdische Stereotyp „Jud ist/bleibt Jud"[17], in dem der rassische Antisemitismus in nuce bereits angelegt ist und das in der seit 1933 staatlich verordneten und auch von den Deutschen Christen praktizierten Regelung der Ariergesetzgebung aktualisiert wurde, findet hier spezifisch argumentativ eingesetzt seinen Niederschlag. Dass Kuhn in einer Wissenschaftlichkeit beanspruchenden Rezension sich dieses Sprach- und Denkstils bedient, spricht Bände. Es zeigt, in welchem Maß er sich bei all seiner Gelehrsamkeit inzwischen in Sprache

---

12 Dazu s. die Arbeiten von Junginger (2011) und Rupnow (2011).
13 Rupnow (2011), 60 unter Verweis auf die einschlägigen Arbeiten von Patricia von Papen, Alan Steinweis, Claudia Koonz.
14 Gleiches gilt auch für seinen Tübinger Lehrer und Vorgesetzen Gerhard Kittel, der die Abteilung Judenfrage des Reichsinstituts leitete und ein wider den Dilettantismus ausgerichtetes Konzept zur Erforschung des Judentums und der Judenfrage vertrat; s. dazu Rupnow (2011), 328f. A.62.
15 Äußerung Kuhns gegenüber seiner ersten Verlobten im Jahr 1939. S.u. 7.2. Vgl. auch Theißen (2009), 38.
16 Ausdrücklich als Sprichwort angeführt bei Andreas Musculus: „Gründliche Anzeigung was die Theologen des Kurfürstentumbs der Mark zu Brandenburgk von der Christlichen Euangelischen Lehr halten, lerhen vnd bekennen. Auch warinne Andreas Osiander wider solche Lehr vnrecht lerhet", Frankfurt Oder 1552, Bl. O 3v: „in summa/ es ist und bleibt/ wie das sprichwort laut/ ... Er [Osiander] ist ein Jüde gewest/ er ist ein Jüde/ und bleibt ein Jüde."; s. ferner Selenecker, Nikolaus (Hg.): Von den Juden und iren Lügen, Leipzig 1577: „Ein ungeteuffter Jude / und ein geteuffter Jude / ist ein Bub wie der ander"; vgl. Nigrinus, Georg: Der Jüden Feind, Frankfurt M. 1605, 82: „Ich halte Jüden für Jüden / Sie seyen getauft oder beschnitten. Sind sie nicht all einer Abkunfft / Gehören sie doch alle in ein Zunfft." (dazu s. Kaufmann [2000], 229–232); ders. [2014], 144).
17 Literarisch kolportiert von Lessing (Nathan der Weise I, 6).

und Denkweise dem nationalsozialistischen Antisemitismus angepasst hat und sich im Fahrwasser deutsch-christlicher Theologie bewegt.

4.2 Antonin Causse, Du groupe ethnique à la communauté religieuse. (Le problème sociologique de la religion d'Israël.) Paris 1937

Hierbei handelt es sich um eine Kurzanzeige der letzten großen Arbeit des durch Max Weber, Lucien Lévy-Bruhl und Emil Durkheimer geschulten französischen Bibelwissenschaftlers und Religionssoziologen Antonin Causse zur Frage nach der Entstehung des Judentums. Publiziert wurde sie im August 1939 in der Zeitschrift der Savigny-Stiftung, einem der traditionsreichen Organe europäischer, rechtshistorischer Forschung. Wann Kuhn den Text verfasst hat, ist unklar. Am ehesten wohl 1938. Dafür spricht, dass der Titel von Kuhn in seinen älteren, thematisch durchaus verwandten Arbeiten, insbesondere in „Das antike Weltjudentum" von 1937[18], an keiner Stelle erwähnt wird. Eigentümlicher Weise fehlt die kleine Arbeit sowohl in der von Kuhn selbst zusammengestellten und der Entnazifizierungskommission vorgelegten Liste seiner Veröffentlichungen als auch in der später von seinen Schülern herausgegebenen Bibliographie. Letzteres dürfte aus Unkenntnis geschehen sein, Ersteres ist indes sicherlich mit Absicht erfolgt.

Bereits in den ersten Sätzen ist unverhohlen ein antijüdischer, ja deutlich antisemitischer Akzent gesetzt. Die „verhängnisvolle Rolle des Judentums im Verlauf seiner Jahrtausende langen Geschichte" und sein entsprechend „verhängnisvoller Weg durch die Weltgeschichte" werden gleich zu Anfang apostrophiert. Causses Versuch, „unter soziologischen Gesichtspunkten ein umfassendes Bild der Gesamtentwicklung vom ältesten Israel ... bis zu dessen eigentlicher Ausgestaltung im babylonischen Exil und seiner Ausprägung in der persischen und hellenistischen Zeit"[19] zu entwerfen, wird nur gestreift. Herausgehoben wird indes die von Causse bereits in seiner älteren Arbeit über „Les Dispersés d'Israël. Les origines de la diaspora et son rôle dans la formation du Judaïsme" (1927) entfaltete These, das Judentum als geschichtliche Größe beginne nicht erst – wie gängig angenommen – im Gefolge des babylonischen Exils und der Rückkehr der Exulanten nach Jerusalem, sondern sei bereits schon vorher in außerhalb des Mutterlandes ansässig gewordenen Gruppen verankert.[20] Diese Sichtweise der Anfänge des Judentums kommt Kuhn – ohne es ausdrücklich zu vermerken – mit seinen eigenen Entwürfen zur Sache durchaus entgegen. Er schlachtet sie entsprechend aus in einem

---

18 S.o. 3.4.2.
19 Kuhn ebd., 507.
20 Genau besehen handelt es sich ausschließlich um den Abschnitt I des Kapitels VI „De la nation à la communauté juive": Causse (1937), 183–195.

eigentümlichen Gemisch aus Referat und Zitat und dazwischen eingeschobenem Interpretat. Causse dient Kuhn als Kronzeuge seiner eigenen „Rekonstruktion" der historischen Anfänge des Judentums und dessen rassisch habituellem Charakter. Die von Causse entwickelte Grundthese „Le judaïsme est une diaspora"[21], das Judentum sei Diasporaphänomen, wird dahin gehend erweitert, dass „in dieser Existenzform bereits ... alle Elemente ausgebildet" sind, „die dem Judentum sein ganz besonderes Gesicht geben." Verklausuliert entspricht das genau der von Kuhn in seinen Beiträgen über „Das Weltjudentum in der Antike" (1937) und „Die Judenfrage als weltgeschichtliches Problem" (1938) aufgestellten Behauptung, die Stellung der Juden als Paria und ihres Charakters als Parasiten sei schon in den Anfängen des Judentums angelegt, sei gleichsam der Kern des im Lauf der Zeit biologisch-habituell entwickelten jüdischen Wesens. Die am Ende von Kuhn gegebenen Zitate[22] sind so geschickt ausgewählt und arrangiert, dass sie den Eindruck vermitteln, Causse sei im Gefolge von Ernest Renan[23] oder gar von Arthur de Gobineau[24] ein Vertreter des auch in Frankreich beheimateten Rassegedankens. Im letzten aus Causse angeführten Zitat ist in der Tat im Blick auf das jüdische Volk ausdrücklich von „Rasse" und „religiöser Tradition" die Rede: „Au moment où les bases élémentaire de la vie du peuple et de sa religion s'emblaient s'effondrer, le judaïsme allait quand même se maintenir, s'affirmer en face des gôyîm à la fois come race et come tradition religieuse."[25] Kuhn unterschlägt allerdings, dass Causse im weiteren Text diesen Satz mit der Bemerkung versieht: „encore plus de come tradition religieuse que come race."[26] Damit wird das Element der Rasse ausdrücklich relativiert und – was Kuhn gleichfalls nicht anführt – auf eine im Text vorher bereits gemachte Kennzeichnung der „évolution du judaïsme" als einer „passage d'un groupe ethnique à une de communauté religieuse"[27] zurückgegriffen. Mit seinem geschickten Arrangement wird Kuhn allerdings der Intention der rezensierten Arbeit nicht gerecht. Dass er diese 1939 in einer renommierten Fachzeitschrift veröffentlichte Anzeige 1952 nicht in seine Bibliographie aufgenommen hat, verwundert angesichts dessen nicht. Kuhn bewegt sich auch hier akademisch stilisiert im Fahrwasser antisemitischer Rassenideologie.

---

21 Ebd. 183.
22 Kuhn, ebd. 508.
23 Renan (1883); dazu s. Sand (2009).
24 Trey (2014).
25 Causse, ebd. 194.
26 Causse, ebd., 194.
27 Ebd.

5. Gutachten 1937–1944

Neben seinen Aufgaben als Dozent in Tübingen, seiner Beteiligung an Tagungen und Projekten der Forschungsabteilung „Judenfrage" des Reichsinstituts für Geschichte des neuen Deutschlands sowie weiterer Vortragstätigkeit ist Kuhn von Amts wegen auch als judaistischer Fachmann herangezogen worden. In welchem Umfang lässt sich allerdings nicht mehr genau sagen. Bislang nachgewiesen sind drei Fälle.

5.1 Paul Fiebig, „Talmud-Zitate" und „Neues Testament und Nationalsozialismus" (1937)

Die vom Präsidenten der Reichsschrifttumskammer[1] erbetene Stellungnahme zu zwei von dem Leipziger Neutestamentler Paul Fiebig verfassten Schriften: „Talmud-Zitate" (zur Publikation angemeldet) und „Neues Testament und Nationalsozialismus" ist – soweit bekannt – die einzige Äußerung Kuhns zu Veröffentlichungen, die im Umfeld der NS-hörigen Deutschen Christen entstanden sind.

Der Autor Paul Fiebig[2] (1876–1949), ursprünglich in dem in Leipzig angesiedelten, judenmissionarischen Institutum Judaicum Delitzschianum tätig, lange Zeit in engem Kontakt zu Juden und Judentum stehend, sogar an Aktionen des Vereins zur Abwehr des Antisemitismus beteiligt[3], ähnlich Kuhn judaistisch gebildet, mit Veröffentlichungen zum Talmud und zu anderen rabbinischen Quellen hervorgetreten[4], hatte sich nach 1933 in fortgeschrittenem Alter zu einem bekennenden Antisemiten deutsch-christlicher Prägung und glühenden Hitler-Verehrer entwickelt und war öffentlich und publizistisch entsprechend aufgetreten.[5] Da er für NS-Kreise kein unbeschriebenes Blatt war – eine seiner früheren Publikationen zum Talmud stand in der „Liste des schädlichen und unerwünschten Schrifttums"[6], – hat er sich selbst bemüht, gegen ihn möglicherweise bestehende Vorbehalte auszuräumen, und der Reichsschrifttumskammer zwei Schriften zur Prüfung eingesandt. Dem üblichen

---

1 Brief Präsident der Reichsschrifttumskammer 4.1.1936.
2 Dazu s. H. P. Rüger (1961); Wassermann (2006).
3 Suchy (1985); s. Fiebig (1921).
4 Bautz (1990).
5 Mitarbeiter im „Institut zur Erforschung und Beseitigung des jüdischen Einflusses auf das deutsche kirchliche Leben" in Eisenach.
6 Erwähnt in Brief Präsident Reichsschrifttumskammer 4.1.1936.

Verfahren entsprechend war zunächst dazu das Ministerium für kirchliche Angelegenheiten eingeschaltet und um eine Stellungnahme gebeten worden, die auch prompt mit dem Vermerk erfolgte, vom kirchenpolitischen Standpunkt gebe es keinen Anlass zur Beanstandung. Dem zuständigen Referenten der Reichsschrifttumskammer war das freilich nicht ganz geheuer. Er regte ein weiteres Gutachten an. Dafür wurde Kuhn ausersehen und beauftragt, zu klären „ob der Inhalt der beiden Schriften wissenschaftlich haltbar ist."[7] Die damit gestellte Aufgabe war auf Kuhn zugeschnitten, aber es bedurfte der Nachfrage[8] nach einem halben Jahr, bis Kuhn ein Gutachten erstellte.[9] Dieses umfasste anderthalb Seiten und lässt Zeichen eilfertiger Herstellung und persönlicher Zurückhaltung erkennen.

Im Vordergrund steht mit der Schrift „Talmudzitate" eine Abhandlung Fiebigs, in der dieser zur problematischen, weil textlich oft unzureichenden Verwendung von Talmudzitaten in antisemitischen Publikationen Stellung nimmt, ein Sachverhalt, zu dem Fiebig sich bereits 1921 in einer namentlich gegen den antisemitischen Klassiker von Theodor Fritsch „Handbuch der Judenfrage" gerichteten Abhandlung geäußert hatte.[10] Hier ist Kuhn in seinem Element. Fiebig wird die richtige Absicht bescheinigt, „die in der Literatur in Zeitungen und Broschüren immer wieder angeführten Talmud- und Schulchan aruch-Stellen in ihrem genauen Wortlaut und Sinn und ihrer [antisemitischen] Verwertbarkeit autoritativ"[11] festzustellen. Da auch die „Übersetzungen im wesentlichen durchaus richtig sind", bestehen „gegen diese Schrift Fiebigs als solche daher keine Bedenken."[12] Dennoch wird „der wissenschaftliche Wert der Arbeit" als „sehr gering" eingestuft und vermerkt, dass „die Fiebigsche Schrift" ihre „Aufgabe n i c h t wird erfüllen können."[13] Dem folgt unvermittelt der Hinweis, dass „dafür Sorge getragen werden müsste, dass die mannigfachen Bezugnahmen auf den Nationalsozialismus darin getilgt werden, obwohl sie sicherlich bei Fiebig ehrliche Überzeugung sind."[14] Worum es Kuhn hier geht, bleibt allerdings unklar. Die dazu angeführten Beispiele lassen nicht erkennen, ob er die von Fiebig als Deutscher Christ zur Schau gestellte Position theologisch beanstandet oder NS-ideologisch hinterfragt. Kuhn hält sich hier deutlich bedeckt.

Ähnlich verhält sich Kuhn im Blick auf die zweite Schrift Fiebigs „Neues Testament und Nationalsozialismus"[15]. Auch diese 70 Seiten umfassenden Broschüre,

---

7 Ebd.
8 Brief Reichsschrifttumskammer 13.7.1937.
9 Ausgefertigt am 18.7.1937.
10 S. Fiebig (1921).
11 Kuhns Gutachten, s.u. 10. Dokumente 1.
12 Ebd.
13 Ebd.
14 Ebd., 2.
15 Fiebig (1935), 19–29.

ein Paradestück deutsch-christlich orientierter Theologie mit ihrer „bis ins einzelne durchgeführten Parallelisierung des Führers Adolf Hitler und Jesu Christi"[16] vermag Kuhn wenig abzugewinnen. Er beschränkt sich auf die Feststellung: „Wissenschaftlich ist die Schrift nicht, politisch gibt sie zu Bedenken keinen Anlass", und spitzt sein Urteil dann zu mit der Bemerkung, das Ganze sei „sowohl für nationalsozialistisches wie auch für christliches Empfinden gleichermaßen geschmacklos."[17] Damit hat Kuhn Fiebig erledigt, ohne selbst wirklich Position zu beziehen. Namentlich die langen Ausführungen Fiebigs zum Rassegedanken und zur Herkunft Jesu, in denen an dessen jüdischer Abstammung fest gehalten wird, bleiben ausgespart. Offenkundig ist, dass Kuhn hier bemüht war, sich im Blick auf sein eigenes Verhältnis zwischen angestammter Christlichkeit und angenommener nationalsozialistischer Ideologie aus der Affäre zu ziehen.

5.2   Gerichtsverfahren wegen „Rassenschande" (1938)

Die zweite Stellungnahme als „judaistischer Fachmann" in staatlichem Auftrag stellt ein Gutachten dar, das Kuhn 1938 als Sachverständiger in „Judensachen" im Rahmen eines beim Landgericht Hildesheim anhängigen Gerichtsverfahrens wegen „Rassenschande" erstattet hat. Dieses Gutachten ist bezeichnender Weise von ihm selbst an keiner Stelle zur Sprache gebracht worden, weder im Rahmen seiner 1948 in Tübingen und Stuttgart durchgeführten Entnazifizierung, noch an anderer Stelle. Der betreffende Sachverhalt kam nur durch Zufall 2008 ans Licht. Er wurde entdeckt von Dr. Manfred Grieger, dem damaligen Leiter der historischen Kommunikation der Volkswagen AG, Wolfsburg, in den Prozessakten eines 1891 in russisch-Polen geborenen Faybusch Itzkewitsch, der 1915 als Kriegsgefangener nach Deutschland verschlagen worden war und sich seither hier aufhielt.[18] Dieser war – seit 1922 in einer eheähnlichen Beziehung lebend, aus der ein 1923 geborener Sohn hervorging – im Juli 1937 auf Grund der Denunziation eines Arbeitskollegen verhaftet und gemäß dem im September 1935 auf dem 7. Reichsparteitag in Nürnberg beschlossenen „Gesetz zum Schutze des deutschen Blutes und der deutschen

---

16 Kuhn, ebd.
17 Kuhn ebd.
18 Nach ersten Hinweisen auf einer Tagung des Arbeitskreises Geschichte der Juden der Historischen Kommission für Niedersachsen und Bremen (Grieger 2009a) hat Herr Grieger ausführlich berichtet in der Zeitschrift „Tribüne" (2009b), 131–138: „Verfolgung des langjährigen Nachbarn. Der Mord an Faybusch Itzkewitsch im Juli 1941". Ich danke ihm darüber hinaus für die weitere ausführliche, schriftliche und mündliche Unterrichtung, sowie auch für die Einsicht in die von ihm im Niedersächsischen Hauptstaatsarchiv (NdsHStA) aufgespürten Akten des Gerichtsverfahrens.

Ehre"[19] wegen „Rasseschande"[20] angeklagt worden. Das beim Landgericht Hildesheim anhängige Verfahren zog sich mehrere Monate hin. Das Gericht sah sich auf Grund der Einlassungen des Angeklagten genötigt, zu klären, ob er überhaupt Volljude sei oder, wie vom ihm selbst behauptet, Mischling. Das dazu am 27.12.1937 um Amtshilfe gebetene „Rassenpolitische Amt" bei der Reichsleitung der NSDAP hatte dafür am 14.1.1938 den „Pg. Rechtsanwalt Hermann Schroer" (Düsseldorf)[21] als "geeigneten Sachverständigen", benannt, gab aber zugleich den Rat, sollte dieser nicht zur Verfügung stehen, sei es sinnvoll, sich „an die Forschungsabteilung ‚Judenfragen' des ‚Reichsinstituts des neuen Deutschlands' [sic] München, oder an das Kirchenministerium zu wenden."[22] Der Vorsitzende der Großen Strafkammer des Landgerichts Hildesheim richtete daraufhin am 24.1.1938 – ob unter Umgehung von Schroer oder nach dessen Absage ist unklar – eine entsprechende Anfrage an das Reichsinstitut und erhielt von dort am 27.1.1938 den Hinweis, „dass Herr Universitätsdozent Dr. Karl Georg Kuhn, Tübingen ... für die in Betracht kommenden Fragen sachverständig ist."[23] Die daraufhin am 29.1.1938 erfolgte Ladung Kuhns wurde von diesem am 7.2.1938 zunächst abschlägig beantwortet mit dem Vermerk, er sei zwar „sachverständig ... für die Geschichte des Judentums (besonders im Altertum), für talmudische Literatur und für das talmudische und mittelalterliche jüdische Recht", über spezifisch technische Fragen, wie z. B. „in der Praxis des heutigen Ostjudentums der Eintritt eines Nichtjuden in das Judentum erfolgt und registriert wird", darüber könne er „aus eigener Sachkenntnis nicht aussagen."[24] Mit dieser Absage kam Kuhn allerdings nicht durch. Was nicht verwundert, hatte er sie doch selbst am Ende eingeschränkt mit dem Nachsatz „Falls ich von Ihnen keine weitere Nachricht mehr erhalte ... ".[25] Kuhn wurde am 9.2.1938 zunächst aufgefordert, sich schriftlich zu den ihm gestellten Fragen zu äußern, und am 12.2.1938 auf den für den 18.2. angesetzten Gerichtstermin nach Hildesheim einbestellt. Gleiches geschah mit dem als medizinischem Gutachter (zur Frage von Beschneidungsmerkmalen) geladenen Direktor des Instituts für gerichtliche Medizin der Universität Göttingen, Dr. Philipp Schneider[26]. Beide folgten dieser Ladung und räumten die beim Gericht u.U. bestehenden Zweifel aus, den inhaftierten Faybusch

---

19 Walk (1996), 127: I, 637.
20 Zu dem 1935 erlassenen „Blutschutzgesetz" und seiner Anwendung s. Adam (1972); Przyrembel (2002), 126–149 (Genese), 210–222 (Denunziationen), 346–357 (Experten vor Gericht).
21 Zufälligerweise der Autor der von Kuhn verrissenen Darstellung jüdischen Eherechts, s.o. 4. Rezensionen 1.
22 Berlin, 21.1.1938: NdsHStA, Hann.171a Hildesheim 105/80 Nr. 48 Bl. 91.
23 München, 27.1.1938: ebd. Bl. 95.
24 Tübingen, 7.2.1938: ebd. Bl. 100f.
25 Ebd. 101.
26 Schriftl. Gutachten, Göttingen, 30.11.1937: ebd. Bl. 74–79. – Zur Biographie s. Klee (2003), 553a.

Itzkewitsch als „Volljuden" zu klassifizieren.[27] Wie in der Urteilsbegründung ausdrücklich festgehalten wird[28], waren dabei Kuhns Darlegungen für die dem Urteil zugrundeliegende Beweisführung zum strafrechtlich ausschlaggebenden Status des Angeklagten entscheidend. Die von ihm anfangs gegenüber dem Gericht geäußerte, fehlende fachliche Zuständigkeit[29] spielte keine Rolle mehr, um durchaus mögliche Einschränkungen in der Beurteilung zu Gunsten des Angeklagten einzubringen.

In diesem Fall betätigte Kuhn sich als gefügiger Gehilfe und Handlanger der rassisch orientierten NS-Justiz. Ein Sachverhalt, den er nach 1945 tunlichst verschwiegen hat, und ein Vorgehen, dem er mehrfach im Blick auf seine Verstrickungen in das NS-Unrechtssystem gefolgt ist.

Dass der Angeklagte in dem betreffenden Verfahren zu einer relativ geringen Strafe – Gefängnishaft von einem Jahr und drei Monaten unter Anrechnung der Untersuchungszeit – verurteilt wurde, ist nicht Kuhn zu verdanken, sondern einem Richter, der es gewagt hat, sich eines schärferen Urteils zu enthalten.[30]

Der Angeklagte kam nach Verbüßung der Haft am 12.10.1938 allerdings nicht frei, sondern wurde, weil Ausländer ohne feste Staatsangehörigkeit, zunächst „auf unbestimmte Zeit zur Durchführung der Verweisung in das Konzentrationslager Buchenwald/b.Weimar überführt". Da alle Versuche zur Auswanderung scheiterten, wurde Faybusch Itzkewitsch „am 15. Juli 1941 in die ,Heil- und Pflegeanstalt' Sonnenstein ins sächsische Pirna überstellt, wo er zusammen mit 92 anderen KZ-Häftlingen kurz nach seiner Ankunft in der dortigen Gaskammer Opfer der berüchtigten 14f13-Tötungsaktion wurde"[31]. Dieses Ende geht nicht auf Kuhns Konto, darf aber nicht unterschlagen und vergessen werden.

5.3 „Rassenkundliche" Einordnung der Karäer (1942/1944)

Im dritten Fall, in dem Kuhn als „Fachmann in Judensachen" amtlich mit seiner Expertise gefragt war, geht es gleichfalls um ein rassenkundliches Gutachten. In diesem Fall geht es um die rassische Zuordnung der Angehörigen einer kleinen, religiös als jüdische Sekte eingestuften Volksgruppe, der sogenannten Karäer, die seit dem 9. Jahrh. n.u.Z. im Vorderen Orient (Iran/Irak, Ägypten, Palästina) nachweisbar sind, seit dem 13./14. Jahrhundert auch auf der Krim sich niedergelassen haben sowie später darüber hinaus in der südlichen Ukraine, in Litauen und Po-

---

27 Schriftl. Gutachten, Tübingen, 10.2.1938: ebd. Bl. 102–105.
28 Urteil, Hildesheim 17.3.1938: NdsHStA, Hannover 86a Hildesheim 73/88 Nr. 310 Bl. 7.
29 S. Przyrembel (2002), 396ff.
30 Dazu s. Przyrembel (2002), 396ff.
31 Grieger (2009b), 137. – Ein kurzer Hinweis mit einem Foto findet sich bereits bei Stein (1999), 76f.

len heimisch wurden und nach dem ersten Weltkrieg auch in Westeuropa, neben Frankreich[32] auch in Deutschland, insbesondere in Berlin[33] lebten.

In der NS-Zeit gerieten die dazu gehörigen Familien zunehmend auch in das Visier der seit 1935 erlassenen NS-Rassengesetzgebung. Um dem zu entgehen, bemühten sie sich seit 1938 verstärkt darum, bei den dafür zuständigen Stellen – dem Reichsminister für kirchliche Angelegenheiten, von dort weitergeleitet zum zuständigen Amt für das Rassewesen in Berlin, der „Reichsstelle für Sippenforschung" – rassisch als Nicht-Juden tatarischer Herkunft anerkannt zu werden, wie das schon im zaristischen Rußland geschehen war.[34] Erstaunlicherweise hatten sie damit Erfolg, obgleich ein dazu eingeholtes Fachgutachten sich ausdrücklich dagegen ausgesprochen hatte.[35] Der anscheinend auf höchster Ebene im Reichsinnenministerium Ende 1938[36] zu ihren Gunsten zustande gekommene Beschluss lief auf eine Art Kompromiss hinaus. Auf der einen Seite wurde grundsätzlich festgestellt, „dass die Sekte der Karaimen" nicht „als jüdische Religionsgemeinschaft ... anzusehen" ist, zugleich aber vermerkt, dass die „rassische Einordnung" der einzelnen Karäer nicht nach ihrer Zugehörigkeit zu einem bestimmten Volke, sondern immer nur nach ihren persönlichen Abstammungsverhältnissen und „rassebiologischen Merkmalen" vorzunehmen sei.[37] Mit diesem Entscheid waren die Angehörigen der karäischen Gemeinden der NS-Judengesetzgebung zwar en bloc entzogen; im Einzelfall blieben sie indes je nach ihrer Art und Abstammung betroffen.

Dieser zweifellos weit reichende Beschluss blieb – obgleich auch von der Leitung der Reichsstelle für Sippenforschung[38] anerkannt – in der Folgezeit strittig und wurde faktisch auch keineswegs durchgehend beachtet. Insbesondere bei den 1940/41 im Zuge der Besetzung Litauens und der Ukraine sowie danach der Krim[39] von den SS-"Einsatzgruppen" gegen die dortige jüdische Bevölkerung durchgeführten Vernichtungsaktionen wurden mehrfach auch Mitglieder der karäischen Gemeinde erfasst. Ähnliches erfolgte im besetzten Frankreich.[40] Teils von karäischer Seite

---

32 Dazu s. Müller (2010), 135ff.
33 Zum geschichtlichen Hintergrund Friedman (1960); Szysmann (1983); Trevisan-Semi (1989); Schur (1992); Müller (2010); dies. (2011); Feferman (2011); Kizilov/Mikhaylova (2005); Kizilov, (2015).
34 Ausführlich beschrieben von Müller (2010), 131ff., 203f. (Literaturüberblick!) sowie Kizilov (2015), 297ff.
35 Stellungnahme Gerhard von Mende, „ein auf die Turkvölker der Sowjetunion spezialisierter Turkologe". (Müller [2010], 133).
36 22.12.1938; Text s. Müller (2010), 134. Zu den Motiven für das Interesse an den Karäern vgl. Morgenstern (2015), 78 Anm. 401.
37 Zitiert nach Müller-Sommerfeld (2011), 76, vgl. Anm. 58.
38 Entscheid vom 5.1.1939; dazu s. Müller (2010), 153; Kizilov (2015), 299f.
39 Loewenthal (1951); Green (1984); Kizilov (2015), 306.
40 Dazu s. Green (1979); Trevisan-Semi (1990); Papen (1999), 31f; Müller (2010), 138ff.; Müller-Sommerfeld (2011), 77ff.

angestoßen[41], teils aber auch amtsintern betrieben[42], kam es 1942/1943 zu einer zwischen den zuständigen NS-Ämtern ausgetragenen Auseinandersetzung über die rassische Einstufung der Karäer.[43] Erst eine von dem Alfred Rosenberg unterstellten Reichsministerium für die besetzten Ostgebiete (MfdbO) erstellte Verfügung, die in einem Schnellbrief am 12.6.1943 an die Parteikanzlei in München, den Reichsminister des Inneren, das Reichssicherheitshauptamt, das Oberkommando der Wehrmacht sowie nachrichtlich an die Reichskommisariate Ostland und Ukraine, das Reichssippenamt und den Arbeitsbereich Ost der NSDAP übersandt wurde, beendete die Debatte mit der erneuten Feststellung der Einstufung der Karäer als nichtjüdisches Volk turko-tatarischer Herkunft.[44]

Dass auch Kuhn sich in diesem Zusammenhang betätigt hat, ist von ihm im Unterschied zum Fall des Faybusch Itzkewitsch nicht verschwiegen worden; im Gegenteil, er hat diesen Sachverhalt zum Anlass genommen, um sich und sein Verhalten in der NS-Zeit besonders hervor zu heben. In dem bei den Entnazifizierungskommissionen eingereichten Fragebogen findet sich dazu folgender Passus:

„Während des Krieges war ich Soldat. Nur einmal noch habe ich mich in dieser Zeit wissenschaftlich betätigt: Das Ostministerium forderte von mir ein Gutachten über die Karäer an, das ich während eines Sonderurlaubs im Jahre 1942 anfertigte. Die Karäer sind ein kleines Volk, das auf der Krim und in geringen Resten in Troki bei Wilna lebt. Religiös bilden sie eine schon seit mehr als tausend Jahren vom Judentum getrennte jüdische Sekte, in ihrem Volkstum und ihrer Sprache sind sie Tataren. Ich gab mein Gutachten dahin ab, dass die Karäer nicht als Juden sondern als Tataren anzusprechen sind. Nach allem, was ich jetzt über die Verhältnisse während des Krieges im Osten erfahre, ist mit Grund anzunehmen, dass mein Gutachten wesentlich zur Erhaltung dieses kleinen Volkes geholfen hat. Dieses Gutachten wurde 1944 angegriffen von einer Schriftstellerin Dagmar Brand, unter Zustimmung Rosenbergs und der Parteikanzlei, mit der Behauptung, die Karäer seien sogar ‚besonders gefährliche, weil getarnte Juden'. Ich habe dann in einem zweiten Gutachten nachgewiesen, dass diese Behauptung auf bewußten Fälschungen und Verdrehungen beruhten. Auch über diesen Vorgang kann ich die Briefbelege und Gutachten vorlegen. KG Kuhn."[45]

---

41 Müller (2010), 138f.
42 Ebd., 147ff.
43 Dazu s. Friedman (1960), 112f.
44 Kopie bei Müller (2010), 233ff. Unterzeichnet von Ministerialdirektor Georg Leibbrandt, dem Leiter der Hauptabteilung I Politik im RMfdbO; s. Friedman (1960), 114f., 87f. Der Schnellbrief wird auszugsweise zitiert bei Müller (2010), 156 Anm. 96. S.u. 10. Dokumente 7.
45 Anlage 2 zum Fragebogen, Bl. 4. StASi, Wü 13, T2 Nr. 2514/075 – online: https://www.landesarchiv-bw.de/plink/?f=6-632098-1; Bild 10 (zuletzt abgerufen 01.05.2021).

Diese Ausführungen über seinen Einsatz für die Karäer sind bei den Mitgliedern der Tübinger Entnazifizierungskommission natürlich gut angekommen. Sie wurden ohne Einschränkung als „glaubhafte Versicherung" eingestuft und in der Sache als Teil der „aktiven Widerstandshandlungen des Betroffenen gegen die nationalsozialistische Gewaltherrschaft"[46] bewertet; eine Einschätzung, die nicht nur Kuhn selbst gern verbreitet hat, sondern auch in seinem Umfeld betont aufgenommen worden ist.[47]

Die in der Einschätzung der Spruchkammer zum Ausdruck kommende Voreingenommenheit und Kenntnislosigkeit lassen sich kaum überbieten.[48] Dass Kuhn mit seinem Gutachten – wie er gegenüber der Stuttgarter Spruchkammer hat erklären lassen – „die Ausrottung dieses kleinen Volksstammes [der Karäer] im Zuge der Vernichtung des Judentum verhindert" hat[49] oder wesentlich daran beteiligt war, trifft nicht zu. Wie die inzwischen namentlich von Müller-Sommerfeld zusammengetragenen und ausgewerteten Unterlagen zeigen, war Kuhn keineswegs der erste oder gar einzige, der von Amts wegen als Gutachter zur rassischen Zugehörigkeit der Karäer beauftragt wurde und sich dazu geäußert hat. Die zuständigen Stellen von Staat und Partei hatten zur Klärung dieser Frage eine ganze Phalanx von Fachleuten unterschiedlichster Prägung herangezogen. Dazu gehörten jüdische Wissenschaftler im besetzten Osteuropa[50], Vertreter der beteiligten und weiterer NS-Institutionen[51], ferner auch weitere Experten russischer, französischer und deutscher Provenienz.[52] Dass Kuhn mit seiner Einstufung der Karäer als nichtjüdische Gruppierung eine besonders herausragende Rolle gespielt hat, ist aus den vorhandenen Unterlagen nicht zu entnehmen.[53] Ebenso wenig kann davon die Rede sein, dass er sich in diesem Fall bewusst gegen das NS-System gestellt habe und

---

46 S. Spruch Tübingen: StASi Wü 13 T2 Nr. 2657/250, Bl. 13.
47 Vgl. Jeremias (2008), 306, der dieses Gutachten als das „stärkste Argument" für Kuhns dem NS-System gegenüber widerständige Haltung bezeichnet.
48 Dazu s. Müller (2010), 158.
49 Spruch Stuttgart; s. StALbg. AZ. EL 902/20 Bü 51718Bl. 3.
50 Müller (2010) nennt Zelig Kalmanovitch (Vilna), Majer S. Balaban und Jitzchak Shipper (Warschau) sowie Jakob Schall (Lemberg), ebd. 151f.
51 Im Sommer 1942 beauftragte Erhard Wetzel, der „Judensachbearbeiter" in der Politischen Abteilung des RMfdbO seinen Referenten Günther Holtz mit weiteren Untersuchungen, in die dann auch Kuhn einbezogen wurde. S. Müller (2010), 155.
52 S. von Papen (1999b), 31f.
53 Womöglich hat Kuhn seine Beurteilung Dr. Holtz auch nur im Gespräch in Stuttgart zur Kenntnis gegeben. S. Anlage zu dessen vorläufiger Stellungnahme Dokumente 4. Wenn es ein eigenes Gutachten Kuhns gab, wieso hat er es in den Spruchkammerverfahren nicht vorgelegt? Erschreckend ist in jedem Fall, dass Kuhn sich nicht auf die Karäer beschränkt hat, sondern das Vorbringen rabbinischer Ostjuden, sie stammten von „nichtjüdischen Chasaren" ab, ausdrücklich abweist. Ist ihm bewusst gewesen, dass er mit seiner Beurteilung diese „Ostjuden" im Jahre 1942 dem Tod überantwortet? (UK-16.6.2021 nach Mitteilung des BABe zu Akte R 1509/1152) Vgl. zu Chasaren Sand (2010),

„mit seiner Expertise, die die Karäer zu Nichtjuden erklärte", entscheidend „zum Überleben dieser jüdischen Gruppe" beigetragen habe. Kuhn lag mit der von ihm in der Sache vertretenen Position ganz auf der Linie, die bereits 1938 NS-amtlich vertreten worden war und später auch von den zuständigen NS-Behörden, dem Reichssippenamt und dem RMfdbO, bestätigt wurde. Die meisten Gutachter sind zu dem gleichen Ergebnis gekommen wie Kuhn.[54]

Auch Kuhns zu seiner Profilierung angeführter zweiter Hinweis, er sei wegen seines Votums in der Karäerfrage 1944 von einer umtriebigen, NS-hörigen Schriftstellerin angegriffen worden und dies sei „unter Zustimmung von Alfred Rosenberg und der Parteikanzlei" erfolgt[55], trifft so nicht zu. Tatsache ist, dass die Schriftstellerin Dagmar Brandt-Krüger[56] die 1943 erfolgte „offizielle Anerkennung der Karäer als Turktataren" und ihre Einstufung als Nichtjuden zum Anlass genommen hatte, eine „regelrechte antikaräische Kampagne"[57] zu starten mit dem Ziel, diese amtliche Entscheidung rückgängig zu machen. Ihr Versuch, damit in der Presse zu landen, misslang[58] zwar, aber sie brachte es fertig, sich in einem längeren Brief an Hitler selbst zu wenden[59] und unter dem Titel „Die Karäer. Von der interessanten ‚Volkwerdung' einer jüdischen Sekte" ein Exposé einzureichen, in dem dieselben als besonders gefährliche, „weil getarnte Juden" dargestellt werden.[60] Kuhns Gutachten kam – anders als von ihm selbst dargestellt – in diesem Vorgang gar nicht vor, geschweige denn er selbst ins Visier. Erst in einem Nachspiel wurde Kuhn mit dem ganzen Vorgang konfrontiert.

Ende Juli 1944 erhielt er – ebenso wie der als DC-Theologe bekannte, damals in Bonn lehrende Alttestamentler und Religionswissenschaftler Anton Jirku[61] – ein vom Hauptstellenleiter des rassenpolitischen Amtes der NSDAP Dr. Wetzel[62]

315–351; zur Karäerfrage Morgenstern (2015), 78, Anm. 401. Zu einem ablehnenden Gutachten Kittels über iranische Juden in Paris s. Gailus/Volnhans (2020), 245.

54 Wenn jemand „wesentlich", wie Kuhn es für sich in Anspruch genommen hat, zur Rettung der Karäer beigetragen hat, dann Leibbrandt. S. dazu Müller (2010), 160 Anm. 109 sowie 161 Anm. 110.

55 Anlage 2 zum Fragebogen, Bl. 4 Spruchkammer Tübingen; wörtlich übernommen im Spruchkammerurteil Tübingen, Bl. 13 (StASi Wü 13 T2 Nr. 2657/250). online: https://www.landesarchiv-bw.de/plink/?f=6-632098-1.

56 Autorin eines völkisch-antisemitisch geprägten Romans mit dem Titel „Gardariki".

57 Müller (2010), 158.

58 Friedman (1960), 113f.

59 Brief vom 11.5.1943, teilweise abgedruckt bei Friedman (1960), 114. Der vollständige Text findet sich CDJC, Paris, CXLVa-16 (nicht 76, so Friedman) als Teil der Sammlung RG-43.145 (Nürnberg-Arch.).

60 Ebd. Von Theißen (2009), 42, der auf die Rolle von Frau Brandt in diesem Zusammenhang nicht eingegangen ist, wird diese Aussage unzutreffend dem rassenpolitischen Amt der NSDAP zugeschrieben.

61 S. Alwast (1992).

62 Dr. Erhard Wetzel war einer der Hauptbeteiligten an den rassenpolitischen Entwürfen und Maßnahmen des NS-Staats, s. Klee (2003) 673.

ausgefertigtes Schreiben, in dem er unter Verweis auf sein 1942 abgegebenes Gutachten ersucht wurde, seine „Meinung zu der Auffassung von Frau Brandt" über die Karäer mitzuteilen, und deren „Abhandlung auch einer wissenschaftlichen Kritik (zu) unterziehen".[63] Das war zweifellos eine Herausforderung, enthielt indes keine gegen Kuhn selbst gerichtete Spitze. Auch aus dem Umstand, dass in dem Brief ausdrücklich erwähnt wird, der Roman der Frau Brandt habe „das größte Interesse des Führers erregt" und „auch die Parteikanzlei und Reichsleiter Rosenberg" hätten sich „lobend" dazu geäußert, lässt sich keine Kritik an Kuhn ableiten. Die Anfrage Wetzels, der zugleich leitend im Reichsministerium für die besetzten Ostgebiete (RMfdbO) fungierte, war insgesamt vertraulich, ohne jede Schärfe gehalten. Kuhn, gerade vom Wehrdienst freigestellt und dadurch politisch ausgezeichnet[64], zeigte keine Scheu, sich dieser Aufgabe zu stellen und lieferte Mitte November 1944 einen vierseitigen Bericht[65] ab.

Darin wird sowohl die jüngste Veröffentlichung von Dagmar Brandt über die Karäer und ebenso ihr umfangreiches Romanwerk ähnlich wie die Arbeit von Schroer über den Schulchan Aruch[66] einer vernichtenden Kritik unterzogen und an Hand von zahlreichen Beispielen wissenschaftlich als völlig unqualifiziert, methodisch unzureichend und sachlich fehlerhaft dargestellt. In einem beigelegten Anschreiben weist Kuhn ausdrücklich darauf hin, dass „die seinerzeit von Pg. Dr. Günther Holtz in Zusammenarbeit mit mir durchgeführten Untersuchungen zur Karäerfrage und ihr Ergebnis" „durch diese schriftstellerische Tätigkeit von Frau Dagmar Brandt überhaupt nicht berührt" werden.[67] Kuhns Gutachten hat ihm von Amts wegen keinerlei Kritik eingebracht. Im Gegenteil, das in der Sache zuständige Sonderdezernat „Rassenpolitik" des RMfdbO sah sich durch Kuhn bestätigt und teilte – zumal der Zweitgutachter Jirku ähnlich votiert hatte[68] – der Kanzlei des Führers, die auf Grund des an Hitler gerichteten Briefes interveniert hatte, kurz und bündig mit: „Die Ausführungen der Frau Krüger sind weder rassisch noch politisch haltbar."[69] So blieb die bereits 1938 erlassene Verfügung über die rassische Einordnung der Karäer als Nichtjuden in Kraft.

---

63 Brief Wetzel 26.7.1944[verbessert aus 48] s. Fragebogen Anlage 4, Bl. 30 Tübingen, ebd.
64 S.o. 2.3. vgl. Anm. 91.
65 Gutachten über den als Manuskript vorgelegten Aufsatz von Dagmar Brandt (Krüger), Die Karäer, Eine jüdische Sekte tarnt sich zu einem turc-tartarischen Volk." Spruchkammer Tübingen ebd. Anl. 2, Bl. 24–27. S.u. 10. Dokumente 1.
66 S.u. 4. Rezensionen 1.
67 Brief Kuhns aus Tübingen 15.11.1944, Spruchkammer Tübingen ebd., Bl. 29.
68 Brief Berlin 28.8.1944, s. Müller (2010), 204.
69 Friedman (1960), 114.

Genau besehen sind Kuhns Behauptungen, er habe mit diesem Gutachten Menschenleben gerettet[70] und er sei nur „infolge des Zusammenbruchs"[71] dafür nicht belangt worden, zumindest übertrieben, teilweise willkürlich. Er hat sie in seinem Entnazifizierungsverfahren erfolgreich eingesetzt. In den ihm gewidmeten Nachrufen und Rückblicken gilt das Gutachten über die Karäer als „das stärkste Argument"[72] für seine angeblich politisch oppositionelle Haltung.[73]

---

70 Theißen (2009, 42); Morgenstern (2015), 78.
71 Spruchkammer Tübingen ebd.
72 So Jeremias (2008), 306.
73 Dem zu folgen und Kuhn an dieser Stelle „eine Art humanitäre Motivation" zu bescheinigen", wie Morgenstern (2015) ebd. das tut, entspricht schwerlich den wirklichen Zusammenhängen.

6. Sonderauftrag 1940 – Jüdische Gemeinde Warschau

Ein weiteres Feld Kuhnscher Aktivitäten als Sachverständiger in „Judensachen" eröffnet sich mit seinem Auftreten im besetzten Warschau. Auch darüber hat er von sich aus nie etwas verlauten lassen. Der Sachverhalt ist indes in einer polnischen Quelle verzeichnet, in dem den Zeitraum von 1939 bis 1942 umfassenden Tagebuch von Adam Czerniaków[1], dem ersten Vorsitzenden des Ende September 1939 von der SS für Warschau eingesetzten 24-köpfigen Judenrats. Das von seiner Frau gerettete Dokument jüdischer Zeitgeschichte, das erstmals 1968 in hebräischer Übersetzung, danach 1972 und 1983 im polnischen Originaltext veröffentlicht wurde[2] und erst 1986, also nach Kuhns Tod, auch in deutscher Übersetzung[3] zugänglich wurde, erwähnt an drei Stellen den Tübinger Dozenten Dr. Kuhn:

„6.VI. 1940 … morgens Dr. Kuhn, ein Dozent aus Tübingen. Gespräch mit Prof. Balaban über archivalische und biblische Themen. Er besichtigt das Archiv. Das Museum wurde geöffnet – die Sammlungen und Vitrinen sind weg."[4] „7.VI. 1940 … morgens Gemeinde. Mende und Dozent Kuhn haben die Danziger Truhe geöffnet. Nur Akten ohne Bedeutung."[5] -
„21.6.1940 … Balaban und Weisberg (Judaistische Bibl[iothek]) wurden wegen jüdischer Bücher in die Szucha-Allee[6] zitiert. Auch Dozent Kuhn suchte nach jüdischen Büchern."[7]

Kuhn war also Mitte 1940 in Warschau. 1940, das ist die Zeit, da die deutschen Behörden im besetzten Polen allgemein damit begonnen hatten, zur Überwachung der jüdischen Bevölkerung „Judenräte" einzusetzen, die ersten Maßnahmen zur Beschlagnahme des jüdischen Gemeinde- und Privateigentums erfolgten und die

---

1 Zu seiner Person s. Reich-Ranicki (2012), 243–252. Als die NS-Besatzer im Juli 1942 die Deportation aller Juden aus dem Warschauer Ghetto bekannt gaben und von Czerniaków auch die Herausgabe von Kindern verlangten, nahm dieser als letzte Möglichkeit des Widerstands sich am 23. Juli 1942 das Leben. S. Schallers Widmung zum Gedenken.
2 Eine englische Übersetzung wurde von Raul Hilberg/Stanislaw Staron/Josef Kermisz herausgegeben: The Warsaw diary of Adam Czerniaków. Prelude to doom, New York 1979.
3 Dazu s. Barkenings (1994), 114–118.
4 Czerniaków (1986), 78f.
5 Ebd., 79.
6 Szucha-Allee 25: 1939–1944 Hauptquartier des Sicherheitsdienstes und der Gestapo im Distrikt Warschau. Der frühere Verhörkeller ist heute Mahnmal und Teil des Warschauer Unabhängigkeitsmuseums.
7 Ebd., 84.

Planung zur Ghettoisierung der Warschauer jüdischen Bevölkerung in Gang gesetzt wurde. Wie lange Kuhn sich dort insgesamt aufhielt, geht aus diesen Einträgen nicht eindeutig hervor. Folgt man Czerniaków Angaben waren es zumindest 16 Arbeitstage.[8]

Die Notizen in Czerniakóws Tagebuch belegen für Juni 1940 einen „Besuch" Kuhns bei dem Vorsitzenden der Warschauer jüdischen Gemeinde sowie vermutlich auch im Hauptquartier der Gestapo im Gebäude des ehemaligen Ministeriums für nationale Bildung und Konfessionen in der Szuchastrasse. In die Jüdische Gemeinde kam Kuhn nicht als Privatmann. Das zeigen allein schon der als offizieller deutscher Begleiter genannte Gerhard Mende, seines Zeichens SS-Oberscharführer und Leiter des Judenreferats der Gestapo in Warschau[9] sowie der auf jüdischer Seite herbei „zitierte" Leiter des Archivs der Jüdischen Gemeinde Professor Balaban, eine international bekannte Koryphäe der polnisch-jüdischen Historikerzunft.[10] Inzwischen wurde entdeckt, dass Kuhns Besuch auch in dem von der Verwaltung der jüdischen Gemeinde herausgegebenen Nachrichtenblatt, der Gazeta Zydowska/Yudishe Tsitung vom 2.8.1940 ausdrücklich erwähnt wurde[11]. Auch in Kuhns Personalakte und anderen Unterlagen der Universität wurden weitere Belege gefunden.[12]

Kuhn war bei Kriegsbeginn noch nicht eingezogen worden.[13] Als Mitglied des Beirats der „Forschungsabteilung Judenfrage" beim „Reichsinstitut für Geschichte des neuen Deutschlands" blieb er zunächst UK-gestellt mit der Begründung, er sei „vor allem wegen seiner Sprachkenntnisse und wegen dringlicher Fortsetzung seiner Arbeiten besonders über die Ostjuden unentbehrlich."[14] In dieser Position kam er amtlich beauftragt ins besetzte Warschau. Seine Reise war eine Dienstreise, ihr Zweck zweifellos nicht nur die bloße Besichtigung der Bibliothek und des Museums der jüdischen Gemeinde, sondern die „Sicherstellung", genauer die Ausplünderung

---

8 S.o. 2.5. Nach der Anm. 150 genannten Quelle. bezog sich Kuhns Urlaubsantrag auf 4 Wochen. Er trat nach seinen Angaben im Stuttgarter Spruchkammerverfahren seinen Militärdienst am 20.6.1940 an.
9 S. Junginger (2011), 199, Anm. 86.
10 Über ihn s. Gotzen-Dold (2014).
11 S. den Vermerk in Engelking, Barbara/Leociak, Jacek (2009), 174: "'The commune archive was set up with the permission of the authorities. ... Docent Dr. Kuhn visited the archive as a representative of the authorities' CGZ, 2. August 1940."
12 S. Junginger (2011), 199 Anm. 84.
13 Dies geschah erst zum 1.7.1940, s.o. 2.5.
14 So Kuhn in Brief vom 2.2.1941 an Dekan der Phil. Falk. Weber; s. Akten Dekanat UAT 131/128 (124).Als das REM am 14.3.1940 Kuhns Rückstellung beantragte, war bereits von der Absicht des Reichsinstituts die Rede, Kuhn zu einer „Studienreise" nach Polen zu entsenden, „da das ostjüdische Problem in Zukunft nie mehr in seiner bisherigen und in seiner jetzigen Gestalt erforscht werden kann". S. Junginger (2011), 198.

und Beschlagnahme ihrer Bestände. Als der Spezialist für Judenfragen, als Hebraist und Talmudist war Kuhn offenkundig involviert in die andernorts als „Osteinsatz"[15] getarnten Raubzüge, die neben privaten namentlich öffentlichen jüdischen Bibliotheken und Museen galten.[16] In dem von Kuhn dazu beim Tübinger Rektorat eingereichten Urlaubsantrag[17] wird zwar nur von einer „wissenschaftlichen Reise zum Studium des Ostjudentums im Generalgouvernement Polen"[18] gesprochen und auch in den darüber zwischen dem Reichsinstitut, dem Reicherziehungsministerium, dem Generalgouverneur für die besetzten polnischen Gebiete, dem Wehrmeldeamt in Tübingen Lustnau und der Tübinger Universität gewechselten Mitteilungen und Anträgen[19] ist nur von einer „Studienreise" die Rede, die dazu dienen soll, „das ostjüdische Problem zu untersuchen, ... solange dazu die Gelegenheit an Ort und Stelle günstig ist."[20] Alles typische Beispiele bürokratisch verschleiernder Sprache, ebenso auch der in diesem Zusammenhang[21] benutzte Begriff „Sicherstellung"[22]. De facto ging es um die Sichtung dortiger Bibliotheks- und Museumsbestände zum Zweck ihrer Beschlagnahme. Wie weit Kuhns „Besuch" in Warschau in dieser Hinsicht „Erfolg" hatte, ist indes unklar. Ein von ihm dazu angefertigter Bericht ist nicht erhalten.[23] Wahrscheinlich wurde er 1945 vernichtet wie das Gros der Akten und sonstigen Unterlagen des Reichsinstituts, insbesondere seiner Abteilung „Judenfrage".[24] Da auch von der Bibliothek der Forschungsabteilung „Judenfrage", die „bei Kriegsende etwa 35.000 Titel umfasst haben" soll[25], der Hauptbestand verschollen ist[26], lässt sich heute nicht mehr ermitteln, ob und in welchem Umfang überhaupt Warschauer Bestände dorthin gelangt sind. Möglicherweise hat Kuhn in Warschau in dieser Hinsicht nicht allzu viel, ja unter Umständen

---

15 Lehr (2007).
16 Vgl. dazu Borin (1993); Kuttner (2003), 1059–1064; ferner Heiber (1966), 437; Apenszlak, (1943 = 1995), 283–284; ferner Mezynski (2006), 89ff.
17 Dass er selbst bei der zuständigen Universitätsleitung die Genehmigung dazu eingeholt hat, ist schwerlich ein Beweis, dass es sich um ein privates Unterfangen gehandelt hat, so Jeremias, G. (2008), 303, der insgesamt bemüht ist, den von Kuhn selbst ja verschwiegenen Aufenthalt möglichst harmlos erscheinen zu lassen.
18 Antrag Kuhn 14.5.1940 (UAT 126a/284, fol. 38); s. Junginger (2011), 199 Anm. 84.
19 S. Junginger (2011), 198f.
20 S. ebd., 198.
21 So ausdrücklich der Dekan der Tübinger philosophischen Fakultät an den Rektor im Rückblick auf Kuhns Beurlaubung, s. Junginger (2011), 200 und Anm. 90; ferner Junginger (2006), Anm. 30, Anm. 32.
22 Vgl. Schmitz-Berning (2007), 571f.
23 Jeremias (2008), 303f.
24 Dazu s.o. 2.3., Anm. 59.
25 Kuttner (2003), 1060.
26 Ebd.

gar nichts ausrichten können. Nach dem „Blitzkrieg" gegen Polen war schon Ende 1939 ein „Einsatzkommando" des Reichssicherheitshauptamts unter Federführung des Berliner Prähistorikers Prof. Peter Paulsen[27] auch in Warschau tätig geworden und hatte u. a. die dortige Judaistische Hauptbibliothek bei der Großen Synagoge für das „Amt VII des RSHA" (Weltanschauliche Forschung und Auswertung) beschlagnahmt und weithin nach Berlin verbringen lassen.[28]

Unabhängig vom Ergebnis zeigt der offiziell als Studienreise deklarierte Aufenthalt Kuhns in Warschau, dass er als Sachverständiger in „Judenfragen" eingebunden war in die Plünderungs- und Raubaktionen an den jüdischen Bibliotheken und Museen im besetzten Polen, die seit 1939 planmäßig betrieben wurden und an denen neben der Forschungsabteilung Judenfrage in Walter Franks Reichsinstitut für Geschichte des neuen Deutschlands das von Alfred Rosenberg eingerichtete Frankfurter „Institut zur Erforschung der Judenfrage"[29] und vor allem das von Himmler und Heydrich gesteuerte Reichssicherheitshauptamt beteiligt waren. Dass Kuhn sich über seine Beteiligung an diesen Aktionen im Rahmen seiner Entnazifizierung ausgeschwiegen hat, kann nicht verwundern. Damit hätte er zu seinen Gunsten nicht punkten können. Sein Schweigen ist beredt und wirft die Frage auf, ob dies der einzige Einsatz dieser Art war. Dass in der Beurteilung seiner Tätigkeit durch den damaligen Dekan der philosophischen Fakultät im Plural von „Bibliotheken" gesprochen wird, könnte ein Hinweis in dieser Richtung sein[30]; das bleibt aber unsicher. Es könnten auch die verschiedenen vor Ort aufgesuchten Bibliotheken gemeint sein.

---

27 Zur Person s. Klee (2003), 452a.
28 Zu dem ganzen Komplex s. Mezynski (2006), 85–95.; ders. (2000).
29 Dazu s. Piper (2005), 477–508.
30 So ausdrücklich der Dekan der Tübinger philosophischen Fakultät an den Rektor im Rückblick auf Kuhns „Sonderauftrag". S. Junginger (2011), 200 und Anm. 90. Kuhns Einsatz in Warschau war den Verantwortlichen der Universität nicht nur bekannt. Er diente dem Dekan in dem zitierten Schreiben dazu, Kuhns anerkannte „Vorrangstellung unter allen Forschern" zu betonen und erneut auf die Errichtung einer „Professur zum Studium der Judenfrage" für Kuhn zu drängen. S.o. 2.5 Anm. 149.

7. Kuhns Bearbeitung und „Bewältigung" der NS-Zeit

7.1 Stationen der Entnazifizierung und Rehabilitierung (1945–1954)

Das Ende der NS-Herrschaft und des Krieges erlebte Kuhn zusammen mit seiner Frau und den Kindern in dem von Kriegswirren kaum berührten Tübingen. Wie an allen deutschen Universitäten wurde auch hier zunächst der Lehrbetrieb eingestellt, recht bald aber wurden von Seiten der zuständigen französischen Besatzungsbehörde erste Maßnahmen eingeleitet, um durch NS-Aktivitäten belastete Mitglieder des Lehrkörpers zu entfernen und NS-geschädigte wieder einzugliedern. Kuhn gehörte aktenkundig zur erstgenannten Gruppe. Im Juli 1945[1] wurde er vom Dienst suspendiert, nach der Wiedereröffnung der Gesamtuniversität[2] aber auf eigenen Antrag hin im Oktober vorläufig wieder eingestellt.[3] Die evangelisch theologische Fakultät gab ihm Raum, sich weiter als Fachmann für Hebräisch zu betätigen. Allerdings nicht auf Dauer. Im Februar 1946 wurde er von der französischen Militärregierung endgültig amtsenthoben[4], ohne Bezüge gelassen und sogar mit Ortsverbot belegt und in das entlegene Biberach ausgewiesen.[5] Wie in vergleichbaren Fällen vielfach geschehen[6], fand er unter dem Dach der Kirche wechselnde Beschäftigungsmöglichkeiten. Um im kirchlichen Dienst Fuß zu fassen, legte er das ihm fehlende kirchliche Examen ab und wurde dann namentlich im Bereich des Religionsunterrichts an Höheren Schulen eingesetzt.[7]

Wie alle Funktionäre und Mitglieder von NS-Organisationen musste auch Kuhn sich dem von den vier alliierten Mächten auf der Potsdamer Konferenz beschlosse-

---

1 Rektor UT an Kuhn 5.7.1945 (LkAS Personalakte Kuhn, Anl.7).
2 Die Wiedereröffnung der Tübinger Universität für alle Fakultäten datiert auf den 15.10.1945; in den beiden theologischen Fakultäten konnte der Lehrbetrieb aber bereits am 20.8.1945 wieder einsetzen; s. Pressemitteilung der Eberhard Karls Universität Tübingen, 5.8.2015.
3 Kuhn 12.9.1945 an Rektor UT, s. Mitteilung Rektor UT an Kuhn 18.10.1945 (LkAS ebd., Anl. 10).
4 Bescheinigung Rektor UT 6.2.1946 (LkAS ebd., Anl. 11). Dazu s. Zauner (2011), 78–87; Hinweis auf Kuhn: 83.
5 Verfügung Gouvernement Militaire du Wurtemberg, 5.2.1946 (LkAS ebd., Anl.13).
6 Die Zahl dieser Fälle ist Legion und betrifft nahezu alle evangelischen Landeskirchen; vgl. dazu Vollnhals (1989), 286f. Anm. 6. Beispiele u. a.: Karl Dungs, Rheinische Kirche; Walter Grundmann, Thüringische Landeskirche. Zu seiner Tätigkeit für das DDR-Ministerium für Staatssicherheit s. Bormann (2009).
7 Laut Ausführungen im Kuhn betreffenden Personalblatt des LkAS handelte es sich um Religionsunterricht an den Oberschulen in Tübingen zwischen 22.11.1948 und 12.4.1949.

nen Verfahren der sogenannten „Entnazifizierung"[8] stellen. Das Hauptverfahren fand in Tübingen, seinem Wohnsitz, unter der Oberaufsicht der französischen Besatzungsbehörde statt. Ein weiteres Verfahren erfolgte unter der Oberaufsicht der US-amerikanischen Besatzungsbehörde in Stuttgart, wo der Verleger von Kuhns Hauptwerk Sifre zu Numeri, Kohlhammer, seinen Sitz hatte.

Zu seiner Entlastung legte er jeweils ein umfängliches Dossier vor, in dem neben den eigenen, naturgemäß in erster Linie apologetischen Ausführungen vor allem auch eine ganze Reihe ihn unterstützender Gutachten enthalten waren.[9] Das Ergebnis war in beiden Fällen: Kuhn kam völlig „ungeschoren" davon. Die Stuttgarter Spruchkammer – bestehend aus dem Bankbeamten Rudolf Weiss als Vorsitzenden sowie dem „Privatmann" Wilhelm Doh und dem Elektromechaniker Herrmann Rössler als Beisitzer – folgte Kuhns Vorbringen. Sie stufte ihn am 21.9.1948 „in die Gruppe 5 der Entlasteten" ein und stellte in den „Schlussfolgerungen" betont Kuhns „Widerstand ... gegen die NS-Gewaltherrschaft" heraus.[10]

Die durchweg mit Angehörigen der Universität besetzte Tübinger „Spruchkammer für den Lehrkörper der Universität Tübingen" im „Staatskommissariat für die politische Bildung Tübingen Lustnau" unter Leitung des damals als Rektor amtierenden Juristen Walter Erbe reihte Kuhn ohne Gegenstimme[11] am 18.10.1948 in die Gruppe der „Entlasteten" ein und bescheinigte ihm in der Urteilsbegründung darüber hinaus „die Betätigung aktiven Widerstands gegen die antisemitischen Ziele des Nationalsozialismus".[12] Mit diesen Einstufungen, Beurteilungen und Feststellungen konnte Kuhn als völlig rehabilitiert gelten. Fortan sah er sich entsprechend in keiner Weise genötigt, sich zu seiner NS-Vergangenheit zu äußern, und konn-

---

8 Zur Einrichtung und den Verfahrensweisen der Entnazifizierung in den vier Besatzungszonen s. Taylor (2011), 351–390, zu den besonderen Verhältnissen unter der französischen Besatzung s. Wischnath (1998), 103–123; Paltscheck (2002), 393–408.

9 S.u. 7.2. Zum Vorbringen von Kuhns Anwalt in Stuttgart RA Fischer vom 17.8.1948 s. Anm. 52.

10 S. Spruch der Spruchkammer 7 Stgt. Feuerbach, Urschrift 21.9.1948, Bl. 3 [eigentlich 4] (Az. EL 902/20 Bü 51718 – auch online zugänglich http://www.landesarchiv-bw.de/plink/?f=2-1777222).

11 Das einzige Kommissionsmitglied, von dem eine Ablehnung zu erwarten gewesen wäre, war der Mathematiker Professor Erich Kamke (1890–1961), s. DBE 5, (1997), 419 sowie Mohr (2010). Dieser – selbst Opfer des NS-Regimes (dazu s. Rohrbach [1977], 81f.; Theissen [2009], 45 Anm. 74; Mohr [2010]) hatte im Frühstadium der Kommissionsarbeit sein Amt niedergelegt aus Protest gegen die sich dort abzeichnende Bagatellisierung der Tätigkeiten und Veröffentlichungen Kuhns im Dienst des NS-Regimes. Seine späteren Interventionen gegen die akademische Wiedereingliederung Kuhns blieben in Göttingen unbeachtet (s. Anm. 14 u. 15) und wurden bezeichnender Weise sogar noch mit dem Vorwurf der Gehässigkeit quittiert; s. Junginger (2011), 406. Vgl. auch Jeremias (2008), 306.

12 S. Staatskommissariat Tübingen-Lustnau, Spruch 18.10. 48 (StASi Wü 13 T2 Nr. 2657/250); Entscheidungsgründe Bl. 14.

te zudem durchaus damit rechnen, universitär wieder eingestellt zu werden. Das geschah auch recht bald.

Schon im Vorfeld des gegen ihn laufenden Verfahrens hatte es in der Göttinger Theologischen Fakultät Überlegungen gegeben, Kuhn für eine Diätendozentur zu gewinnen.[13] Die Möglichkeit dazu ergab sich durch die Berufung von Günther Bornkamm nach Heidelberg. Um die dadurch entstandene Lücke zu schließen wurde Kuhn für das Sommersemester 1949 zur Vertretung des frei gewordenen planmäßigen Extraordinariats für Neues Testament eingeladen.[14] Damit war ihm die Rückkehr in ein akademisches, universitäres Lehramt eröffnet. Dagegen erhobene Einwände[15] konnte er durch Vorlage des Tübinger Spruchkammerurteils beseitigen. Ab dem Wintersemester 1949/1950 erhielt er die Stelle[16] eines fest beamteten Diätendozenten für das Fach Neues Testament mit dem Recht, den Titel eines außerplanmäßigen Professors, der ihm 1942 mit der Zusicherung „des besonderen Schutzes des Führers" verliehen worden war, weiter zu führen.[17] Im Mai 1950 wählte die Gruppe der Nichtordinarien Kuhn als ihren Vertreter in den Fakultätsrat.[18] Als solcher nahm er mit Sitz und Stimme u. a. auch an den Verhandlungen teil, in

---

13 Dies geschah namentlich auf Anregung von Joachim Jeremias, der die ersten Schritte dazu schon vor der amtlichen Entlastung Kuhns unternommen hatte; s. Brief an den Dekan Iwand 25.8.1948: „Sehr dankbar bin ich ... für die freundliche Zusage, die Angelegenheit Prof. Dr. K.G. Kuhn im Auge zu behalten. Wir sollten nichts unversucht lassen, um diesen ausgezeichneten Gelehrten für uns zu gewinnen, möglichst auf eine Diätendozentur. Der Herr Rektor [Raiser] kennt Prof. Kuhn gut und wird gewiß den Plan unterstützen." (UAG Theol Pers 75) Zu Raiser und dem „Volkacher Bund" s. Anm. 47.

14 S. Protokollbuch der Theologischen Fakultät Göttingen 1930–1967: Sitzung 16.II.1949, Eintrag: „Ad 6) Es soll versucht werden, zur Vertretung in G. Herrn Dr. Kuhn – Tübingen zu gewinnen, jedoch ohne ihn für die Nachfolge Bornkamms in Aussicht zu nehmen." Am 1. Mai 1949 bat der Göttinger Dekan H.J. Iwand brieflich den Württembergischen Landesbischof Wurm um finanzielle Unterstützung für Kuhn. Er selbst wolle Professor Kamke aus Tübingen, der „wie mir Herr Kuhn sagt, ihn wie auch andere Kollegen seit Jahren mit seinem Haß verfolgt", bitten, „seine Beschwerde gegen Kuhn zurückzustellen und ihm zu ermöglichen, einen neuen Anfang bei uns zu gewinnen". (LKAST, Personalakte Kuhn)

15 Brief Prof. Kamke, Tübingen an Kultusminister Hannover und Rektor Uni Göttingen L. Raiser, 15.4.1949 (im Original fälschlich 1959) mit umfänglichen Hinweisen auf Kuhns Beteiligung an antijüdischen Maßnahmen, von Raiser mit Bezug auf den Vorsitzenden der Tübinger Spruchkammer, Prof. Erbe, in Schreiben vom 23.4.1949 an Nieders. Kultusminister zurückgewiesen. (UAG Theol Pers 75).

16 Antrag Dekan Theol. Fak. Iwand an KuMi Hannover 3.3.1949, die frei gewordene Diätendozentur an Kuhn zu übertragen.

17 Von einer erneuten Ernennung zum apl. Prof. kann nicht die Rede sein (so Kuhn selbst in seiner Antrittsrede vor der Heidelbrger Akademie der Wissenschaften und zuletzt wieder Morgenstern [2015], 79). Kuhn durfte den 1942 erhaltenen Titel weiter führen, ungeachtet der Umstände seiner 1942 erfolgten Verleihung. S.o. 2.3 Anm. 63.

18 Nach Vermerk auf der Einladung zur Sitzung der Nichtordinarien am 27.5.1950, UAG.

denen die Theologische Fakultät sich mit den Anträgen beschäftigte, die ehemalige, wegen ihrer NS-Zugehörigkeit ausgeschiedene Fakultätsangehörige zum Zweck der Wiedereingliederung gestellt hatten.[19] Vom Wintersemester 1950/51 bis zum Sommersemester 1951 nahm Kuhn – von Göttingen beurlaubt – Lehrstuhlvertretungen für Neues Testament an der Mainzer Theologischen Fakultät wahr.[20] Die zunächst vorhandene Aussicht, dort bei der Neubesetzung zum Zuge zu kommen, zerschlug sich dann freilich[21], so dass er wieder nach Göttingen zurück kehrte, seine Lehrtätigkeit erneut aufnahm und wie bisher auch seine Funktion als Vertreter der Nichtordinarien im Fakultätsrat wahrnahm. Wissenschaftlich wurde er zunehmend national und ebenso international bekannt durch bahnbrechende Forschungen im Zusammenhang der seit 1946 im Bereich der Wüste Juda entdeckten Textrollen.[22] 1954 wurde er auf ein neutestamentliches Ordinariat an der Theologischen Fakultät zu Heidelberg berufen.[23] Diese Stelle versah er bis zu seiner Emeritierung 1971, von der Göttinger Fakultät – einem eingefahrenen Brauch folgend – 1955 mit der Würde eines Dr. theol. h.c. ausgezeichnet sowie 1964 zum Mitglied der Heidelberger Akademie der Wissenschaften gewählt.[24] Die Festschrift zu seinem 65 Geburtstag enthielt bezeichnender Weise weder einen Lebensrückblick noch eine Bibliographie. Kuhn starb 5 Jahre später in Heidelberg.

7.2 Strategie und Materialien zur Verteidigung

Den gegen ihn in Tübingen universitätsintern sowie in Stuttgart verlagsintern eröffneten Entnazifizierungsverfahren ist Kuhn verständlicherweise mit starken, auch offen geäußerten[25] Vorbehalten, zugleich aber auch mit einer geschickt angelegten Verteidigungsstrategie begegnet.

Seine Verflechtungen und Verpflichtungen als Mitglied der NSDAP und als SA-Mann, seine Mitarbeit als Sachverständiger für die Abteilung „Judenfrage" im „Reichsinstitut für Geschichte des neuen Deutschlands" konnte er nicht leugnen. Er hat aber alles unternommen, sie zu relativieren und zu bagatellisieren und sie in einem für ihn günstigen Licht erscheinen zu lassen.

---

19 Das trifft insbesondere zu für den Fall des DC-Theologen Walter Birnbaum zu. S. Ericksen (1994), 94f.
20 So Theißen (2009), 51.
21 Dazu s.u. 7.2.
22 S. Steudel (2012), 541ff.
23 Die Urkunde darüber wurde aber erst 1956 ausgestellt. Zu den Gründen s. DER SPIEGEL vom 25.4.1956 – https://www.spiegel.de/spiegel/print/d-43062055.html – zuletzt aufgerufen 24.7.2020.
24 Dazu s. Theißen (2009), 56ff.
25 Brief an Littmann vom 11.1.1948 s.o. 2.1, Anm. 14.

Demnach war sein Eintritt in die Partei ausgelöst durch eine persönliche Beziehungskrise und erfolgte beeindruckt durch die „sozialistische und zugleich antikommunistische Einstellung der Partei."[26] „Mit den sonstigen Programmpunkten der Partei" konnte er „nichts anfangen, insbesondere nicht mit der Rassentheorie und dem Antisemitismus", die ihm von seinem „wissenschaftlichen Werdegang her fern lagen."[27] Sein öffentlicher Auftritt beim Boykott der jüdischen Geschäfte am 1. April 1933 geschah, um Schlimmeres zu verhüten, und wurde in Partei-Kreisen abschätzig kommentiert.[28] Sein Eintritt in die SA war ein Akt des Selbstschutzes, um sich den Verpflichtungen des Dienstes in der Partei zu entziehen und gegen ihn erhobenen Verdächtigungen politischer Unzuverlässigkeit, die sogar zu einem Parteigerichtsverfahren führten, zu begegnen.[29] Seine „wissenschaftliche Tätigkeit fand von Seiten der Partei keine Beachtung, es sei denn eine negative."[30] Seine Tätigkeit als „Sachverständiger für rabbinisch-talmudische Literatur im Reichsinstitut für Geschichte des neuen Deutschlands" erfolgte, „weil die personelle Zusammensetzung dieses Instituts eine saubere wissenschaftliche Gesamthaltung zu gewährleisten schien" und weil er das Reichsinstitut entsprechend „für eine geeignete Plattform hielt, von der aus man auf dem umstrittenen Gebiet der talmudischen Literatur die Stimme der sachlichen, auf solidem Quellenstudium beruhenden Wissenschaft zur Geltung bringen könnte." [31] Seine in diesem Rahmen entstandenen Arbeiten waren rein wissenschaftlicher Art, die dabei gehaltenen Vorträge „von jeder antisemitischen Polemik frei gehalten".[32]

In seiner Selbstdarstellung zeichnete Kuhn darüber hinaus von sich das Bild eines in parteiamtlichen Kreisen wegen seiner christlichen Grundhaltung argwöhnisch beobachteten und beruflich benachteiligten Außenseiters, der es dazu wagte, sich in parteifremden, ja parteifeindlichen Kreisen zu bewegen. Und dafür konnte er als Belege eine Reihe von durchaus beachtlichen, zu seinen Gunsten abgegebenen Voten einbringen.

Aus dem Kreis der Tübinger Kollegen setzten sich für Kuhn ein der Semitist Enno Littmann, der an Kuhns Promotion beteiligt war, sowie der Neutestamentler Bauernfeind und der Altphilologe und zeitweilige Rektor Focke[33]. Zu ihnen gesellte

---

26 Ebd. Anlage 1 zu Fragebogen, Blatt 1; s. Anm. 12.
27 Ebd. Anlage 1 zu Fragebogen, Blatt 2.
28 Ebd.
29 Ebd. Anlage 2 zu Fragebogen, Blatt 2. Kuhn unterschlägt in seinen Stellungnahmen durchgängig, dass er es war, der das Parteigericht angerufen hatte. S.o. 2.2., Anm. 42.
30 Ebd.
31 Ebd.
32 Ebd.
33 Focke war 1933 in die NSDAP eingetreten, als Rektor allerdings abgesetzt worden. 1946 aus dem Universitätsdienst zunächst entlassen wurde er 1948 als „Mitläufer" eingestuft. S. Adam (1976).

sich von auswärts der als judaistischer Fachmann bekannte Göttinger Neutestamentler Joachim Jeremias. Alle galten als politisch unbelastet und beschränkten sich darauf, den unpolitischen Charakter von Kuhns wissenschaftlichen Arbeiten zu betonen. Jeremias erwähnt in seiner Stellungnahme die erste Begegnung mit Kuhn „1930 auf einer Tagung für Judenmission in Stuttgart", auf der außer ihm „Prof. Adolf Schlatter, der jüdische Gelehrte Martin Buber sowie der judenchristliche Prof. Ehrenberg sprachen." Daran anschließend stellt er im Blick auf die sein Fachgebiet betreffenden Veröffentlichungen Kuhns „in den Jahren des Nationalsozialismus" fest, „dass sie keine antisemitischen Tendenzschriften sind, sondern wissenschaftliche Untersuchungen, die sich um ein objektives Urteil mühen, das heute noch ebenso ernst genommen werden muss wie zur Zeit des Erscheinens."[34] Ähnlich lautet das von Otto Bauernfeind als Dekan der Ev. theol. Fakultät Tübingen abgegebene Votum. Es bezieht sich ausschließlich auf Kuhns „Übersetzung und Erklärung des tannaitischen Midrasch Sifre zu Numeri und seine Beiträge zum Theologischen Wörterbuch zum Neuen Testament" und betont, dass diese „keine propagandistische Tendenz erkennen lassen."[35] Noch kürzer äußert sich Enno Littman über seinen Schüler Kuhn. Er beschränkt sich darauf zu „bescheinige(n), dass die Veröffentlichungen von Prof. Dr. K.G. Kuhn, die mir bekannt sind, rein wissenschaftlichen Charakter haben und politisch einwandfrei sind."[36]

Keiner von ihnen – weder Jeremias noch Bauernfeind oder Littmann – erwähnt auch nur beiläufig Kuhns Arbeiten und Veröffentlichungen im Rahmen seiner Tätigkeit für die Abteilung „Judenfrage" des „Reichsinstituts für Geschichte des neuen Deutschlands". Das ist auffällig, erlaubt aber keineswegs ohne Weiteres den Rückschluss, dass es sich um reine Gefälligkeitsgutachten handelt, in denen bewusst Kuhns NS-trächtige Verstrickungen ausgeblendet wurden. Nur für Littmann legt sich das nahe.[37] Für Jeremias[38] und wohl auch für Bauernfeind[39] kann man das jedoch nach allem, was über ihr Verhalten im Dritten Reich bekannt ist, so gut wie sicher ausschließen. Beide haben offenkundig von Kuhns diesbezüglichen

---

34 Jeremias, J., Zeugnis 19.7.1948 Spruchkammer Stuttgart, s. Anm. 10.
35 Bauernfeind, Bescheinigung 29.6.1948, ebd.
36 Littmann, Bescheinigung 8.9.1946 (Fragebogen Kuhn, Anlage 11, Tübingen), s. Anm. 12.
37 Littmann hatte 1941 ein Gutachten über Kuhn ausgefertigt, in dem er sämtliche von Kuhn zur „Judenfrage" verfassten Arbeiten einschließlich der Broschüre „Judenfrage als weltgeschichtliches Problem" aufgelistet und anerkennend vermerkt hat: „Genaue Kenntnis der … Quellen befähigten ihn, die Probleme klar zu sehen und vom nichtjüdischen Standpunkte aus darzustellen." Um dann ausdrücklich festzustellen: „Die rabulistische Kasuistik des Talmuds wird in seinen Aufsätzen gebührend gekennzeichnet. – BABe R 4901 22289 BSTU 10/2.
38 Dazu s. Burchard (2008), 258f.
39 Vgl. Hengel (2010).

Beiträgen nur begrenzt oder gar keine Kenntnis gehabt.[40] Für die Mitglieder der beiden Entnazifizierungskommissionen war das alles freilich kaum durchschaubar. Für sie hatten die professoralen Voten natürlich besonderes Gewicht.

Noch nachdrücklicher für Kuhn eingesetzt haben sich einige Personen nichtakademischer Provenienz. Unter ihnen finden sich ehemalige Kommilitonen und Studenten, darunter auch ausländische, sowie kirchliche und öffentliche Amtsträger und nicht zuletzt auch Kuhns ehemalige Verlobte, Irmgard Gräfin Hardenberg, inzwischen Frau von Holst. Die von ihnen abgegebenen Stellungnahmen spiegeln z.T. enge persönliche Beziehungen wider. Aber auch sie dürfen nicht ausschließlich in die Kategorie „Persilscheine" eingeordnet werden. Am ehesten könnte das für die Äußerung der Gräfin Hardenberg zutreffen. Aber die Tatsache, dass sie selbst ein Opfer der NS-Justiz war[41], wird man nicht einfach übersehen dürfen. Das gibt ihrem Votum Gewicht und hat die Entnazifizierungskommission gewiss besonders beeindruckt. Auch die anderen Votanten sind keineswegs NS-hörig geprägt. Kuhn hat es anscheinend verstanden, ihnen gegenüber sich als engagierter Christenmensch darzustellen und seine Beteiligung an der Judentumsforschung und Judenpolitik des NS-Systems unter der Decke zu halten.

Wolfgang Litterscheid, von den mütterlichen Großeltern her als jüdisch „versippt" eingestuft gewesen, war Student der Theologie 1937/38 in Tübingen, Vikar im Predigerseminar der Kirche der Altpreussischen Union unter Dietrich Bonhoeffer, Hilfsprediger der Bekennenden Kirche in Pommern, nach 1945 Württembergischer Pfarrer. Er berichtete eidesstattlich[42] von Begegnungen mit Kuhn während seines Tübinger Studiums im Rahmen eines Seminars über „Das Verhältnis von Juden und Nichtjuden nach Talmud und Schulchan Aruch", sowie auf einer Seminarwoche des Ostdeutschen evangelischen Jungmännerwerkes 1939 in Berlin. In den Tübinger Seminarstunden habe er Kuhn kennen gelernt „als den leidenschaftlichen, der Wahrheit der Wissenschaft ergebenen Gelehrten". Die unter ihm erarbeiteten „wissenschaftlichen Ergebnisse" standen „weithin in klarem Gegensatz zu der Naziliteratur", vor allem des ‚Stürmer'. Ähnlich habe auch Kuhns Berliner Vortrag[43] gezeigt, „dass die antichristliche und antijüdische Propaganda des ‚Stürmer' un-

---

40 Von Jeremias wird das in einem 1951 an den Mainzer Dekan Wiesner gerichteten Schreiben ausdrücklich hervorgehoben. Dem entsprechen auch seine den ganzen Komplex der NS-hörigen Akademiker betreffenden Äußerungen im Brief vom 29.1.1966 an Karl Heinrich Rengstorf. S. Bachmann (2008), 374, Anm. 2.
41 Gräfin Hardenberg war 1934 wegen Vorbereitung zum Hochverrat zu 2 Jahren Gefängnis verurteilt worden, wohin Kuhn ihr nach Darlegung seines Anwalts im Stuttgarter Verfahren geschrieben hatte. (Verteidigungsschrift RA Fischer, 7f.; s. Anm. 52).
42 Erklärung vom 1.11.1945 gegenüber der Franz. Militärregierung, vorgelegt in Tübingen, s. Anm. 12.
43 S.o. 2.4., Anm. 110.

wahr und erlogen war", und dazu wurde „die moralische und ethische Haltung des Volkes der Bibel in das richtige Licht gestellt."

Edo Osterloh war als Theologiestudent seit 1932 mit Kuhn bekannt und seither mit ihm durch gegenseitige Briefe und Besuche (u. a. zwischen 1936 und 1939 in Berlin) verbunden, nach 1945 zunächst als Kirchenrat Mitglied im Leitungsgremium der evangelisch-lutherischen Kirche Oldenburg, danach Oberkirchenrat in der evangelisch-lutherischen Landeskirche Hannover, seit 1953 als Bundes- und Landespolitiker tätig, zuletzt Kultusminister von Schleswig-Holstein.[44] Unter Verweis auf seine eigene Zugehörigkeit zur Bekennenden Kirche bestätigte er in Form einer eidesstattlichen Erklärung, dass Kuhn ebenso wie seine Frau „innerlich in allen entscheidenden Punkten in Opposition zum Nationalsozialismus gestanden" hätten, und unterstrich:

„Ich weiß, dass Professor Kuhn wegen seiner Vorträge und Veröffentlichungen, die sich auf exakte Forschungsergebnisse bezogen, von Parteidienststellen beargwöhnt und angegriffen worden ist. Seine Arbeiten über das antike Judentum waren nicht in einer antisemitischen Haltung begründet, sondern hatten eindeutig das Ziel, die geschichtliche Wahrheit zu ermitteln und gegen tendenzielle Entstellungen herauszustellen. Obwohl … Mitglied der Partei … hat er mir in meiner vom N.S.-Staat ständig verbotenen Tätigkeit in jeder Beziehung die Treue gehalten. Er bewunderte die Tapferkeit der führenden Männer in der Bekennenden Kirche und bejahte die positive Bedeutung ihres Kampfes für Wahrhaftigkeit und Echtheit des deutschen Charakters. Er hat sich mir persönlich gegenüber wiederholt unzweideutig scharf gegen die Methoden des Terrors und der Lüge ausgesprochen, wie sie insbesondere zur Anwendung kamen durch die Geheime Staatspolizei, durch die Kreise um Streicher und Goebbels."[45]

Otto Küster war 1933 wegen „politischer Unzuverlässigkeit" als Richter entlassen, danach als Rechtsanwalt tätig, von 1945 bis 1954 Senatsbeauftragter für Wiedergutmachung im Baden-Württembergischen Justizministerium, ferner 1952 stellvertretender Leiter der deutschen Delegation bei den Widergutmachungsverhandlungen der BRD mit Israel.[46] Er bestätigte und unterstrich Kuhns Angaben über seine Beziehungen zum Volkacher Bund, den er als „eine geschlossene Oppositionsgrup-

---

44 Bis 1933 war Osterloh in Göttingen Hochschulführer im „Studentenkampfbund Deutsche Christen" und organisierte dort die „Bücherverbrennung" vor der Albani-Kirche. Als Kultusminister ab Januar 1956 kam er in schwere Konflikte über den Umgang mit NS-belasteten Kieler Professoren. Im Februar 1964 Suicid. S. Wolfes (1999b); Zocher (2007).
45 Erklärung vom 8.10.1948, s. UAG Theol Pers. 75.
46 S. Baden-Württembergische Biographien 3, 215–218; Goschler (1992), 165–167.

pe gegen das Hitlerregime, bestehend aus Gebildeten der jungen Generation"[47] vorstellte. Laut Küster wurde Kuhn im Juli 1933 durch Dr. Ernst Steinbach,[48] Pfarrer in Reusten, und Dr. Walter Müller, Amtsgerichtsrat in Stuttgart, „beides unversöhnliche Gegner des Hitlerregimes" beim Bund eingeführt. Beide kannten Herrn Dr. Kuhn von lang her und bürgten dafür, dass er der Sache nach „zu uns gehöre, auch wenn seine ziemlich stürmisch verlaufene geistig politische Entwicklung ihn in jungen Jahren der Partei zugeführt habe. Es erwies sich bald, dass Dr. Kuhn ein sehr unvoreingenommenes Verhältnis zu den Parteiideen, dagegen eine fest gegründete, persönlich erworbene Stellung zum Christentum und zu den Werten der christlich-jüdischen Überlieferung hatte. Obwohl die Partei ihm mit Misstrauen begegnete und er allen Anlass hatte, im Interesse seiner großen Familie seine noch wenig gefestigte Existenz nicht dadurch zu gefährden, dass er sich zu einer wegen Staatsfeindlichkeit verbotenen Gruppe hielt, schloß sich Dr. Kuhn in den Jahren bis zum Krieg immer enger auch an den Bund an und hielt im Frühjahr 1938 … einen fachwissenschaftlichen Vortrag über die jüdische Geschichtsidee, der keineswegs in der Richtung der Parteidoktrin lag. Es wäre für uns auch undenkbar gewesen, dass ein Mann unserer Art, wenn er in der Erforschung des semitischen Kulturkreises seine Lebensaufgabe sieht, Antisemit sein oder werden könnte." Von daher war es selbstverständlich, dass Dr. Kuhn „im Herbst 1938 … als ständiges Mitglied in den Bund aufgenommen" wurde und „ihm seitdem als solches" angehört.[49]

Insgesamt eine beeindruckende Schar von weithin uneingeschränkt zu seinen Gunsten sich äußernden Votanten, mit denen Kuhn zu seiner Entlastung aufwarten konnte. Diese Gutachten ließen ihn politisch durch und durch als makellos erscheinen. Nahezu durchgehend erwecken sie auch nicht den Eindruck, reine Gefälligkeitsäußerungen zu sein. Möglicherweise, ja wahrscheinlich haben die Votanten kaum oder gar keine Kenntnis von Kuhns fachlicher und staatlicher Betriebsamkeit gehabt.[50]

---

47 Junginger (2011), 406f., Anm. 406, es könne „schwerlich von einer Widerstandsgruppe gesprochen werden". Vgl. demgegenüber zur Mitarbeit im Volkacher Bund und den daraus erwachsenen Schwierigkeiten für die Habilitation von Ludwig Raiser Lösch (1999), 228ff. sowie das Lebensbild des Sohnes Konrad Raiser (2000).
48 Zeitgleich mit Kuhns Mitarbeit bei Kittel war Steinbach Assistent am neutestamentlichen Seminar, nach der Promotion 1933 zum Dr. theol. von 1934 bis 1945 zur Bekenntnisbewegung gehörender Pfarrer. Seit 1946 lehrte er in Tübingen Religionsphilosophie und Sozialethik.
49 Brief Küsters vom 12.2.1946 an die Militärverwaltung, Kuhn Fragebogen Anlage 6; online: www.landesarchiv-bw.de/plink/f=6-632098-15; Bild 15f. (zuletzt aufgerufen 1.05.2021).
50 Merkwürdig erscheint, dass Kuhns Anwalt in Stuttgart dessen Zusammenarbeit mit jüdischen Forschern bei der Herausgabe von Sifre Numeri hervorhebt, dabei neben Chaim Horowitz auch Dr. Gutel Leibowitz nennt. (s. dazu Junginger 2011, 123). Selbst ein einmaliger Brief von Erich Rubensohn aus Hildesheim mit einer Kritik an Kuhns Antrittsvorlesung aus dem Jahre 1935 wird als Beleg (Anl. 18 – online Bild 90) eingebracht dafür, „wie wenig antisemitisch eingestellt" Kuhn war.

Entsprechend der von ihm eingeschlagenen Verteidigungsstrategie, die bekannten Sachverhalte seiner Mitgliedschaft und Funktionen in der NSDAP und SA zu verharmlosen bzw. zu verhüllen, seine Mitarbeit in der Abteilung „Judenfrage" des parteiamtlich gegründeten und bestimmten Reichsinstituts als rein wissenschaftlich orientiert auszugeben und zugleich seine darüber hinaus gehende Beteiligung an Maßnahmen der NS-Rassenpolitik zu vertuschen oder gar zu verschweigen, konnte Kuhn einen vollen Erfolg verzeichnen. Die Mitglieder der Stuttgarter und Tübinger Spruchkammer nahmen, wie namentlich die unter Federführung des Tübinger Juristen Erbe verfasste „Zusammenstellung der Entscheidungsgründe"[51] zeigt, Kuhn die apologetischen Verbrämungen seiner bereits vor 1933 vorhandenen NS-Lastigkeit ebenso ab wie die fadenscheinige Rechtfertigung seiner zum Auftakt der Judenverfolgung im Dritten Reich am 1. April 1933 gehaltenen Hetzrede.[52] Sie brachten es ferner fertig, die antijüdisch-antisemitischen Tendenzen auszublenden, die Kuhns im Rahmen der Abteilung Judenfrage des Reichsinstituts für Geschichte des Neuen Deutschlands zwischen 1935 und 1939 gehaltenen Vorträge und deren Publikationen kennzeichnen. Selbst der von Kuhn kurz nach dem Novemberpogrom 1938 publikumswirksam in Berlin gehaltene und danach mündlich wie schriftlich verbreitete Vortrag über „Die Judenfrage als weltgeschichtliches Problem", von dem er sich 1951 wegen der darin offenkundig enthaltenen antisemitischen Ausfälle ausdrücklich distanziert hat[53], wurde nicht hinterfragt oder gar beanstandet. Ja, die Mitglieder der Tübinger Kammer verstanden sich sogar dazu, die gelegentlich gegen den primitiven Antisemitismus von Streicher und Co gerichteten Äußerungen Kuhns als „Betätigung aktiven Widerstandes gegen die antisemitischen Ziele des Nationalsozialismus" einzustufen. Seine Kontakte zum Volkacher Bund und zu kirchlichen Jugendkreisen wurden unbesehen als Akte oppositioneller Gesinnung, ja als „aktive Widerstandshandlungen … gegen die nationalsozialistische Gewaltherrschaft" gewertet. Am Ende meinte die Spruchkammer sogar einen inneren Zusammenhang als gegeben feststellen zu können zwischen Kuhns „Betätigung aktiven Widerstandes gegen die antisemitischen Ziele des Nationalsozialismus" und dem Umstand, dass Kuhn „in der Universitätslaufbahn nicht reüssierte", um damit seine Einstufung „in die Gruppe der Entlasteten" zu begründen.[54]

Welch schreckliches Schicksal in den späteren Jahren von Krieg und Vernichtung den Genannten widerfuhr, findet 1948 allerdings keinerlei Erwähnung. Zu Rubensohn s. Prauss (2012), 68 sowie 79. Zu Tykocinski s. Dokumente 5. Zu Horowitz s. Morgenstern (2015), 68.
51 StASi Wü 13 T2 Nr. 2657/250, 2657, Bl. 13; ebd. auch die folgenden Zitate.
52 S.o. 2.2., Anm. 36.
53 S.u. 7.3.
54 Obige Darstellung folgt vorwiegend dem Verlauf der Tübinger Spruchkammer. Nicht behandelt ist Kuhns Verteidigungsschrift vor der Stuttgarter Spruchkammer mit noch anderen Zeugen. Unter

Für Kuhn konnten die beiden Entnazifizierungsverfahren nicht besser ausgehen. Er durfte sich als amtlich völlig rehabilitiert ansehen und ausgeben und konnte damit rechnen, seine unterbrochene akademische Laufbahn wieder aufnehmen zu können. Dies ist, wie bereits beschrieben, denn auch wenige Monate nach dem Spruchkammerurteil geschehen mit der Einladung zur Vertretung der frei gewordenen Professur für Neues Testament und der bald darauf erfolgten Anstellung als Diätendozent im Fach Neues Testament an der Göttinger theologischen Fakultät.[55]

7.3 Der Widerruf (1951/52)

Kuhns NS-Vergangenheit wurde von ihm nach dem überstandenen Entnazifizierungsverfahren weiter unter Verschluss gehalten. Angesichts der amtlich vollzogenen Rehabilitierung bestand auch kein Anlass, sich dazu persönlich oder öffentlich zu äußern. Im gesellschaftlichen Klima der gerade sich etablierenden Bundesrepublik war das auch nicht besonders opportun. Im Herbst 1951 hat er dann aber doch sein Schweigen gebrochen und sich mit folgender Erklärung zu seiner Tätigkeit im Dritten Reich geäußert:

„Ein persönliches Wort sei hier noch angefügt: Es ist verständlich und nur zu verständlich, wenn heuer nach allem, was geschehen ist, jüdische Gelehrte mit Deutschen nichts zu tun haben wollen. Es kommt uns nicht zu, hier einen ersten Schritt zu tun. Es kommt uns nur zu, dies zu verstehen und zu achten. Das einzige, was wir tun können und was notwendig ist als Voraussetzung überhaupt, das ist, dass man offen sagt, worin man nach der eigenen Überzeugung falsch gehandelt hat, und es richtig zu stellen. Ich für meine Person sage in diesem Zusammenhang, dass ich es bedaure, die Schrift Die Judenfrage als weltgeschichtliches Problem, Hanseatische Verlagsanstalt Hamburg 1939, 53 Seiten, geschrieben zu haben und dass ich sie in aller Form widerrufe. Ich bedaure, dass ich damals so blind war, nicht zu sehen, dass der Weg der Hitlerschen Judenpolitik in den Abgrund des Grauens ging und dass er unaufhaltsam war. Nur solche Blindheit machte es möglich, dass ich die Schrift damals schrieb."

---

ihnen Pfarrer Arnold Dannenmann, ab 1934 Vertreter des CVJM beim Weltbund in Genf und 1947 Gründer des Christlichen Jugenddorfwerkes Deutschlands. (s. Lit.) Kuhns Anwalt Fischer nennt auch ein Manuskript des jüdischen Gelehrten Chaim Tykocinski, das Kuhn „aufbewahrte", wofür ihm Leo Baeck aus London am 12.8.1948 gedankt habe. (Fischer 7.9.1948; s. Anm. 10 sowie Dokumente 5.) Jeremias (2000), 306 spricht von Kuhns „auch in der NS-Zeit aufrecht erhaltenen Verbindungen mit einzelnen jüdischen Forschern" und stellt ohne weiteren Beleg fest: „So hat er (Kuhn) für den Druck eines Manuskripts von Chaim Tikocinski gesorgt ...". (UK)

55 S.o. 7.1.

7.3.1 Eigenart und Umstände

Eine solche Erklärung abzugeben, war damals keineswegs üblich. Kuhn gehört mit ihr zu den ganz wenigen Universitätslehrern, die nach 1945 sich zu ihren Aktivitäten in der NS-Zeit geäußert und sich insgesamt oder teilweise davon distanziert haben. Das ist Kuhn – nicht zuletzt, weil ungewöhnlich – von vielen Seiten hoch angerechnet[56] und als Zeichen besonderer Aufrichtigkeit gewertet worden. Dieser Einschätzung uneingeschränkt zu folgen, fällt indes schwer, fragt man nach Anlass und Hintergrund dieses Widerrufs und schaut man sich den Sachgehalt des Textes genauer an. Was als „persönliches Wort" eingeführt wird, kommt ebenso unvermittelt wie unerwartet. Es findet sich in einem in der Zeitschrift „Evangelische Theologie" 1951 veröffentlichten Aufsatz über die seit 1946 am Toten Meer gemachten Handschriftenfunde[57], mit denen Kuhn sich als einer der ersten im deutschsprachigen Raum beschäftigt und deren Erforschung er in der Folgezeit maßgeblich gefördert hat.[58] Der Text der Erklärung ist in einer Fußnote untergebracht, die in keinerlei Zusammenhang zu dem im Haupttext Gesagten steht. Das ist höchst ungewöhnlich und erweckt den Verdacht, nicht aus freien Stücken geschrieben, sondern Kuhn aufgenötigt zu sein.

Nicht minder problematisch sind aber auch die Ausführungen selbst. Kuhns „Widerruf" kommt schon sprachlich recht gewunden daher, ist aber vor allem inhaltlich fragwürdig. Was er bietet, ist ein Bündel aus Verschleierung, Verharmlosung und Verschweigen. Über Kuhns umfangreiche Tätigkeit im Rahmen der NS-„Judentumsforschung" wird nichts verlautet. Angesprochen und widerrufen wird ausschließlich die 1939 erschienene „Schrift „Die Judenfrage als weltgeschichtliches Problem". Weder der zeitgeschichtliche Hintergrund – der Novemberpogrom 1938 – noch der tagespolitische Rahmen – beginnend mit einer NS-gesteuerten Großveranstaltung und fortgesetzt bei weiteren öffentlichen Auftritten – werden erwähnt. Das eigene Verhalten angesichts der NS-Judenpolitik wird als „Blindheit" bezeichnet. Von eigener Verantwortung oder gar Schuld kein Wort. Stattdessen wird zuletzt der Abgrund des Grauens, in den die Hitlersche Judenpolitik führte, beschworen, zugleich aber als „unaufhaltsam" ausgegeben.

Man mag es wenden, wie man will; es fällt schwer, in dieser anmerkungsweise veröffentlichten Erklärung ein Dokument wirklicher Abkehr und Umkehr zu er-

---

56 Schon der erste Verweis auf diese Erklärung in der Zeitschrift „Kirche und Mann" (1951) 10, geht in diese Richtung; so aber auch zuletzt wieder Theißen (2009), 49, freilich mit der Einschränkung: „Dieser Widerruf verlangt Respekt, auch wenn er die Bedingung dafür gewesen sein sollte, das er in Göttingen 1949 angestellt werden konnte."
57 Die Schriftrollen vom Toten Meer. Zum heutigen Stand ihrer Veröffentlichung, EvTh 2, 1951/52, 72–75.
58 Dazu s. jetzt Steudel (2012).

kennen, und lässt fragen, was Kuhn überhaupt veranlasst hat, sich an dieser Stelle und bei dieser Gelegenheit derart zu äußern. Was hat ihn drei Jahre nach mit Erfolg vollzogener Entnazifizierung dazu gebracht, sich von einer Schrift zu distanzieren, die er selbst bislang zusammen mit seinen sonstigen auf Vorträgen beruhenden Publikationen als „rein wissenschaftlicher Natur"[59], als „objektiv" verfasst ausgegeben hat und die zudem auch in beiden seiner Entnazifizierungsverfahren in keiner Weise beanstandet worden war. Und schließlich: wie ist es dazu gekommen, dass ausgerechnet in der „Evangelischen Theologie", dem Hausblatt der Bekennenden Kirche, ihm dazu eine Plattform geboten wurde?

7.3.2 Anlass und Zusammenhänge

Bislang ist man diesem Fragenkomplex nicht weiter nachgegangen. Die Antwort findet sich in den Dekanatsakten der Theologischen Fakultäten zu Mainz und Göttingen aus den Jahren 1949 bis 1951. Aus diesen geht deutlich hervor: Der in der Evangelischen Theologie veröffentlichte Widerruf steht im Zusammenhang einer Kuhn betreffenden Auseinandersetzung zwischen den beiden Fakultäten.

Zum Wintersemester 1950/51 hatte die Mainzer Evangelisch Theologische Fakultät Kuhn zur Vertretung des durch die Berufung Ernst Käsemanns nach Göttingen frei gewordenen 2. Mainzer neutestamentlichen Lehrstuhls eingeladen und damit in die Überlegungen zu dessen Neubesetzung einbezogen. Im Januar 1951 fand Kuhn sich bereits auf Vorschlag der Berufungskommission von der Mainzer Fakultät auf den 2. Platz der beschlossenen Liste gesetzt.[60] Dieser Beschluss, dem kurz danach auch der dafür zuständige Ausschuss der evangelischen Kirchen des Rheinlands, der Pfalz und Hessens zugestimmt hatte[61], wurde indes am 13.7.1951 wieder zurückgenommen. Ein zweifellos höchst ungewöhnlicher Vorgang. Was war geschehen?

Auslöser war ein Briefwechsel zwischen dem damaligen Mainzer Dekan, dem reformierten Theologen Professor Werner Wiesner[62], und dem gerade auf den 1. NT-Lehrstuhl berufenen Züricher Neutestamentler Professor Werner Kümmel.[63] Von Wiesner über die Nominierung Kuhns für den 2. NT-Lehrstuhl informiert und

---

59 Vgl. etwa o. 5.1., Anm. 14.
60 Beschluss der Fakultät am 17.1.1951; s. Mitteilung Prof. Delekat, Dekan der theol. Fak. Mainz an Rektor Uni Mainz 18.1.1951 (UAMz Bstd 11, Nr. 11/80) sowie an Zwischenkirchliche Konferenz (LkADü Best 6HA 006 [Handakten Präses Held] 222).
61 S. Schreiben vom 23.1.1951, ebd.
62 S. Müller (2008).
63 S. Ulrichs (2001).

zugleich um eine Stellungnahme gebeten[64] erhob Kümmel in seinen Antworten vom 21. und 27.6.1951[65] keinerlei Einwände fachlicher Art. Ähnlich wie Jeremias und Bauernfeind in ihren Gutachten[66] für die Entnazifizierungskommission hob Kümmel Kuhns wissenschaftliche Leistungen hervor. Zugleich ließ er aber erkennen, dass ihm – da selbst von der NS-Rassengesetzgebung betroffen[67] – entscheidend daran gelegen sei, die Rolle Kuhns in der NS-Zeit geklärt zu wissen, vor allem, „ob er nur widerwillig mitgemacht" habe, „ohne sich sachlich zu kompromittieren", oder ob er „ein überzeugter Antisemit" gewesen sei.[68] Die Mainzer Fakultät kam dem umgehend nach und ersuchte Kuhn, seine einschlägigen, zwischen 1933 und 1945 veröffentlichten Arbeiten zur Verfügung zu stellen.[69] Offenkundig hatte man diese in Mainz – wenn überhaupt – nur titelmäßig aus den von Kuhn eingereichten Unterlagen zu Kenntnis genommen, sie selbst indes nicht zur Hand gehabt.[70] Kuhn folgte diesem Ersuchen umgehend und übersandte dem Mainzer Dekan am 7.7.1951[71] die betreffenden Druckwerke. Bei der darauf in Mainz erfolgten Lektüre stieß man – sensibilisiert durch die von Kümmel eingebrachten Anfragen – insbesondere auf die extrem antisemitische Lastigkeit der Schrift Kuhns über „Die Judenfrage als weltgeschichtliches Problem". Ein mit Kuhn vom Mainzer Dekan am 12.7.1951 geführtes Gespräch endete aus dessen Sicht in der Sache höchst enttäuschend und wurde zudem durch einen von Kuhn dem Dekan übermittelten Brief weiter belastet.

---

64 Brief Dekan theol. Fak. Prof. Wiesner an Prof. Kümmel 13.7.1951 (UAMz ebd.) – Antwort Prof. Kümmel an Kollegium Mainz 21.6.
65 S. UAMz Best. 11 Nr. 11/80.
66 S.o. 7.2.
67 Kümmel galt über die mütterliche Seite (Marie, geb. Ulman) in der NS-Zeit als mehrfach „jüdisch versippt" s. Röhm (2014), 188f.
68 Brief Kümmels aus Zürich 21.6.1951.
69 Brief Dinkler 23.6.1951 an Kuhn, erwähnt von Kuhn in Brief an Dekan Mainz 23.10.1951.
70 Man hatte in Mainz wie auch sonst meist das Votum der Entnazifizierungsstelle offenkundig blind übernommen. Vgl. dazu die Bemerkung von J. Jeremias, in Göttingen habe man von der Schrift „Die Judenfrage als weltgeschichtliches Problem" nichts gewusst (s. Brief Wiesner an Doerries vom 16.7.1951 – UAG, ebd.); ferner die Ausführungen des Mainzer Dekans Prof. Delekat gegenüber dem Präses der Rheinischen Kirche Held (Brief 4.10.1952): „Jedes Mitglied der Fakultät hatte darum gewußt, daß die [betreffenden] Schriften existierten, wenngleich wir sie zunächst nicht im Wortlaut eingesehen und zur Begutachtung herangezogen haben." – Angesichts dessen ist der gegen Kuhn erhobene Vorwurf des Verschweigens formal betrachtet, jedenfalls im Blick auf seine Schriften, unberechtigt (s. Kuhn 23.10.1951 an Dekan Göttingen, UAG Theol Pers 75, Bl. 2).
71 UAMz Bestand 11, Nr. 11/80.

Exkurs. Ein belastender Entlastungsbrief: Kuhn an Charles Horowitz

Kuhn hatte dem Mainzer Dekan zusammen mit den Kopien seiner Schriften nebst einem Anschreiben in maschinenschriftlicher Abschrift[72] noch einen weiteren Brief zukommen lassen. [73] Dieser war an Charles Horowitz[74] gerichtet, den nach Kuhns Aussagen mit ihm „befreundeten jüdischen Talmudgelehrten"[75], und von Kuhn in maschinenschriftlicher Abschrift mit der Bemerkung übersandt worden,

---

72 Brief Kuhn an Dekan Mainz 7.7.1951: Original UAMz, Bestand 11 Nr. 11/80.
73 Brief Kuhn an Horowitz 7.7.1951: Abschrift – S.u. 10. Dokumente 5.
74 Geboren 1892 im galizischen Landshut, entstammt einer orthodox-jüdischen Familie. Nicht zu verwechseln mit Saul Horowitz 1848, Czanto/Ungarn – 1921, Breslau; dem Herausgeber der ersten kritischen Ausgabe von Sifre Numeri (Corpus Tannaiticum III 3.1, Leipzig 1917), auf der Kuhns Übersetzung von Sifre fußte; über ihn s. Jansen 2.1 (2009), 297f. Nach einer brieflichen Mitteilung von Prof. em. Peter Kuhn, München, war Saul Horowitz der Onkel von Chaim Horowitz (22.10.2020).
75 Wie das Verhältnis zwischen Kuhn und Horowitz persönlich damals gestaltet war, ist angesichts der wenigen Zeugnisse, die es dazu gibt, schwer auszumachen. Die von Kuhn gewählte Kennzeichnung als „befreundet" (s.o.) entspricht den erhaltenen brieflichen Äußerungen von Horowitz m.E. nicht. „Kollegial verbunden" wäre wohl angemessen. Beide haben fachlich zusammen gearbeitet. Selbst nach der Entlassung von Horowitz als Mitarbeiter Kittels und seiner Emigration in die Niederlande im Frühjahr 1933 ist der Kontakt nicht abgebrochen. Kuhn hat Druckfahnen seiner Arbeit zu Sifre Numeri Horowitz weiter zukommen lassen und dieser hat sich dazu jeweils fachkundig geäußert und sogar Entwürfe zur Übersetzung beigelegt. (s.u. 10. Dokumente 5). In der späteren Druckfassung von Sifre zu Numeri findet das allerdings eigentümlicher und bezeichnender Weise keine Erwähnung, auch im Vorwort des Nachtrags von 1958 (S. VII–IX) geschieht das nicht. – In den drei von Horowitz an Kuhn gesandten Benachrichtigungen, deren Texte auszugsweise von diesem der Stuttgarter Entnazifizierungskammer vorgelegt wurden, kommt neben sachbezogenen Mitteilungen auch das persönliche Verhältnis zur Sprache. Die Anrede schwankt zwischen „geehrter" und „lieber" Herr Doktor, die Schlusswendungen lauten „herzliche Grüße". Im ersten Schreiben 10.7.1933 erkundigt sich Horowitz direkt nach Kuhns Einstellung ihm gegenüber: „Haben Sie den Trennungsstrich gezogen oder sind Sie in Bezug auf meine Person der Alte?" Die Antwort Kuhns darauf ist anscheinend derart überzeugend ausgefallen, dass Horowitz dies in seinem zweiten Schreiben vom 3.8.1933 erfreut aufgegriffen hat: „ Es freut mich, dass Sie Ihre Meinung über das Judentum nicht geändert haben; ich habe es, da Sie ein hervorragender Kenner der rabbinischen Literatur sind, auch nicht anders erwartet. Ich sehe in Ihnen nach wie vor den Herrn Dr. Kuhn, den ich als Menschen und Wissenschaftler zu schätzen weiß." Kuhn hat es offenkundig verstanden, Horowitz davon zu überzeugen, dass er der Alte geblieben ist. Wie, bleibt unklar. Konnte er davon ausgehen, dass Horowitz nichts von seinem Auftritt am 1.4.1933 in Tübingen (s.o. 2.2, Anm. 36) beim Auftakt des reichsweiten Judenboykotts mitbekommen hat? Hatte er auch nicht erfahren, dass Kittel die von ihm bisher innegehabte Stelle als wissenschaftlicher Mitarbeiter an Kuhn übertragen hatte (s.u. 2.1, Anm. 21)? Das erscheint auf den ersten Blick nicht sehr plausibel. Es könnte aber dennoch zutreffen, wenn man die Turbulenzen der betreffenden Zeit bedenkt und man vor allem berücksichtigt, dass wir von den Umständen und Abläufen in den letzten von Horowitz in Tübingen verbrachten Wochen fast nichts wissen. Die von Horowitz 1946 in einem mit Otto Michel in Tübingen geführten Briefwechsel (28.8.1946) zu Kuhns Ergehen geäußerte Bemerkung: „Es wundert mich nicht im geringsten, dass Herr Dr. Kuhn seines Amtes entsetzt wurde." (Morgenstern [2012], 291) zeigt

dieser Brief zeige, wie er „heute über diese während des 3. Reichs veröffentlichen Arbeiten denke."[76]

Der Adressat, Charles Chaim Horowitz[77] – in Tübingen zwischen 1930–1933 als Mitarbeiter Schlatters[78] und Kittels tätig[79], im Februar 1933 in der Tübinger Presse als Jude öffentlich angeprangert[80] – war im April 1933[81] mit seiner Familie zunächst in die Niederlande entkommen, hatte kurz danach in Frankreich Zuflucht gesucht und dort – anders als seine Frau Lea[82] – zusammen mit seinen 3 Kindern im Untergrund überlebt.[83] Bereits ab 1946 war er wieder in Verbindung getreten u. a. mit Karl Heinrich Rengstorf sowie mit Otto Michel, die er beide zu Anfang der 30er Jahre als Mitarbeiter Kittels kennen gelernt hatte. Um 1949/1950 versuchsweise nach Deutschland zurück gekehrt, hatte Horowitz von 1950 bis Ende Juni 1951 als wissenschaftliche Hilfskraft an dem von Karl Heinrich Rengstorf 1948 in Münster gegründeten Institutum Judaicum Delitzschianum in Münster gearbeitet[84], sich danach in Oberhausen niedergelassen und von 1956 an bis zu seinem Tod 1969 als Rabbinist an der evangelisch-theologischen Fakultät in Bonn gewirkt.[85]

Mit der Übersendung eines an Charles Horowitz adressierten Briefes hoffte Kuhn, die in der Mainzer Kollegenschaft entstandenen Irritationen hinsichtlich seiner Stellung zu Juden und Judentum beseitigen zu können. Das gelang ihm indes nicht. Bereits der Umstand, dass dieser Brief wie das an den Mainzer Dekan gerichtete

---

deutlich, das Horowitz sein 1933 brieflich abgegebenes Urteil, das Kuhn zu seiner Entnazifizierung verwendet hatte, schwerlich wiederholt hätte.

76 Ebd. wie Anm. 70.
77 Zur Biographie s. Dönges (2009a./2009b); Morgenstern (2012), 279–286; ders. (2015), 27–32.
78 Zu Art und Umfang s. Neuer (1996), 748f. sowie vor allem Morgenstern (2015), 29ff.
79 Abgesehen vom Status der Anstellung als fester Mitarbeiter am ThWNT (s. 2.1, Anm. 21) ist darüber wenig bekannt. Von Kittel selbst wird in dem auf den „Juli 1933" datierten Vorwort zum 1. Band (VII) nur seine „treue Hilfe bei den Korrekturarbeiten" erwähnt.
80 Zum Hetzartikel in TC s. Dönges (2009), 38; Morgenstern (2012), 283 und Anm. 22.
81 Im Tübinger Melderegister ist die Abmeldung von Horowitz zum 28.5.1938 vermerkt; s. Morgenstern (2015), 31 Anm. 116.
82 Lea Horowitz wurde im August 1942 durch französische Gendarmerie verhaftet, in das Lager Drancy verbracht und von dort nach Auschwitz deportiert, wo sie vermutlich schon nach der Ankunft am 2.9.1942 in einer der Gaskammern umgebracht wurde; s. Morgenstern (2015), 68 und Anm. 340. – Ein ähnliches Geschick traf die Eltern von Charles Horowitz und drei seiner Geschwister (dazu s. ebd. 77f.).
83 Dönges (2009a). – Zum weiteren Schicksal der überlebenden Kinder, insbesondere des Sohnes Jules und seiner Rolle als Atomwissenschaftler in Frankreich und Israel s. jetzt Morgenstern (2020).
84 So die Arbeitsberichte des Institutum Judaicum Delitzschianum, Münster erstattet von Prof. Rengstorf für die Geschäftsjahre 1949/1950 und 1950/1951 (Archiv des IJD); mitgeteilt von Lutz Doering, Münster.
85 Dazu s. Faulenbach (2009), 436–438. Prof. em. Peter Kuhn hat darauf aufmerksam gemacht, dass Helmut Gollwitzer Horowitz nach Bonn vermittelte (S.o. Anm.72).

Begleitschreiben Kuhns auf den selben Tag, den 7.7.1951, datiert war, erweckte den Verdacht[86], er sei allein aus Zweckgründen im Blick auf die bevorstehende Sichtung der Kuhnschen Arbeiten verfasst und möglicherweise noch nicht einmal abgeschickt worden.

Dazu kommt, dass auch Kuhns Ausführungen selbst den Eindruck eines fingierten Zweckschreibens verstärken.[87] Die Art und Weise, in der Kuhn den Versuch unternimmt, sich seiner NS-Vergangenheit zu stellen, und über seine Tätigkeit im Dienst der NS Judenforschung Auskunft gibt, kommt recht gewunden daher und trägt alle Zeichen innerer Spannung und Verlegenheit. Der Brief scheint in Eile angefertigt zu sein. Darauf weisen zahlreiche sprachliche Verschachtelungen hin, das zeichnet sich aber auch in seiner sprunghaften Gedankenführung und einer verhüllend verschwommenen Diktion ab. In der Sache verdächtig ist darüber hinaus, dass Kuhn sich in erster Linie auf sein Schrifttum bezieht, das in Mainz aktuell zur Debatte stand. Kuhn versucht, sich zu entlasten. Er bedauert, im 3. Reich überhaupt zu dem Thema „Judentum" geschrieben und „im Rahmen der ‚Forschungen zur Judenfrage' veröffentlicht" zu haben." Die Feststellung „Das war nicht richtig." hindert ihn indes keineswegs, auf sein „Bemühen um sachliche Richtigkeit" in seinen judaistischen Veröffentlichungen zu verweisen und dazu ausdrücklich das Urteil der Spruchkammer zu erwähnen, in dem seine Schriften als wissenschaftlich „einwandfrei" bezeichnet worden waren. Über seine sonstigen Aktivitäten im 3. Reich schweigt Kuhn sich weithin aus. Allerdings betont Kuhn ausdrücklich und wahrheitswidrig, im Osten nicht gewesen zu sein. Nur seine als „Zustimmung zur NSDAP" beschriebene NS-Parteimitgliedschaft kommt zusätzlich zur Sprache und wird entsprechend seiner 1948 vor den Entnazifizierungskommissionen abgegebenen Einlassungen als Ausdruck eines „weltfremden sozialen Idealismus" eingestuft.

Wie diese Engführung auf Kuhns Schrifttum auf den als Adressaten angegebenen Charles Horowitz gewirkt hat bzw. haben könnte, mag man sich kaum ausmalen, hatte Horowitz nicht nur seine Frau, sondern abgesehen von seinen drei Kindern auch alle Verwandten in Vernichtungslagern verloren. Noch krasser wirken demgegenüber die den Brief abschließenden Bemerkungen. In ihnen meldet Kuhn sich unvermittelt als christlicher Theologe zu Wort, der sich konfessorisch unter Verweis auf Römer 5,8 selbst Absolution erteilt von dem, was er vorher sehr allgemein gehalten bald als Blindheit, bald als aus „innerer Nachlässigkeit" erwachsene Schuld bezeichnet hat. Sollte hier wirklich ein Überlebender der Schoah als Adressat im

---

86 So Kuhn im Brief an Dekan Theol. Fak. Göttingen 23.10.1951 (UAG Theol Pers 75).
87 S.u. 10. Dokumente 5. Auch für alle im Absatz folgenden Angaben zum angeblichen Brief an Horowitz.

Blick sein? Vieles deutet als anvisierte Leser eher auf christliche Kollegen hin und lässt diesen Brief als ein Zweckschreiben erscheinen.

Dieser Verdacht ist bis heute nicht ausgeräumt. Kuhn hat zwar gegenüber dem Göttinger Dekan alle diesbezüglichen Nachfragen als „sachlich unberechtigt ... und persönliche Kränkung" zurück gewiesen. Nach Kuhns Darstellung[88] war ein Briefwechsel mit Horowitz „schon längst vor dem fraglichen Termin des 7.7. in Gang." Der betreffende Brief hatte „mit der Frage der Mainzer Berufung nichts zu tun, sondern bezog sich auf ganz andere Zusammenhänge." Zudem wäre es ihm ein leichtes gewesen, „diesen Brief auch passend vorzudatieren." Das klingt durchaus überzeugend, zumal Kuhn auch noch den angesprochenen Briefwechsel als Beweisstück anbietet. Dennoch bleiben – das festzustellen, lässt sich nicht vermeiden – erhebliche Zweifel gegenüber Kuhns Vorbringen, auch abgesehen von der im Briefwechsel mit Otto Michel von Horowitz geäußerten kritischen Distanz gegenüber Kuhn.[89] Es gibt weitere Indizien, die den Verdacht einer Vortäuschung erhärten:

Kuhn erweckt mit der gegenüber dem Mainzer Dekan gemachten Angabe: Horowitz „war vor kurzem ... wieder in Deutschland und hat mich besucht", und dem dazu eingeflochtenen Hinweis auf eine Pariser Adresse den Eindruck, als ob Horowitz von seinem französischen Exil einen Kurzbesuch in Deutschland gemacht habe und inzwischen wieder abgereist sei. Das lässt sich schwer mit dem zusammenbringen, was über Horowitz' Aufenthalt in Deutschland nach 1945 bekannt ist. Horowitz weilte, nachdem er bereits 1946 sich brieflich um Kontakte mit früheren Tübinger Kollegen bemüht hatte, spätestens seit 1950/1951 wieder in Deutschland. Er hatte in Münster an dem 1948 von Karl Heinrich Rengstorf gegründeten Institutum Judaicum Delitzschianum (IJD) eine Anstellung als wissenschaftlicher Mitarbeiter gefunden. Dieses Arbeitsverhältnis war zum 1. Juli 1951 aufgekündigt[90] bzw. von Horowitz selbst aufgegeben worden[91]. Laut den örtlichen Melderegistern zog er danach von dort nach Oberhausen, wo er schon vor 1933 gewohnt hatte. Wie die Angabe eines kürzlich erfolgten Besuchs bei Kuhn (wo: in Göttingen?) und die von Kuhn für Horowitz angegebene Pariser Adresse[92] dazu

---

88 Brief Kuhn an Dekan Göttingen 23.10.1951 Blatt 2. UAG ebd.
89 Morgenstern (2012), 291, s.o. Anm. 73.
90 Im Arbeitsbericht 1950/1951 des IJD berichtet Rengstorf von Horowitz' mangelnder Bereitschaft „sich in seinen Lebensgewohnheiten den Erwartungen anzupassen". Laut Faulenbach (2009), 438, Anm. 97, war Rengstorf „ungehalten über den Bonner Lehrauftrag von Horowitz".
91 So Horowitz' eigene Darstellung mit Verweis auf die Entdeckung von Rengstorfs Mitgliedschaft in der Reiter-SS; dazu s. Morgenstern (2015) 289, Anm. 44.
92 Versuche, bei dem zuständigen Pariser Einwohnermeldeamt fündig zu werden, haben nichts erbracht. Möglicherweise handelt es sich um die Adresse der von Dönges (2009a), 41 genannten, als Ärztin in Paris arbeitenden Tochter Suzanne.

passen, bleibt völlig unklar. Auch der von Horowitz selbst 1956 in Oberhausen verfasste Lebenslauf datiert seine Rückkehr nach Deutschland „im Jahre 1951".[93]

Der gegenüber dem Göttinger Dekan[94] von Kuhn zu seiner Verteidigung eingebrachte Einwand, er habe „die Angelegenheit Mainz absichtlich und betont bei diesem Briefwechsel mit Herrn Horowitz ausgeschaltet, obwohl er sich erboten hatte, mir als französischer Staatsbürger und Jude dabei dienlich zu sein", ist nicht stimmig. Die von Kuhn erwähnte „Angelegenheit Mainz" ist als Problem erst seit 2 Wochen akut gewesen. Wann und wo sollte Horowitz Kuhn das genannte Angebot, ihm dabei behilflich zu sein, gemacht haben? Das könnte höchstens von Münster aus geschehen sein. Auch dieser Punkt bleibt undurchsichtig ebenso wie die von Kuhn angedeuteten, aber nicht benannten „ganz anderen Zusammenhänge" seines Briefwechsels mit Horowitz.

Schließlich gibt es keinerlei Nachweis, dass Kuhn und Horowitz nach 1945 – während der eine in Göttingen (1949–1954) und Heidelberg (1954–1976) tätig war, der andere in Münster (seit 1949/1950) , danach in Oberhausen (seit 1951) und später in Bonn (1956–1969) als Rabbinist an der evangelisch-theologischen Fakultät wirkend – einander begegneten oder gar engeren Umgang miteinander pflegten. Im Gegenteil, im Kreis von Horowitz' Schülern sind eher dem entgegenstehende Hinweise wahr genommen worden.[95]

Angesichts dessen überrascht es kaum, dass – anders als von Kuhn erhofft – die Stimmung und die Stimmen in der Mainzer Fakultät sich gegen ihn wandten. Über die einzelnen Vorgänge unterrichtet, sowie vor allem in Kenntnis des Ergebnisses der Durchsicht des Kuhnschen Schrifttums, insbesondere des antisemitischen Duktus in seiner Schrift über „Die Judenfrage als weltgeschichtliches Problem" hob der Fakultätsrat den Kuhn betreffenden Beschluss seiner Aufnahme in die Berufungsliste auf.[96]

Kuhn, damit konfrontiert, wollte das indes nicht hinnehmen und wandte sich Beschwerde führend an den für ihn dienstrechtlich zuständigen Dekan der Göttinger Theologischen Fakultät, den Patristiker Hermann Doerries. Dieser nahm sich der Sache persönlich an, zeigte sich demonstrativ ungehalten über die seines Erachtens ehrenrührige Behandlung eines Mitglieds der Göttinger Fakultät und scheute sich nicht, den Mainzer Beschluss in der Sache harsch zu kritisieren.[97] Dies führte zu einer über Monate sich hinziehenden Auseinandersetzung, die sich widerspiegelt in einem bis Februar 1952 währenden, umfänglichen Briefwechsel, der in erster Linie zwischen den Dekanen der beiden Fakultäten geführt wurde, an

---

93 So Faulenbach (2009), 437f.
94 S. Anm. 86.
95 Mündlich berichtet von Martin Reese, Münster (4.11.2015).
96 Am 13.7.1951.
97 Brief Doerries 30.6.1951 UAG, Theol Pers Nr. 75.

dem aber auch weitere Mitglieder der Göttinger und Mainzer Fakultäten beteiligt waren.[98] Doerries, der in der NS-Zeit sich unerschrocken für die „Bekennende Kirche" eingesetzt, freilich seine seit dem 1. Mai 1933 bestehende Mitgliedschaft in der NSDAP wohl aus taktischen Gründen beibehalten hatte[99], vertrat als Göttinger Dekan uneingeschränkt die Position Kuhns und forderte, dessen verletzte Ehre wieder her zu stellen.[100] Ein Verfahren zur Rehabilitation Kuhns durch den Präsidenten des Deutschen Evangelischen Theologentages wurde erörtert.[101] Kuhn selbst setzte nach und intervenierte ein weiteres Mal beim Göttinger Dekan.[102] In seinem umfänglichen Schreiben verschanzte er sich hinter dem rechtskräftigen Urteil der Tübinger Spruchkammer, an das „auch eine Fakultät wie jede juristische Person" gebunden sei, unterstellte darüber hinaus dem Mainzer Dekan „bei seiner politischen Stellungnahme zu meiner Person außerwissenschaftlichen Einflüssen von außerhalb der Fakultät statt gegeben" zu haben und wies am Ende alle gegen ihn erhobenen Beschuldigungen, namentlich auch den Vorwurf einer Täuschung der Mainzer Fakultät empört und entschieden zurück.[103]

Wie weit und in welcher Weise der Göttinger Fakultätsrat als Repräsentanz der Fakultät, die damals selbst damit beschäftigt war, die eigene NS-Vergangenheit angemessen aufzuarbeiten[104], in die Diskussion eingebunden war, lässt sich nicht mehr ermitteln. Belegt ist nur eine offenkundig durch Kuhns Intervention veranlasste Besprechung des Dekans Doerries mit den Professoren Ernst Wolf, Ernst Käsemann und Otto Weber am 5.11.1951, deren Ablauf und Ergebnis in einem handschriftlich ausgefertigten Protokoll verzeichnet sind.

Danach wurde zunächst „die Zuständigkeit des [Göttinger] Dekans bejaht" und „festgestellt, dass die [Göttinger] Fak. ausschließlich mit den Vorwürfen zu tun hat, die gegen Herrn Kuhn erhoben sind", sowie dazu festgehalten: „durch den Brief des Mainzer Dekans vom 6.9.51 ist die [Göttinger] Fak. ihrerseits unmittelbar betroffen." Diese Präliminarien geschahen offenkundig, um das bisherige Vorgehen des Dekans zu stützen und den Verhandlungsrahmen zu begrenzen, wohl insbesondere um eine Stellungnahme zu Kuhns Veröffentlichungen zwischen 1935 und 1945 zu vermeiden. Gegenstand der Erörterungen waren „drei Fragen: a) Hat Herr K. die Mainzer Fak. durch Verheimlichung von belastendem Material, insbesondere seiner Schrift über „Das Judentum als weltgeschichtl. Problem" (1939) hintergangen? b) Hat Herr K. den Brief vom 7.7.51 an Herrn Horowitz als Zweckschreiben verfaßt?

---

98 Joachim Jeremia und Otto Weber für Göttingen; Friedrich Delekat für Mainz.
99 Dazu s. Ericksen (1988), 75ff.
100 Doerries ebd.
101 Brief Dekan Mainz an Dekan Göttingen vom 2.12.1951, UAG ebd.
102 Vierseitiger Brief an den Göttinger Dekan Prof. D. Doerries 23.10.1951, UAG Theol Pers Nr. 75.
103 Ebd., Blatt 3 ad 3).
104 S.o. 7.1 Anm. 19.

c) Hat Herr K. objektiv die Unwahrheit gesagt, wenn er auf Befragen des Mainzer Dekans erklärte, nicht Antisemit gewesen zu sein bzw. sich nicht als letzter betätigt zu haben?" Die Frage 3a) wird mit der formalen Auskunft erledigt, „dass Herr K. der Mainzer Fak. schon im November 1950 sein Entnazifizierungsurteil vorgelegt und sie dadurch in den Stand versetzt hat, ihrerseits, ihrer Pflicht entsprechend, von seinen Publikationen Kenntnis zu nehmen." Zur Frage 3b) wird erklärt, dass „der Vorwurf jedenfalls mit dem Hinweis auf das Datum des betreffenden Briefes" nicht nachweisbar ist. Zur Frage 3c) wird eingeräumt: „die Notwendigkeit weiterer Erörterung unter dem Gesichtspunkt, dass sich die Mainzer Fak. objektiv zum mindesten ungenügend unterrichtet fühlt." Den Abschluss bildet die Anregung: „Es sollte der Wortlaut einer Erklärung unserer Fak. an Herrn K. besprochen werden, die dann der Mainzer Fak. zur Kenntnis vorgelegt werden soll."[105]

Zu letzterem ist es dann allerdings nicht gekommen. Die Göttinger Fakultät hat keine Erklärung zu Stande gebracht, die auf der einen Seite an Herrn Kuhn adressiert sein sollte, auf der anderen Seite der Mainzer Fakultät (und damit der allgemeinen Öffentlichkeit) zur Kenntnis hätte gegeben werden können. Die Mainzer Seite hatte bereits zuvor die Angelegenheit als für sie erledigt erklärt.[106] Am Ende wurde sie auch in Göttingen nicht weiter verfolgt. Die allgemeine Öffentlichkeit hat von all dem nichts erfahren. Veröffentlicht wurde allein die 1951 im Oktoberheft der „Evangelischen Theologie" abgedruckte Erklärung, in der Kuhn sich zu seiner Tätigkeit in der NS-Zeit äußert und sich von der einen, besonders inkriminierten Schrift distanziert.

Diese Erklärung ist augenscheinlich nicht nur nachträglich von Kuhn in den Aufsatz eingefügt, sondern – wenn nicht alles täuscht – Kuhn aus dem Kreis der Göttinger Fakultät nahe- bzw. auferlegt worden. Dafür spricht zunächst die Veröffentlichung ausgerechnet in der „Evangelischen Theologie", dem theologischen Hausblatt der Bekennenden Kirche. Dessen Herausgeber Ernst Wolf, der damals in der Göttinger Fakultät die Rolle einer grauen Eminenz spielte und entsprechend zu dem kleinen Kreis der mit der „Angelegenheit Kuhn" offiziell befassten Fakultätsmitglieder gehörte, war, wie sein Briefwechsel mit Helmut Gollwitzer in Bonn zeigt, maßgeblich an dieser Maßnahme beteiligt.[107]

---

105 Protokoll vom 8.11.1951; UAG Theol Pers Nr. 75.
106 Vgl. die Feststellung der Mainzer Fakultät vom 19.12.1951: Sie betrachtet die Berufungssache Kuhn durch ihren Beschluss vom 13.7.1951 für erledigt und hält weitere Diskussionen darüber für unnötig; UA Mainz, 11 Bestand Nr. 11/80.
107 Brief Gollwitzer an Wolf 24.7.1951: „Es freute mich, dass Du Kuhn abgedruckt hast. Er wird jetzt wieder etwas bei Dir bringen wollen, um seinen üblen Lapsus in der Nazizeit gut zu machen, und Du wirst ihn ja am besten beraten können." ; Brief Wolf an Gollwitzer 1.8.1951: „Ich habe einige Sorgen … wenn dann … einmal die überall in Vorbereitung befindlichen Gesetze zur Rehabilitierung der Entnazifizierten kommen. … Kuhn ist nicht schlecht, aber so sehr ich meinerseits bemüht bin ihm zu helfen, man wird es mit ihm persönlich nicht ganz leicht haben. Er hat eine zu ehrgeizige

Die von Kuhn abgegebene Erklärung ist allerdings damals – nicht zuletzt bedingt durch ihren versteckt untergebrachten Abdruck – kaum zur Kenntnis genommen worden. Neben der „Evangelischen Theologie" gab es nur eine weitere Publikation, in der sie veröffentlich wurde. Die Zeitschrift „Kirche und Mann", ein intern verbreitetes Organ der Männerarbeit der evangelischen Kirche in Deutschland, druckte sie gleichfalls 1951 ab. Dies geschah auf der Seite der Leserbriefe nach einem Beitrag zur „materiellen" und „eigentlichen" Wiedergutmachung. Nach der Frage „Wie kann unter uns selbst eine Wiedergutmachung erfolgen?" wird auf Kuhns Erklärung verwiesen und ihr Wortlaut wiedergegeben. Nach den schon im Vorwort zitierten Sätzen heißt es dann: „Da muss unter uns selbst die Wiedergutmachung beginnen."[108]

7.4 Späteres Verhalten: Verweigerung weiterer Erklärungen

Weitere Schritte, seine Tätigkeit und seine Arbeiten im Dienst der NS-Judentumsforschung des Dritten Reiches offen zu legen und zu erklären, hat Kuhn von sich aus nicht mehr unternommen. In zwei Fällen sah er sich allerdings genötigt, auf Veröffentlichungen zu reagieren, die ihn dazu herausforderten.

Im Februar 1965 war in der vom Bundesvorstand des Sozialdemokratischen Hochschulbundes (SHB) herausgegebenen „Zeitschrift für demokratische Studenten Frontal" unter der Überschrift „Ad Memoriam: 1000-Jährige Wissenschaft" eine von Peter Colibri zusammengestellte Dokumentation des Wirkens deutscher Wissenschaftler während des Nationalsozialismus publiziert worden, in der u. a. auch Abschnitte aus Kuhns Vortrag auf der 4. Arbeitstagung in Berlin am 1. Dezember 1938 und der anschließenden Veröffentlichung „Die Judenfrage als weltgeschichtliches Problem"[109] zum Abdruck kamen. Von den Herausgebern darüber unterrichtet reagierte Kuhn darauf mit einem Leserbrief, der in der folgenden Nummer von Frontal unter der Überschrift „Löbliche Ausnahme" gebracht wurde. Darin verweist er auf seinen 1951 in der „Evangelischen Theologie" und in „Kirche und Mann" veröffentlichten Widerruf und zitiert diesen sogar in vollem Wortlaut. Er belässt es aber nicht dabei. Kuhn greift vielmehr den im Beitrag von Peter Colibri enthaltenen Hinweis auf: „Zwar ist kein Fall bekannt, wo sich ein Professor heute nicht vom NS-Alltag und von der NS-Politik distanziert hätte ... – jedoch es ist auch kein Hochschullehrer bekannt, der seine damaligen wissenschaftlichen Wahrheiten

---

Frau. Eben habe ich ihn für Heft 2 einen kleinen und guten Aufsatz über die neuen Funde und ihre Bedeutung für das NT schreiben lassen, wobei er in einer größeren Fußnote ausdrücklich von seiner fatalen Broschüre sich absetzen kann." (BAKo, N1367/ Nachlass Ernst Wolff 3.1/45).

108 „Kirche und Mann" 4/10, 1951, 11.
109 S.o. 3.4.4.

wissenschaftlich revoziert hätte."[110] und verabschiedet sich im Blick darauf mit der Feststellung: „Nun, hiermit werden Sie mit einem Hochschullehrer, der revoziert hat, bekannt gemacht."[111]

1968 – 3 Jahre später – veröffentlichte der Schriftsteller Rolf Seeliger in Heft 6 der von ihm erarbeiteten und in einem Selbstverlag herausgegebenen und daher weithin unbeachtet gebliebenen sechsbändigen Dokumentation „BRAUNE UNIVERSITÄT – Deutsche Hochschullehrer gestern und heute" u. a. einen ausführlich dokumentierten Bericht über die Rolle, die Karl Georg Kuhn als Sachverständiger in „Judenfragen" im Dritten Reich gespielt hatte.[112] Dazu druckte er Kuhns Widerruf von 1951[113] ab und konfrontierte diesen mit einer Reihe weiterer kritischer Anfragen. So wollte er wissen, warum Kuhn sich „in seinem Widerruf ausdrücklich nur von der Schrift ‚Die Judenfrage als weltgeschichtliches Problem' distanziert habe," und warum er „nicht auch seine anderen Arbeiten, seine antisemitischen Propagandareden und vor allem seine verhängnisvolle Mitarbeit am Reichsinstitut widerrufen und bedauert hat." Schließlich nahm er Anstoß an Kuhns Verfahren, „seinen Antisemitismus als ‚Blindheit' zu apostrophieren und sich darauf zu beschränken, „eine schicksalhafte Erblindung an allem schuld" sein zu lassen.[114]

Kuhn zeigte sich dadurch in keiner Weise beeindruckt. Kategorisch lehnte er es ab, sein Bedauern und seinen Widerruf auf alle anderen Veröffentlichungen und Verlautbarungen auszudehnen, die er an der Abteilung „Judenfrage" des Reichinstituts und darüber hinaus getätigt hatte. Die dafür gelieferte Begründung erscheint recht gewunden. Zunächst weist Kuhn darauf hin, dass „in der deutschen Geschichte ein solcher Widerruf nicht üblich oder alltäglich gewesen" sei und in seinem „Falle auch nicht selbstverständlich" war, da er durch die einschlägigen Entnazifizierungsspruchkammern als „entlastet" eingestuft worden war.[115] D.h. genau bedacht, von daher gesehen wäre sein Widerruf gar nicht nötig gewesen. Dass er dennoch erfolgte, wird „über die Entnazifizierung hinaus" mit Kuhns Auskunft begründet, „dass ein Mensch nicht nur die Pflicht, sondern auch das Recht hat, wenn er sich geirrt und dadurch gefehlt hat …, dies auch sagen soll, wenn es durch Veröffentlichung geschehen ist, es auch öffentlich zu sagen hat." Ein vages Eingeständnis, „geirrt und dadurch gefehlt" zu haben, und die Andeutung, dass „seine Aussagen über die Judenfrage allgemein und speziell auch in der damaligen Gegenwart" „nicht richtig und nicht recht" waren, das ist alles, was Kuhn in diesem Zusammenhang beizubringen hat. Offen bleibt zudem, warum er nach Jahren des Schweigens

---

110 S. Colibri (1965), 12.
111 Frontal 27 vom 25. Mai 1965, 22.
112 Seliger (1968), 46–52.
113 Ebd. 53.
114 Ebd. 54.
115 Ebd.

1951 meinte, dies seinen „Studenten und der Öffentlichkeit schuldig" gewesen zu sein.[116] Bei allen anderen Arbeiten, die er „in den Schriften des Reichsinstituts für Geschichte des neuen Deutschlands veröffentlicht" hatte, hielt Kuhn daran fest: es bestand und bestehe kein Anlass, sie „zu widerrufen", und fügte hinzu: „Es sind historische Darstellungen über das antike Judentum, wobei meine Darstellung stets durch entsprechende Zitate und Belegstellen aus antiken Quellen begründet ist."[117] Die von Kuhn bereits in den Entnazifizierungsverfahren verfolgte Verteidigungsstrategie, sich und seine Arbeiten mit der Aura der reinen Wissenschaftlichkeit zu umgeben, fand auch hier wieder ihren Niederschlag. An ihr hat Kuhn bis zu seinem Tode öffentlich festgehalten, und das ist ihm auch vielfach unbesehen abgenommen worden.

So haben die beiden referierten Stellungnahmen keinen weiteren Widerhall gefunden. Sie sind Randerscheinungen im Gewoge der gesellschaftlichen und politischen Aufbrüche und Auseinandersetzungen der sechziger Jahre geblieben. Weder inneruniversitär noch außeruniversitär haben sie erkennbar eine Rolle gespielt.[118]

---

116 Ebd. 55.
117 Ebd.
118 In der mehrfach herangezogenen und besprochenen Arbeit von Theißen über Kuhn und Bornkamm findet sich zu Kuhn der Satz: „Für antisemitische Äußerungen oder eine Animosität gegen Juden gibt es keine Belege." (Theißen 2009, 53) Eine Begebenheit, die der Tübinger Judaist Reinhold Mayer Berndt Schaller in einem Gespräch am 30.11.2010 anvertraut hat, hat letzteren einmal mehr nachdenklich werden lassen und ihn veranlasst, den Gesprächsinhalt festzuhalten.

Danach erschien Kuhn, bei dem Mayer im ersten Semester nach Kriegsende studiert hatte, woraus sich ein engerer Kontakt entwickelte, gelegentlich unangemeldet im Pfarrhaus von Mayer, wenn er zwischen 1954 und 1956 im Stuttgarter Kultusministerium zu tun hatte. Eines Tages hatte Mayer einen jüdischen Repräsentanten und einen israelischen Historiker zu Besuch, als Kuhn zu der Runde dazu stieß und sich am Fachgespräch über talmudische Fragen beteiligte. Erst im Nachhinein erfuhr der israelische Gast von der NS-lastigen Vergangenheit Kuhns und Mayer, der selbst unkundig war, musste sich die Frage gefallen lassen, wie er eine solche Begegnung den jüdischen Gästen habe zumuten können.

Als Kuhn davon erfuhr, dass seine NS-Vergangenheit in Israel zu Diskussionen geführt hatte, erschien er erneut unangemeldet bei Mayer im Pfarrhaus und erklärte noch in der Wohnungstür sinngemäß, damals sei er kein Antisemit gewesen. Jetzt aber sei er es. Mayer wies Kuhn daraufhin aus dem Haus und brach den Kontakt zu ihm ab.

Da Berndt Schaller seine Notizen über Mayers Bericht in seinen Unterlagen gelassen und nicht in sein Manuskript aufgenommen hatte, mag es bei dieser Anmerkung bleiben. UK.

8. Auswertung – Fakten und Fragen

8.1 Ein widersprüchliches, schwer durchschaubares Bild

Die aus Quellen höchst unterschiedlicher Art und Zeit stammenden, überwiegend Eigenzeugnisse des Tübinger Judaisten Karl Georg Kuhn umfassenden, teils aber auch ihn betreffende Fremdberichte enthaltenden Textkomplexe liefern ein recht widersprüchliches, bisweilen schwer durchschaubares Bild seiner Tätigkeit als Hochschullehrer im Rahmen der Judenpolitik des Dritten Reichs.

Unbestreitbar sind seine wissenschaftlichen Leistungen auf dem Gebiet der Semitistik, seine profunden Kenntnisse im Bereich des klassisch-rabbinischen Schrifttums und der Geschichte des antiken und spätantiken Judentums.[1] Zugleich liegen seine Beziehungen zu der im Aufbruch befindlichen nationalsozialistischen Bewegung auf der Hand: die bereits 1932 erfolgte Mitgliedschaft in der NSDAP, der 1933 vollzogene Eintritt in die SA.[2] Ebenso unstrittig ist seine langjährige Mitarbeit in der Abteilung „Judenfrage" des 1935 parteiamtlich gegründeten „Reichsinstituts für Geschichte des neuen Deutschlands"[3] und die damit zusammenhängenden öffentlichen Propagandaauftritte. Für die Zeit des Krieges ist seine Ernennung zum NS-Führungsoffizier ebenso dokumentiert wie seine Entsendung nach Warschau.

Schwer einzuordnen und entsprechend umstritten sind Anlass und Ausmaß seiner dem NS-System dabei erwiesenen „Dienstbarkeit". Nach 1945 hat Kuhn selbst alles getan, um seine wissenschaftliche und berufliche Karriere, seine öffentlichen Auftritte, seine literarischen Arbeiten und sein sonstiges Verhalten in der NS-Zeit dem Vorwurf der Komplizenschaft mit dem NS-System zu entziehen und von sich das Bild eines völlig unabhängigen, rein der Wissenschaft dienenden Gelehrten zu zeichnen.

Dafür konnte er in seinen Entnazifizierungsverfahren mit einer durchaus stattlichen Zahl von Gutachten aufwarten, in denen ein breites Spektrum von politisch vielfach unbelasteten Zeugen sich für ihn einsetzte, ihn als herausragenden, unangepassten Wissenschaftler darstellte, ihn vom Vorwurf antisemitischer Gesinnung und Umtriebe entlastete, seine Verbindungen zu NS-fernen oder gar NS-kritischen Gruppierungen bekundete und ihn sogar als Gegner der NS-Herrschaft darstellte.[4]

---

[1] Den Hauptbeleg dafür liefert seine Textausgabe, Übersetzung und Kommentierung von Sifre Numeri, einem der Kerntexte rabbinischer Literatur. S.o. 2.1.
[2] S.o. 2.2.
[3] S.o. 2.3.
[4] S. im Einzelnen dazu wie zu Kuhns Selbstdarstellung im Folgenden o. 7.1. und 7.2.

Entsprechend hat Kuhn auf den ihm gegenüber in manchen NS-Kreisen, namentlich bei Streicher und Konsorten, bestehenden Argwohn hinsichtlich seiner ideologischen und politischen Zuverlässigkeit verwiesen und nicht zuletzt auch den Umstand geltend gemacht, dass ihm während der ganzen NS-Zeit ein professorales Ordinariat vorenthalten blieb.

Seine Einlassungen im Rahmen der gegen ihn geführten Entnazifizierungsverfahren sind durchgehend bemüht, sich als unbelastet darzustellen. Seine christliche Herkunft habe er nicht verleugnet. In christlichen Gemeindegruppen sei er mit Vorträgen aufgetreten, ebenso habe er in einem Kreis von nicht-NS-hörigen Intellektuellen verkehrt. Als Wissenschaftler habe er sich erlaubt, ein eigenes Profil zu zeigen und zu fordern. Das sei in manchen NS-Kreisen mit Argwohn beobachtet und gelegentlich auch gegen ihn benutzt worden.

Seine schon 1945 der französischen Militärregierung und dann 1948 in den Spruchkammerverfahren 1948 vorgelegten autobiographischen Ausführungen und ebenso seine späteren Verlautbarungen sind darauf angelegt, die Mitgliedschaft in der NSDAP zu bagatellisieren, die Mitarbeit in der Abteilung „Judenfrage" des Reichsinstituts als rein wissenschaftlich orientiert zu charakterisieren und sich selbst in seiner nicht voll zum Zuge gelangten akademischen Karriere als Opfer gegen ihn gerichteter NS-Machenschaften zu stilisieren. Das gelang allerdings nur dadurch, dass Kuhn die ihn belastenden Sachverhalte in ihrer Virulenz unkenntlich[5] machte oder völlig[6] oder gerade in entscheidenden Hinsichten verschwieg.[7] Dass die erfolgten Entnazifizierungsurteile ihn noch nicht einmal als Mitläufer eingestuft haben, sondern „in die Gruppe der Entlasteten"[8] einreihen, verwundert angesichts dessen nicht. Kuhn hat das gern angenommen und sich später darauf berufen, dass die Tübinger universitäre Entnazifizierungskammer ihr Urteil zusätzlich mit der „ohne weiteres gegeben(en)" Feststellung versehen habe, er habe sich aktiv am Widerstand „gegen die antisemitischen Ziele des Nationalsozialismus" beteiligt.[9] Auf diese Urteile hat sich Kuhn lange Zeit uneingeschränkt berufen.[10] Erst 1951 sah er sich veranlasst, seine im Anschluss an die Reichspogromnacht abgefasste und zu deren Rechtfertigung dienende Schrift „Die Judenfrage als weltgeschichtliches Problem" öffentlich zu bedauern und „in aller Form" zu widerrufen.[11] Aber auch

---

5 So seine Freistellung vom Wehrdienst 1944 im Rahmen der Aktion „Sonderelbe". S.o. 2.3. Anm. 88.
6 So seine Mitwirkung im Verfahren wg. Rassenschande in Hildesheim. S.o. 5.2.
7 Dauer und Umstände seines Aufenthaltes in Warschau 1940. S.o. 6. Sonderauftrag.
8 Spruch Stuttgart; StALbg; Az. EL 902/20 Bü 51718 – online: http://www.landesarchiv-bw.de/plink/?f=2-1777222.
9 Spruch Tübingen S. StASi Wü 13 T2 Nr. 2657/250, Bl. 13 – online: http://www.landesarchive-bw.de/plink/?=6-448329-1.
10 Insbes. in der Auseinandersetzung mit der Theol. Fakultät in Mainz. S. 7.3.2. Exkurs.
11 S.o. 7.3. Der Widerruf.

das geschah nur verklausuliert und an entlegener Stelle publiziert. Darüber hinaus hat er an keiner Stelle sein Verhalten im Dritten Reich kritisch bedacht. Erst nach seinem Tod ist herausgekommen, dass er als Gutachter in einem Prozess wegen sogenannter Rassenschande tätig war und nach Warschau zur Beraubung der dortigen jüdischen Bibliotheken entsandt worden war.

Selbst in seiner 1964 gehaltenen, biographisch ausgerichteten Antrittsrede als Mitglied der Heidelberger Akademie der Wissenschaften kommen seine Verstrickungen in die antijüdischen Maßnahmen des Dritten Reichs nicht einmal andeutungsweise zur Sprache.[12] Dass er mit seinen Vorträgen und den daraus hervorgegangenen Veröffentlichungen dazu beigetragen hat, den von Partei und Staat verordneten antisemitischen Parolen und Programmen wissenschaftlich Ansehen zu verschaffen und sie damit öffentlich zu legitimieren, hat er durchweg bestritten und für sich stets reine Wissenschaftlichkeit in Anspruch genommen. Wie weit Kuhn dabei die dagegen sprechenden Sachverhalte verdrängt oder bewusst unterschlagen hat, ist schwer auszumachen. Bei manchen der zu seiner Entlastung vorgebrachten Äußerungen ist der Verdacht der Täuschung nicht ausgeräumt.[13]

Fakt jedenfalls ist: Kuhn hat sich im Dritten Reich als Semitist und Judaist in vielfacher Weise im antijüdisch-antisemitischen Fahrwasser bewegt. Er hat das nicht nur als Mitläufer getan, sondern sich mit seinen Fachkenntnissen kundig daran beteiligt, für die zwischen 1933 und 1945 zur Lösung der Judenfrage entwickelten Maßnahmen der Verdrängung, Vertreibung und am Ende der Vernichtung der jüdischen Bevölkerung ideologisch und mental das Feld zu bestellen. Er gehört damit in die Kategorie der am Schreibtisch und am Vortragspult wirkenden Täter. Mit seinen Beiträgen als judaistischer Fachmann war er eingebunden in die antijüdisch-antisemitische Schuldgeschichte unseres Volkes.

Welche Umstände dazu geführt haben, dass Kuhn mit seinen Fachkenntnissen als Semitist und Judaist der staatlich verordneten antisemitischen Judenpolitik gedient hat, ist schwer auszumachen.

Wie passt dieses Zusammenspiel semitistischer, nicht zuletzt rabbinistischer Gelehrsamkeit und antisemitischer Betriebsamkeit zusammen? Was waren die Beweggründe, die Auslöser? Wie weit lässt es sich erklären, gar auf einen Nenner bringen? Diese Frage stellt sich nicht nur bei Karl Georg Kuhn, sondern auch im Blick auf seinen Lehrer Gerhard Kittel[14] und manche anderen Fachgenossen.[15]

---

12 S. Literatur Kuhn 4. Dort (62), er sei „knapp fünf Jahre Soldat" gewesen, tatsächlich waren es knapp vier.
13 Das gilt insbes. für den angeblichen Brief an Horowitz. S.o. 7.3.2. Exkurs.
14 S.o. 2.1. Anm. 11.
15 S.o. 1. Anm. 4.

8.2 Judaist im antisemitischen Fahrwasser. Zu Ursachen und Motiven

In seinen Beiträgen zu Kuhns Aktivitäten im Dritten Reich ist Gerd Theißen eingehend den verschiedenen Phasen in dessen Leben nachgegangen und hat dabei namentlich die These des „Umschlags vom Philosemitismus zum Antisemitismus" entfaltet.[16] Theissen hat in diesem Zusammenhang vor allem drei Faktoren geltend gemacht: die „durch den Philosemitismus" bedingten „Identitätsprobleme christlicher Theologen", allgemeiner die „Stigmatisierung von Judentumsnähe in der NS-Zeit und eine innere Schwäche des Philosemitismus."[17]

Auf den ersten Blick erscheint das durchaus einleuchtend. Genau besehen führt dieser Erklärungsansatz indes kaum weiter. „Philosemitismus" ist ein höchst ambivalenter Begriff.[18] Gerade im Fall von Kuhn ist keineswegs ausgemacht, was dazu taugt, den jungen Kuhn als „Philosemit" einzustufen. Die von Theißen dafür vorgebrachten Indizien jedenfalls geben das schwerlich her. Der Umstand, dass Kuhn als junger Student sich neben der Theologie insbesondere der Semitistik zugewandt und zahlreiche zu diesem Fachbereich gehörige Sprachen erlernt hat, ist noch kein Beweis, um ihm „frühen Philosemitismus" zu attestieren.[19] Akademische, wissenschaftliche Beschäftigung mit dem Judentum ist von Haus aus keineswegs „philosemitisch". Sie kann ganz andere Gründe haben. Selbst die Tatsache, dass innerparteiliche Gegner Kuhn verdächtigt haben, er hätte „früher eine philosemitische Einstellung gehabt und auch projüdische Schriften geschrieben"[20] taugt schwerlich als Beweis.[21]

Kuhn selbst hat über den Entstehungszusammenhang und die Beweggründe für sein Interesse am Judentum sich nie ausdrücklich geäußert. Naheliegend könnte es sein, die pietistisch geprägte familiäre Frömmigkeit dafür geltend zu machen. Bekanntlich hat es in pietistischen Kreisen in der Nachfolge von Zinzendorf und Spener Tendenzen gegeben[22], die man am ehesten als „judenfreundlich" einstufen kann. Aus Kuhns Elternhaus ist dergleichen aber nicht bekannt. Im Gegenteil, es gibt ein deutliches Anzeichen, welches dagegen spricht: die von seinen Eltern für ihn

---

16 Theißen (2009), 107.
17 Ebd.
18 Vgl. etwa Heinsohn (2017).
19 Theißen (2009), 103.
20 So Kuhn in der Selbstanzeige vom 16.19.1933 an den Kreis U.Schl.A. Tübingen zu Händen Pg. Rechtsanwalt Stockburger. S.o. 2.2., Anm. 42.
21 Anders als Theißen (ebd. 103) es darstellt, hat Kuhn diesen gegen ihn erhobenen Vorwurf nicht ausdrücklich bestätigt, sondern wörtlich zu Protokoll gegeben: „Wenn dies einmal der Fall gewesen sein soll (ich kann mich in Bezug auf die mir zugeschriebene Behauptung nicht mehr erinnern, ob ich sie getan habe oder nicht), so hat sich meine Überzeugung eben gründlich geändert." (Kuhn am 16.10.1933 an den Kreis-U.Schl.A.).
22 Vgl. dazu Beireuther (1963).

und auch für den zweiten Sohn in Breslau getroffene Schulwahl. In Breslau gab es zwei Gymnasien: das aus der mittelalterlichen Lateinschule hervorgegangene Maria-Magdalenen-Gymnasium[23] und das 1872 zusätzlich eingerichtete Johanneum.[24] Ersteres war in jeder Hinsicht traditionell-konservativ geprägt, letzteres hingegen zeichnete sich durch Liberalität aus, war überkonfessionell ausgerichtet, offen für jüdische Schüler[25] sowie nicht zuletzt auch statutengemäß zu einem Drittel mit jüdischen Lehrern besetzt. Die beiden Söhne der Familie Kuhn wurden auf das konservative Magdalenen-Gymnasium geschickt. Dort machten sie auch ihr Abitur. Bei einer „philosemitischen" Grundhaltung der Familie wäre die Wahl vermutlich anders ausgefallen. Kuhns eigene Darstellung nimmt sich so aus, als sei das von ihm besuchte Gymnasium das einzige in Breslau vorhandene altsprachlich ausgerichtete gewesen, eben „das humanistische".

Aber woher kommt dann Kuhns Vorliebe für Semitica und Judaica? Was hat ihn dazu bewogen, sich jüdischen Studien zuzuwenden und in Breslau neben der Universität das Rabbinerseminar zu besuchen und dort, wie er selbst ausdrücklich in seiner Selbstdarstellung hervorgehoben hat, bei Israel Rabin eine „gründliche Ausbildung in der rabbinisch-talmudischen Literatur (zu) bekommen"[26]? Wie ist es dazu gekommen?

Eine Antwort darauf lässt sich womöglich finden in den „Vorlesungs- und Personal-Verzeichniss(en) der Schlesischen Friedrich Wilhelmsuniversität zu Breslau" aus den Jahren der Breslauer Studienzeit Kuhns 1925 bis 1928. In ihnen sind detaillierte Angaben enthalten über die personelle Ausstattung und über das damit verbundene Studienangebot in den beiden von Kuhn belegten Fachrichtungen, der evangelischen Theologie und der orientalischen Philologie. Was letztere anlangt, so wird beginnend mit dem Sommer-Semester 1926 Dr. Israel Abraham Rabin als Universitätsdozent für Literatur und Sprache des rabbinischen Judentums aufgeführt und sind Semester für Semester entsprechende Lehrveranstaltungen angekündigt.[27] Dieses im Rahmen der philosophischen Fakultät durch Israel Rabin erfolgte Angebot dürfte es gewesen sein, das Kuhns Interesse an Rabbinica

---

23 Dazu s. Eitner (2003).
24 S. dazu Rahden (2000).
25 Unter ihnen später bekannte Namen: Ernst Cassirer (1874–1945); Conrad Cohn (1901–1942); Norbert Elias (1897–1990); Fritz Haber (1868–1934); Walter Laqueur (1921–2018); Siegfried Marck (1889–1957); Otto Stern (1888–1969); Otto Toeplitz (1881–1940).
26 Kuhn, Literatur I.4. Vgl. auch Theißen ebd., 101.
27 Sommer-Semester 1926: Sprache der Mischna; Mischnatraktat Joma; Midrasch Echa Rabbati; Winter-Semester 1926/27: Messianische Texte aus Talmud und Midrasch; Palästinensische liturgische Dichtungen aus der Geniza in Alt Kairo; [Mischna] Pirqe Avot; Sommer-Semester 1927 Targum scheni zum Buch Esther; Sefer ha-Bachir mit einer Erläuterung der Grundbegriffe der Kabbala; Der Mischnatraktat Pesachim; Winter-Semester 1927/28: Einführung in die Mischna und Lektüre leichter Mischnatexte; Tod und Unsterblichkeit im rabbinischen Judentum.

geweckt hat. Kuhn selbst berichtet im Rahmen seiner biographischen Notizen im Blick auf seine zweite Studienphase an der Breslauer Universität, „er habe neben dem Hauptstudium der evangelischen Theologie orientalische Sprachen gelernt ... und gleichzeitig das Studium des Hebräischen auf das talmudische Hebräisch und Aramäisch ausgedehnt." Zu „diesem Zweck habe er die Vorlesungen von Dr. Israel Rabin über die Mischna" belegt „und zwei Semester am jüdisch theologischen Seminar in Breslau ebenfalls bei Dr. Rabin" Rabbinica gelernt. D.h., offenkundig hat er zunächst Rabins Lehrangebot an der Universität wahrgenommen und dadurch angeregt danach auch noch an dessen internen Lehrveranstaltungen im Rabbinerseminar als Gasthörer teilgenommen.[28]

Philosemitismus (in welcher Weise auch immer) muss da nicht im Spiel gewesen sein. Es genügt die von der orientalischen Philologie ausgehende und offenbar durch diesen jüdischen Dozenten vermittelte Faszination als Erklärung dafür, dass der sprachbegabte junge Student sich neben der Theologie und im Lauf der Zeit im steigenden Maß an ihrer Stelle, semitischen Sprachen (Hebräisch, Aramäisch und Syrisch sowie Arabisch und Persisch) und deren Literatur zugewandt hat. Dem entspricht, dass Kuhn ausschließlich Rabin als Lehrer am Breslauer Rabbiner-Seminar nennt. Die anderen Dozenten des Breslauer Rabbiner-Seminars (Michael Guttmann, Isaak Heinemann, Albert Lewkowitz[29]) werden von ihm nie erwähnt, selbst Guttmann nicht, obgleich dieser in gleicher Weise wie Rabin für Rabbinica zuständig war. Kuhn hat deren Lehrangebote augenscheinlich nicht wahr genommen.

Darüber hinaus gibt es für die Breslauer Studienzeit Kuhns keinen Hinweis auf persönliche Beziehungen zu jüdischen Zeitgenossen. Gerade in einer Stadt wie Breslau, in der bis in die Zeit der Weimarer Republik bei einem Anteil von ca. 23.000 jüdischen Einwohnern jüdisches Leben eine durchaus öffentlich wahrnehmbare Rolle spielte[30], hätten entsprechende Begegnungen, Bekanntschaften, ja sogar Freundschaften nahe gelegen. Aber weder von Kuhn noch von Seiten Breslauer Juden wird so etwas berichtet.

„Für eine positive Einstellung zum Judentum vor 1933 bei Kuhn" liefern auch seine Veröffentlichungen keine „weiteren Indizien"[31]. Weder der Umstand, dass

---

28 Die Jahresberichte des jüdisch-theologischen Seminars Fraenkelscher Stiftung notieren leider nur die Namen der ordentlichen Hörer, nicht hingegen der der Gasthörer. Diese werden nur zahlenmäßig erwähnt: 1925 waren es 10 (6 Frauen/ 4 Männer); 1926 9 (6 Frauen/ 3 Männer); 1927 5 (4 Frauen/ 1 Mann). Welches die beiden von Kuhn erwähnten Semester genau waren, geht aus seinen Angaben nicht hervor. Möglicherweise war er der für das Sommer-Semester 1927 und Winter-Semester 1927/1928 einzige aufgeführte männliche Gaststudent.
29 Zu ihnen s. EJ (1972) 7, 994; 8, 277; 11, 181.
30 Dazu s. Alicke (2008), 659f.
31 Theißen, (2009), 105.

er das Angebot Gerhard Kittels annahm, für die von diesem zusammen mit dem in London lehrenden jüdischen Gelehrten Arthur Marmorstein herausgegebene Reihe eine Übersetzung samt Erläuterungen zum rabbinischen Kommentar des Buches Numeri anzufertigen[32], noch die Tatsache, dass weder dort noch in seinen für das Theologische Wörterbuch zum Neuen Testament verfassten Artikeln sich ein ausgeprägter Antisemitismus zu Wort meldet[33], machen den jungen Kuhn zu einem Philosemiten, der sich unter den Bedingungen der „Stigmatisierung von Judentumsnähe in der NS-Zeit"[34] zu einem Antisemiten mauserte.

Die Annahme, der junge Kuhn sei ursprünglich „philosemitisch" eingestellt und Juden und Judentum besonders zugewandt gewesen, ist keineswegs gesichert. Dass die jüdische Welt für Kuhn vor 1933 eine ihm persönlich vertraute oder gar von ihm besonders geschätzte Größe war, dafür gibt es aus seinem persönlichen Umfeld m. W. keine Belege. Selbst die Teilnahme an einer Tagung für Judenmission[35] 1930 in Stuttgart, bei der u. a. Martin Buber zugegen war, lässt sich dafür kaum geltend machen. Eine persönlich gestimmte Beziehung spiegelt sich darin nicht wider. Sie findet sich, soweit bekannt, auch sonst nicht. Andernfalls hätte Kuhn bei seinen ersten Begegnungen mit NS-Gedankengut dessen antisemitische Schlagseite nicht, wie er selbst berichtet, als belanglos empfunden[36] und sich der NSDAP angeschlossen. Zu einer philosemitischen Haltung passt auch nicht, dass Kuhn – ungeachtet beruflich bedingter Bekanntschaft mit einzelnen Juden wie z. B. Charles Horowitz – sich 1933 und 1934 in Tübingen daran beteiligte, die staatlich betriebenen antijüdischen Maßnahmen öffentlich zu propagieren. Nicht der Umschlag von Philosemitismus zu Antisemitismus zeichnet sich hier ab, sondern doch wohl eher die Affinität zwischen dem in christlichen Kreisen gängigen traditionellen Antijudaismus und dem völkisch-rassistischen Antisemitismus.

Dazu kommen drei weitere Faktoren: die deutsch-christliche Färbung der evangelisch-theologischen Fakultät an der Tübinger Universität[37]; ferner die in steigendem Maße ins antisemitische Fahrwasser führende Ausrichtung der Tübinger Judentumsforschung, wie sie maßgeblich von Gerhard Kittel[38] bestimmt wurde; sowie schließlich und m.E. nicht zu unterschätzen die Situation und Position von Karl Georg Kuhn selbst mit den ihm von Kittel eröffneten Möglichkeiten: noch nicht dreißigjährig galt er in Universitäts- wie in Parteikreisen bereits als viel versprechender Nachwuchswissenschaftler in „Judentumsfragen". Hier wie

---

32 S.o. 3.1.
33 S.o. 3.3.
34 Theißen, ebd., 106.
35 S.o. 2.1. Anm. 18.
36 So von Kuhn nach dem Krieg dargestellt. S. 2.2. Anm. 28.
37 S. Siegele-Wenschkewitz (1978).
38 Zu Kittel s.o. 2.1. Anm. 11.

dort hatte er Beachtung und Anerkennung gefunden und dies dem Zeitgeist entsprechend karrierebewusst genutzt. Wenn Kuhn als junger Student nicht von Breslau nach Tübingen gewechselt wäre, sondern, wie er selbst zunächst vorhatte, nach Marburg, wäre er vielleicht eher bei der Theologie geblieben und nicht ganz zur Semitistik gewechselt; und selbst als Semitist hätte er sich womöglich nicht zum Spezialisten im Bereich der Rabbinica entwickelt und in diesem Zusammenhang sich der staatlichen Beschäftigung mit der „Judenfrage" gewidmet. Das alles „verdankt" er wesentlich Gerhard Kittel und dessen Förderung. Die Berufung des jungen Kuhn in den ausgewählten Kreis der Mitglieder der Forschungsabteilung „Judenfrage" des „Reichsinstituts für Geschichte des neuen Deutschlands" hat Kittel veranlasst. Dadurch bedingt ist Kuhn über den engeren Bereich der akademischen Fachwelt hinaus bekannt geworden, ist er in Berlin und München bei öffentlichen Großveranstaltungen aufgetreten und hat er sich gelegentlich in den oberen Etagen von Partei und Staat bewegt. Hier hat er ein Feld gefunden, das seinen Ambitionen entsprach und auch beruflich mehr versprach als ein am Ende eines Theologiestudiums stehendes kirchliches Amt. Dazu passt, dass Kuhn sich aktiv nicht an der Arbeit des von dem anderen Kittelschüler Grundmann geleiteten Instituts zur „Erforschung und Beseitigung des jüdischen Einflusses auf das deutsche kirchliche Leben" beteiligt hat.[39] Das dort betriebene Programm der „Entjudung" des Christentums hat er schwerlich abgelehnt. Die Mitarbeit als judaistischer Fachmann in einem von Partei und Staat betriebenen Unternehmen zur Erforschung der „Judenfrage" hatte für ihn Vorrang vor der Beteiligung an einer kirchlichen Einrichtung. Entsprechend hat Kuhn sich zu den damals strittigen Grundfragen des Verhältnisses von Judentum und Christentum, von Altem Testament und Neuem Testament öffentlich nicht geäußert und nur gelegentlich sich in den binnenkirchlichen Auseinandersetzungen positioniert.[40] Kuhns Interesse-geleitete Haltung spiegelt sich auch in der Art und Weise wider, wie er nach 1945 zu den Ereignissen der NS-Zeit sich geäußert hat, insbesondere zum Novemberpogrom von 1938 und zu den mit ihm endgültig einsetzenden Maßnahmen, die darauf abzielten, jüdisches Leben in Deutschland und in ganz Europa zu verdrängen und zu vernichten.

8.3   Kuhn zum Reichspogrom 1938

Wie Kuhn die Ereignisse des 9./10. November in Tübingen erlebt hat, wie weit er darin verwickelt war, was ihn dabei bewegte, dazu hat er sich – anders als z. B. Walter

---

39 S.o. 2.4 und Anm. 134.
40 Vgl. die ausweichende Stellungnahme zu Fiebigs letzter Schrift. S.o. 5.1.

Grundmann[41] – nie geäußert. Unklar ist gleichfalls, wie weit ihn der in Tübingen stadtbekannte Fall des Theologiestudenten Krügel berührt hat, der wie er Mitglied der SA im Rang eines Rottenführers war und die „Vergeltungsmaßnahmen gegen die Juden" zum Anlass nahm, seinen Austritt aus der SA zu erklären.[42] Ebenso unbekannt ist auch, wie Kuhn sich verhalten hat im Blick auf den im ländlichen Umfeld Tübingens[43] amtierenden Pfarrer Julius von Jan und dessen am Buß- und Bettag zu den antijüdischen Übergriffen des 9. November gehaltenen Predigt.[44] Kuhns einzige nachweisbare Äußerung zum Novemberpogrom 1938 findet sich im Protokoll der öffentlichen Sitzung der Entnazifizierungsspruchkammer Nr. 7 in Stuttgart Feuerbach vom 21.11.1948.[45]

Zu der ihm gestellten Frage: „Die Aktion gegen die Juden muss Ihnen doch zuwider gewesen sein." „Haben Sie diese Aktionen nicht zu irgendwelchen Konsequenzen veranlasst?", hat er damals sich folgendermaßen geäußert:

> „Ich war mir klar, dass diese Maßnahmen rein tumultuarischer Natur waren. In Tübingen selbst ist den Juden nichts passiert, die Synagoge wurde abgebrannt. Ich habe in Erfahrung gebracht, dass die Feuerwehr schon vor der Brandstiftung alarmiert worden war für den Fall, dass sich der Brand auf die Nachbarschaft ausdehne, da wurde mir klar, dass hier eine organisierte Sache vorliegt. Für mich gab es vordem schon Konsequenzen als Wissenschaftler dafür zu sorgen, dass eine richtige Aufklärung gerade zum Judentum getrieben wird, um ein Gegengewicht zu schaffen gegen die Hetze, die mit den Stürmernummern gemacht wurde … und so habe ich auch gewirkt durch Vorträge."[46]

Das ist alles, was Kuhn 10 Jahre nach dem in Deutschland reichsweit durchgeführten Novemberpogrom als vormaliger Zeitzeuge zu berichten weiß: die Tübinger Synagoge wurde abgebrannt. Den Tübinger Juden selbst ist sonst „nichts passiert."[47] Im Übrigen beschränkt er sich darauf, seine eigene, gegen Streichers Stürmer gerichtete Vortragstätigkeit über Juden und Judentum hervor zu heben, sie mit dem Etikett der von ihm beanspruchten Wissenschaftlichkeit zu versehen und sich als eine Art Widerständler vorzustellen. Sein eigener, kurz nach dem Pogrom in großer

---

41 Grundmann (1969); Vgl. auch Schaller (2013).
42 Zum Text der Erklärung s. Sauer II (1966); Nr. 302, 29ff.; Röhm/Thierfelder 3/I (1995), 43f.
43 In der Kirche von Oberlenningen bei Kirchheim Teck.
44 Dazu s. Metzger (1978), 44f.
45 S. Anm. 8.
46 Protokoll ebd., Bl. 4.
47 Tatsächlich wurden fünf jüdische Bürger, unter ihnen der getaufte Hans Spiro, verhaftet, und zumeist für Wochen in das KZ Dachau verbracht. Einer von ihnen, Martin Schäfer, starb an den Folgen der dort erlittenen Misshandlungen. S. Ulmer (1998/99).

Öffentlichkeit gehaltener Vortrag über „Die Judenfrage als weltgeschichtliches Problem" – ein Musterbeispiel antisemitischer Propaganda[48] – bleibt unerwähnt. Erst zwei Jahre nach dieser Befragung sah Kuhn sich überhaupt veranlasst, seine Verfasserschaft öffentlich einzugestehen.[49] Über die dem November-Pogrom folgenden katastrophalen Ereignisse hat Kuhn weder 1948 noch später ein Wort verloren. Er schwieg zu Vertreibung und Vernichtung der jüdischen Bevölkerung im eigenen Land und in den europäischen Nachbarländern. In welchem Umfang er darüber Bescheid wusste, hat er nie genauer verlauten lassen[50], noch weniger, in welcher Weise er darin verwickelt war. Dass Kuhn nicht nur öffentlich daran beteiligt war, das geistige Umfeld der Judenverfolgung zu bestellen, sondern selbst 1940 in Warschau eingebunden war in konkrete Maßnahmen[51], hat er bewusst verschwiegen und damit all jene getäuscht, die bereit waren, ihm seine „rein wissenschaftliche Beschäftigung mit der Judenfrage" abzunehmen und zu bezeugen.

8.4 Anzeichen einer Kehrtwende? – Sifre Numeri am Ende

Kuhns wissenschaftliches Erstlings- und Hauptwerk, die Übersetzung und Erläuterung des rabbinischen Kommentars zu Sifre Numeri (4. Mose) ist in der NS-Zeit nicht vollständig veröffentlicht worden, das gesamte Werk erschien erst „nach dem Zusammenbruch des Jahres 1945"[52]. In welchem Umfang er dabei Streichungen vorgenommen und wie weit er dabei positionelle Veränderungen hat einfließen lassen, lässt sich nur sehr schwer feststellen. An einer Stelle jedenfalls lässt sich eine überraschende Akzentverschiebung finden, in der auch typographisch sich deutlich abhebenden[53] letzten Anmerkung des Werkes, die sich auf Numeri 35, 34 bezieht: „Und macht nicht unrein das Land, wo ihr sesshaft seid, in dessen Mitte ich wohne; denn ich, der Herr, wohne mitten unter den Israeliten".

Zu den auf den vorigen Seiten zitierten und kommentierten Ausführungen des Midrasch, der mit dem Wortlaut von Vers 34 endet, schreibt Kuhn in der 1958 bearbeiteten und 1959 erschienenen Druckausgabe:

„Mit besonderer Betonung sind diese tröstlichen Verheißungsworte vom Red.[aktor] an den Schluß der ganzen Schrifterklärung des Buches Numeri gestellt (wie es auch

---

48 Dazu s.o. 3.4.4.
49 Zum Widerruf s.o. 7.3.
50 S. das angebliche Zitat aus einem Brief an Kittel im angeblichen Brief an Horowitz, o. 2.3 Anm. 99. Vgl. 10. Dokumente 5.
51 S.o. 6.
52 So die Formulierung im „Geleitwort des Herausgebers" K.H. Rengstorf, SifreNum, VI, s. Kuhn Lit. 4.
53 Die ganze letzte Seite 690 scheint neu gesetzt zu sein.

sonst vielfach in spätjüdischem Schrifttum zum festen Stil gehört, dass sie mit Trost- und Verheißungsworten schließen): Gottes Gnadengegenwart ist stets und überall bei seinem Volk. ... Und nicht nur im ‚heiligen' Lande selbst, in Palästina, sondern überall in der Welt, wo sie auch wohnen mögen, in der ganzen weiten Diaspora, überall ist Gottes Gnadengegenwart bei seinem Volk. Ganz ebenso, wie hier absichtsvoll an den Schluss von S[ifre]Num[eri] der Gedanke gestellt wird, überall und alle Zeit ist Gottes Gnadengegenwart bei seinem Volk, ebenso schließt auch das Matthäusevangelium absichtsvoll mit den analogen Gedanken: ‚Ich bin bei euch alle Tage bis an der Welt Ende' (Matth. 28,29). Nur wird dort nicht wie hier, jüdisch, von der Schekina ausgesagt, sondern christlich von dem erhöhten Herrn Jesus Christus. Der Evangelist folgt also damit, dass er diesen Satz an das Ende stellt, einer jüdischen Gepflogenheit für den Abschluss von Büchern."[54]

Anders als sonst beschränkt Kuhn sich hier nicht auf ein paar Anmerkungen zum biblischen Text. Er stimmt ein Lied an auf die Gegenwart Gottes bei seinem Volk Israel und verbindet dies mit einem Bekenntnis zum „erhöhten Herrn Jesus Christus".

Beides ist höchst ungewöhnlich. Ähnliches begegnet in Kuhns Erläuterungen zu Sifre sonst an kaum einer Stelle.[55] Was Kuhn hier im Sinn einer heilsgeschichtlichen Entsprechung zwischen Judentum und Christentum andeutet, passt in keiner Weise

---

54 SifreNum. 690, Anm. 69.
55 Bereits in dem 1933 ausgelieferten Heft der Midrasch-Ausgabe findet sich ein Hinweis auf den „tröstlichen Gedanken" der Gegenwart Gottes und der Abschnitt zu Num.10, 35 und 36 wird ausdrücklich als ein Stück bezeichnet, das „der Judenheit besonders wichtig" war. (S. 226, Anm. 67). In eckigen Klammern ist als Anmerkung von Marmorstein angefügt: „Ich sehe in dieser Stelle eine Replik auf die Lehre von der Verwerfung Israels." Auch in der 1936 gesetzten Fassung des Kommentars ist vor der ersten vollständigen Zitierung von Num 35, 34 auf Seite 688 in Anm. 59 von Gottes „Gnadengegenwart" die Rede und wird auf die Parallele in Num 5,3 und auf die Anm. 97–99 von S. 12 verwiesen. In Anm. 99 heißt es: „Der Satz wendet sich gegen den Gedanken, dass Gott sein Volk verlassen hat, und zeigt die biblische Begründung dafür, daß kultische Unreinheit (und auch ethische Versündigung?) kein Hindernis sind für die Gegenwart Gottes in seinem Volk." So weit könnte Kuhn seinen jüdischen Mitarbeitern gefolgt sein. In eckigen Klammern folgen Hinweise auf Joh.1, 5a; Röm. 5, 8; 2.Kor. 5, 19, die mit dem Kürzel Ki Kittel als Verfasser nennen. In dem Nachtrag von 1958 zu S. 226 greift Kuhn den früher zweifach hervorgehobenen „Grundgedanken" auf, der jetzt als der entscheidende Trostspruch *„für das Diasporajudentum"* bezeichnet wird. In der zeitlich ungewissen Anmerkung 69 auf der letzten Seite des Kommentars folgt dann die von B. Schaller oben behandelte Parallelisierung mit dem Schluss des Matthäus-Evangeliums. (UK)
Es fällt auf, dass die von Kittel angefügte Stelle Röm. 5,8 diejenige ist, auf die sich Kuhn mit seiner Gewissheit auf Vergebung im angeblichen Brief an Horowitz bezieht. (s.u. 10.4) – Am Ende bleibt das eine wie das andere erklärungsbedürftig, die 1936 vorgenommene krasse Ausnahme von der Regel der Neutralität in den für einen internationalen Leserkreis bestimmten Publikationen mit der Betonung von Haß als Motiv jüdischer Rechtsnorm, wie die 1933 und 1936 enthaltene bzw. erhalten gebliebene und 1958 überbotene Bedeutung der Gnadengegenwart Gottes für „die Judenheit" (S. 226), für „das Diasporajudentum" (S. 696), für „sein Volk" (S. 12). (UK)

zu dem, was er 20 Seiten zuvor abfällig und Luthers Judenpolemik aufnehmend über „die Stimmung des Hasses gegenüber den heidnischen Mitbewohnern Palästinas" und dem sich darin ausdrückenden Charakter der rabbinischen Rechtsnormen deklariert hatte.[56] Sein in der Schlussanmerkung des Bandes gegebener Hinweis auf die Ähnlichkeit der Buch-Abschlüsse wirkt wie ein zurecht geschustertes Versatzstück zu den 1950 im Aufbruch befindlichen Ansätzen christlich-jüdischer Begegnung. Wenn nicht alles täuscht, meldet sich Kuhn hier mit dem Versuch zu Wort, sich selbst als einen der Vorläufer christlich-jüdischer Zusammenarbeit darzustellen.

---

56 Sifre zu Numeri § 160, 667f. Anm. 31; schon vor dem geplanten Druck als Beleg genannt in „Ursprung und Wesen der talmudischen Einstellung zum Nichtjuden". S.o. 2.4.3. Das gleiche gilt im Blick auf Kuhns Äußerungen über das jüdische Diasporawesen in seinen zwischen 1936 und 1940 verfassten Schriften. s.o.3.2.3 sowie 3.4.1., 3.4.2 und 3.4.4 und 3.4.5.

9. Nachwort des Bearbeiters Ulrich Kusche

Die Zeilen, die zunächst an dieser Stelle standen, hat Berndt Schaller in der letzten Fassung seines Manuskripts[1] gestrichen. Sein Anliegen und die entgegenstehenden Bedenken hat er in der Einleitung beschrieben. Nachdem er die Fakten erforscht und dargelegt hatte, konnte er getrost der Leserin und dem Leser es überlassen, sich ein fundiertes Urteil zu bilden.

Die Streichung entspricht auch Schallers Bemühen, keineswegs als moralischer Besserwisser aufzutreten. Bei aller Klarheit in seiner Kritik lag ihm daran, die jeweils im Hintergrund liegenden Anlässe und Motive aufzuklären, auch um für die gegenwärtigen Herausforderungen gerüstet zu sein. Dabei geht Schaller in dieser Arbeit wie in seinem zeitgleich abgeschlossenen Artikel über „Juden und Judentum in der Geschichte der Georgia Augusta"[2] weithin nicht näher auf psychosoziale Faktoren ein, die in der Regel persönliche Entwicklungen prägen und politische

---

[1] Der vorliegende Text entspricht der von B. Schaller im August 2019 noch nicht ganz abgeschlossenen Druckfassung. An einigen Stellen sind sprachliche Formulierungen behutsam bearbeitet. Wo nötig, sind Text und Anmerkungen nach den Quellen und der Literatur vervollständigt worden. Der Dokumententeil wurde erweitert. B. Schaller bat mich in seinen letzten Lebensmonaten, ihm zu assistieren, und vertraute mir die weitere Betreuung des Buchmanuskripts an.

Dank der Vermittlung von Prof. Kratz erhielt ich die Möglichkeit, in Archivbelege der Qumran-Forschungsstelle in Göttingen Einblick zu nehmen. Prof. Doering danke ich für eine erste Durchsicht des Manuskripts. Für Unterstützung bei Recherchen zur zitierten Literatur danke ich besonders Frau Astrid Stacklies, der wissenschaftlichen Mitarbeiterin in der Forschungsstelle Qumran-Wörterbuch in Göttingen.

Frau Prof. Steudel hat dankenswerter Weise gemeinsam mit Prof. Doering die von ihnen herausgegebene Bibliographie Berndt Schallers überarbeitet und bis zum Jahre 2021 fortgeführt, die diesen Band abschließt.

Professor Doering hat sich für die nötigen Druckkostenzuschüsse eingesetzt und den Kontakt zum Verlag Vandenhoeck & Ruprecht vermittelt. Der Verlag hat in hervorragender Weise für Ausgestaltung und Drucklegung dieses letzten Werkes von Prof. Schaller gesorgt. Für Beratung und Unterstützung danke ich insbesondere Herrn Dr. de Hulster und Frau Miriam Espenhain. Dass Frau Professorin Susannah Heschel diesem Band ihr Geleit gibt auf seinem Weg in eine interreligiöse und internationale Öffentlichkeit, freut alle Beteiligten. Peter Schäfer vermittelte den Kontakt zu Professor Peter Kuhn. Peter von der Osten-Sacken sowie Matthias Morgenstern danke ich für mancherlei Hinweise und Frau Käte Schaller für ihr Vertrauen und ihre stete Ermutigung!

[2] Als „Beitrag zur Universitätsgeschichte Göttingens" ist der Text erschienen im Göttinger Jahrbuch 2020 (2021). Die Vortragsfassung, die am 18. März 2020 im Städtischen Museum Göttingen vorgetragen werden sollte und aus Corona-Gründen abgesagt werden musste, s.: http://gcjz-goettingen.de/files/2020/Schaller_Vortrag_2020-04.pdf (20.7.2020).

Handlungen mitbestimmen.³ Entsprechende Forschungen legen sich nahe gerade auch im Blick auf die von Schaller hier und anderenorts behandelten christlich-akademischen Forscher.

Dass der biographische Hintergrund Einfluss auf die spätere Entwicklung hat, gilt natürlich auch für Berndt Schaller selbst. Mit 12 Jahren erlebte er als Mitglied der „Hitlerjugend" die Einschränkungen, die das Fehlen eines vollständigen „Ariernachweises" zur Folge hatten. Und als Heranwachsender hörte er von den enormen Anstrengungen und der notwendigen mutigen Unterstützung, die es brauchte, um als Stigmatisierter Zwangsarbeit und Schlimmerem zu entgehen. Der in Theresienstadt umgekommen Schwester seines Großvaters ist dies wie so ungezählt vielen anderen nicht gelungen. Das Andenken an die Opfer hat Berndt Schaller sein Leben lang begleitet. Dem entspricht auch die von Schaller entschiedene und gestaltete Widmung dieses Buches.

Berndt Schallers bis wenige Tage vor seinem Tod durchgehaltenes Engagement mit seiner Leidenschaftlichkeit, Gründlichkeit und Gewissenhaftigkeit ist Ausdruck einer existentiellen Entschlossenheit, dem eigenen Ruf des Lebens ebenso gerecht zu werden wie der Achtung gegenüber jedem anderen Leben.

Göttingen, den 16.06.2021

Ulrich Kusche

---

3 Zum Verständnis des Gemeinten vgl. die im Literaturverzeichnis genannten Bände von Arno Gruen (1991) und (2000). Vgl. auch aus einem anderen Bereich die Auseinandersetzung mit „Licht und Schatten der Meister": Loomans (2020) mit einem Beitrag von Tilman Moser.

10. Dokumente

1. Paul Fiebig

Anfrage Reichsschrifttumskammer

Abschrift.

Der Präsident der
Reichsschrifttumskammer

Berlin W 8, den 4. Januar 37
Friedrichstr. 194/199

V-1005/H

Herrn
Doz. Dr. Karl Georg K u h n
T ü b i n g e n
Forschungsabt. Judenfrage des
Reichsinstituts für Geschichte
des Neuen Deutschlands

Betr. Schriften å von Dr. Paul F i e b i g :
"Neues Testament und Nationalsozialismus" und
"Talmud-Zitate".

Herr Professor Dr. Paul Fiebig, dessen Buch "Der Talmud" in der Liste des schädlichen und unerwünschten Schrifttums enthalten ist, hat mir die obengenannten beiden Schriften zur Prüfung eingesandt. Der Herr Reichs- und Preuss. Minister für die kirchlichen Angelegenheiten, dem ich die Schriften vorgelegt habe, hat sich dahingehend geäussert, dass sie vom kirchenpolitischen Standpunkt aus zu Beanstandungen keinen Anlass bieten. Der Herr Minister hat mir vorgeschlagen, mich bezügl. der Frage, ob der Inhalt der beiden Schriften wissenschaftlich haltbar ist, an Sie zu wenden. Ich gestatte mir daher, Innen anliegend die Druckschrift "Neues Testament und Nationalsozialismus" und das Manuskript "Talmud-Zitate" zu übersenden und wäre Ihnen für Ihre gutachtliche Stellungnahme unter Rücksendung der beiden Schriften besonders dankbar.

Anlagen

Im Auftrag:
gez. Unterschrift

NS. Ein Originalschreiben des
Herrn Prof. Fiebig vom 9. 8. 36
füge ich unter Rückerbittung ebenfalls zu Ihrer Kenntnisnahme bei.

Gutachten Kuhn

Abschrift.

Gutachten

über Paul Fiebig, Talmud-Zitate in genauem Wortlaut in deutscher Übersetzung dargeboten (Manuskript), und: Neues Testament und Nationalsozialismus, 3 Universitätsvorlesungen (Schriftenreihe der Deutschen Christen, Heft 11), Deutsche Christen Verlag Dresden.

1.

In der als Manuskript vorgelegten Schrift "Talmud-Zitate" will Paul Fiebig eine Reihe von Zitaten aus Talmud und Schulchan aruch, die schon seit vielen Jahren in der antisemitischen Literatur, insbesondere in Zeitungen und Flugschriften, immer wieder zitiert werden, und zwar nicht selten in völlig entstellter oder missverstandener Form, richtigstellen, indem er sie in ihrem ganzen Zusammenhang aus dem Urtext übersetzt und so ihren eigentlichen Sinn aus dem Ganzen des Talmud interpretiert.

Diese neue Schrift von Fiebig hat damit denselben Zweck, wie bereits frühere Schriften von ihm, vor allem: Juden und Nichtjuden, Erläuterungen zu Th. Fritschs Handbuch der Judenfrage, von Paul Fiebig, Leipzig 1921, 100 Seiten; ebenso auch (wenigstens in mehreren Abschnitten): Der Talmud, seine Entstehung, sein Wesen, sein Inhalt, dargestellt von D. Paul Fiebig, Leipzig 1929, 140 Seiten.

Mit diesen beiden Büchern hat die neue Schrift Fiebigs "Talmud-Zitate" nicht nur den genannten Zweck gemeinsam, sondern sie stimmt auch in ihrem Inhalt mit jenen weithin überein, manchmal sogar fast bis auf den Wortlaut. Demgemäss bietet also diese Schrift Fiebigs "Talmud-Zitate" kaum Neues und das wissenschaftliche Urteil über sie muss notwendig das gleiche sein wie über die genannten früheren Schriften Fiebigs, dass nämlich seine Übersetzungen im wesentlichen völlig richtig, dass aber seine Ausführungen über Entstehung und Wesen des Talmud wissenschaftlich unbedeutend sind.

2.

Über diese Beurteilung der Fiebigschen Arbeit hinaus ist hier allerdings zu betonen, dass die ihr zugrundeliegende Absicht richtig ist, d. h. dass es sehr wünschenswert wäre, wenn einmal die in der Literatur in Zeitungen und Broschüren immer wieder angeführten Talmud- und Schulchan aruch-Stellen in ihrem genauen Wortlaut und Sinn und ihrer Verwertbarkeit autoritativ festgestellt würden. In der wissenschaftlichen Literatur ist das zwar schon des öfteren und von verschiedenen Gelehrten geschehen; es käme aber darauf an, diese genaue Wiedergabe von Wortlaut und Sinn der Zitate für die gesamte Öffentlichkeit gültig und wirksam zu machen.

Ich bin nun allerdings der Meinung, dass die Fiebigsche Schrift "Talmud-Zitate" - in Anbetracht des oben darüber gegebenen Urteils - diese Aufgabe nicht wird erfüllen können.

- 2 -

[handwritten margin note: es ist also mit dem Verständnis einer Stelle des Talmud oder Schulchan]

3.

Aus alledem ergibt sich, dass m. E. gegen diese Schrift Fiebigs als solche keine Bedenken bestehen, da ja seine Übersetzungen im wesentlichen durchaus richtig sind, wenn auch der wissenschaftliche Wert der Schrift sehr gering ist, - dass aber dafür Sorge getragen werden müsste, dass die mannigfachen Bezugnahmen auf den Nationalsozialismus darin getilgt werden, obwohl sie sicherlich bei Fiebig ehrliche Überzeugung sind. Also Stellen wie z. B. S.11 f. des Manuskripts" Wem auch wirklich ernst ist, weil er ein echter Deutscher und Nationalsozialist ist..."; Manuskript Seite 13 "...wenn man in echt deutschem und nationalsozialistischem Geiste an eine ernsthafte Untersuchung des jüdischen Volksrechtes herangehen will ..."; Manuskript Seite 14: (ein Stück aus dem Schulchan aruch) "das zum Vergleich mit der in Deutschland ja jetzt mit völligem Recht sehr wichtigen "arischen Grossmutter" lehrreich ist, weil es von der "nichtarischen Grossmutter" handelt"; Manuskript Seite 43: "Der Text (einer Schulchan aruch-Stelle) will also genau dasselbe, was auch der deutsche Nationalsozialismus will" und andere Stellen.

4.

Die zweite zur Begutachtung vorliegende Schrift von Fiebig, Neues Testament und Nationalsozialismus, stellt eine mit der Absicht der religiösen Erbauung bis in Einzelheiten durchgeführte Parallelisierung des Führers Adolf Hitler und Jesu Christi dar. Wissenschaftlich ist die Schrift nicht, politisch gibt sie zu Bedenken keinen Anlass. Die ganze Parallelisierung und die Art ihrer Durchführung ist nur m. E. sowohl für nationalsozialistisches wie auch für christliches Empfinden gleichermassen geschmacklos.

gez. K.G. Kuhn

Tübingen, den 13. 7. 1937

2. Gutachten Kuhn im „Rassenschande"-Verfahren

Dozent Dr. K. G. Kuhn
Tübingen-Lustnau
Wildenaustr. 3

102

An den

Herrn Vorsitzenden der großen Strafkammer I
des Landgerichts in Hildesheim.

betr. 3 K Ls 34/37.

Gutachten.

Es ist die Frage gestellt: Lassen sich aus den Namen „Moshek" und „Faybusch Itzkewitsch" sowie „Toba Szenkier" Rückschlüsse auf eine jüdische Herkunft ziehen?

Antwort:

1. Der Name „Itzkewitsch" ist weder polnisch noch russisch, sondern zweifellos ein Judenname. Es ist der ostjüdische Name „Itzik" (= Isaak) mit der slawischen Endung „-ewitsch" (= -sohn), die sich häufig bei jiddischen Namen findet. Also „Itzkewitsch" zu deutsch: Isaaksohn.

2. „Faybusch" (aus lateinisch Phoebus) ist ein häufiger ostjüdischer Männervorname. Weder im Deutschen noch im Slawischen kommt er vor, sondern nur im Jiddischen.

3. „Moshek" ist der ebenfalls ausschließlich jüdische Name „Moshe" (= Moses) mit der polnischen (ebenso tschechischen) Verkleinerungssilbe „-(e)k", die häufig jiddischen Vornamen angehängt wird. „Moshek" also zu deutsch: Moses-chen.

4. „Toba" ist wiederum weder deutsch noch slawisch. Es ist wahrscheinlich (als ostjüdischer Frauenvorname) das hebräische טוֹבָה (Tōbā) = „die Güte".

5. Der Familienname „Szenkier" ist die slawisierte

Form des deutschen Wortes „Schenker". Ob dieser Name eine jüdische oder deutsche Familie bezeichnet, läßt sich nicht mit Sicherheit entscheiden. Möglich, ja, sogar wahrscheinlich ist aber „Szenkier" als Name einer ostjüdischen Familie auf jeden Fall.

Dr. Karl Georg Kuhn.

Tübingen, den 10. Februar 1938.

3. Berufungen

Brief Kuhn an Reichsleiter Frank

Auszugsweise Abschrift

Leutnant Dr. Kuhn Mittwoch, 19. 2. 41
F. P. Nr. 16829

Sehr geehrter Herr Prof. Frank!

....

Dass Sie bei Prof. Hormjanz anfragen wollen wegen meiner Professur in Tübingen, dafür bin ich Ihnen sehr dankbar. Könnten Sie mir über das Ergebnis Ihrer Besprechung hierher eine kurze Mitteilung geben? Vor einiger Zeit erhielt ich auch ein Schreiben von der Reichsdozentenführung: Die neue Univ. Posen erhält eine ao Professur für Geschichte und Sprache des Judentums. Und dafür seien vorgeschlagen Dr. Pohl-Berlin u. Doz. Dr. Peter Heinz Seraphim-Königsberg. Ich solle ein Gutachten über die beiden Genannten abgeben.

Ich konnte bisher auf diese Anfrage noch nicht antworten, denn ich bin, offen gestanden, ziemlich empört über diese Angelegenheit. Schliesslich habe ich auf diesem Gebiet ja auch einiges geleistet und gearbeitet, bin auch in den letzten 2 Jahren von 4 verschiedenen Universitäten offiziell vom Ministerium angefordert worden für eine solche Professur (Berlin, Innsbruck, Wien, Tübingen) und sitze trotzdem heute noch als Dozent da. Und nun wird in Posen eine solche Stelle geschaffen und dafür vorgeschlagen wird - ein Mann ohne jede solide wissenschaftliche Basis wie Pohl. Über Seraphim will ich nichts sagen, denn sein Buch über das Ostjudentum ist ordentlich gearbeitet, aber er ist ja gar nicht vom Fach, sondern ist Volkswirtschaftler und Soziologe, kann - ebenso wie Pohl - kein Hebräisch, geschweige denn Aramäisch. Ich muss schon sagen - und dabei will ich von der Behandlung meiner Person ganz absehen -, um die Personalpolitik auf diesem so wichtigen Wissenschaftsgebiet ist es wirklich traurig bestellt, vom "Einzug der Schul&Streicher an der Univ. Berlin" angefangen über die Affäre Frankfurt nun zu Pohl für Posen. Und dabei handelt es sich hier um einen Wissenschaftszweig, der jetzt gerade an den deutschen Universitäten erst einmal richtig aufgebaut werden müsste auf einer soliden wissenschaftlichen Basis!

Ich würde sehr gerne, wenn ich einmal nach Berlin kommen könnte, mit Ihnen persönlich über diese Dinge sprechen, in deren Beurteilung

Sie mir sicher zustimmen werden. Ob es nicht doch möglich wäre, einmal eine einheitliche, klare, wissenschaftlich saubere Linie in das Ganze zu bringen?

Ich bin mit den besten Grüssen und
     Heil Hitler!
       Ihr sehr ergebener KG Kuhn

Nachschrift: Ich will Pohl nicht Unrecht tun. Er hat, soviel ich weiss, einige Schulkenntnisse im Hebräischen. Aber die reichen niemals dazu aus, auch nur eine Zeile im Talmud richtig zu lesen, geschweige denn eine Professur für Geschichte u. Sprache des Judentums wissenschaftlich auszufüllen.

Schreiben des NS-Dozentenführers an Frank

Abschrift.

Nationalsozialistische Deutsche Arbeiterpartei
        Reichsleitung

NSD.-Dozentenbund   München 35, den 23. 4. 41
Der Reichsdozentenführer   Karlstrasse 14
                                                 He

Az. Un 8201   An den
Ihr Zeichen .   Präsidenten des Reichsinstituts
F./R. B 13-2118   für Geschichte des neuen Deutschlands
                          Walter   F r a n k
Betr.: Ihr Schrei-   B e r l i n   W 35
ben vom 8. April 1941 Viktoriastrasse 31

Sehr geehrter Herr Professor!
Für Ihre Aufklärung der Angelegenheit   P o h l , der wir weiter nachgegangen sind, danken wir Ihnen bestens. Sie weisen in Ihrem Schreiben noch auf Dr.   K u h n , Tübingen, und seine augenblickliche Lage hin. Der Fall Kuhn hat uns schon mehrfach beschäftigt, da Kuhn in der letzten Zeit für fast alle schon bestehenden oder noch zu errichtenden Lehrstühle für Judenkunde vorgeschlagen wurde (Berlin, Tübingen, Wien, Frankfurt, Strassburg). Vor allem ist man von Tübingen aus stärkstens bemüht, sich Kuhn zu sichern. Seine endliche Installierung in eine planmässige ao. Professor für Judengeschichte ist aber bis jetzt unverständlicherweise durch das REM nicht vollzogen worden. Kuhn selbst hat, wie wir soeben aus Tübingen erfahren haben, gegenwärtig die Möglichkeit für Strassburg zuzusagen. Die Entscheidung über seine Zukunft scheint damit augenblicklich bei ihm selbst zu liegen.

                             H e i l   H i t l e r !
                             gez. Unterschrift

4. Zum Status der Karaimen

Entscheid Reichsministerum – Min.Dir. Leibbrandt 1942

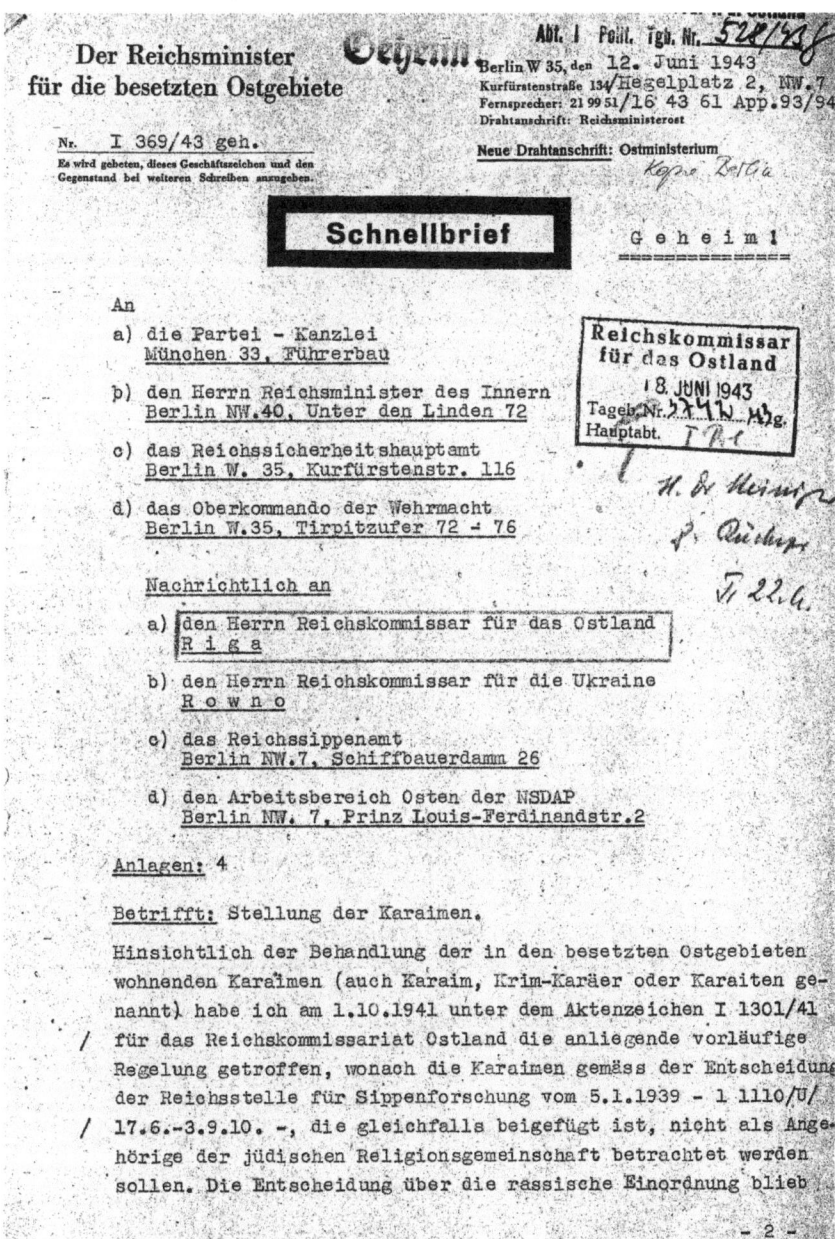

vorbehalten. Durch Erlass vom 6.10.1942 an den Reichskommissar für die Ukraine - I lg 2998 - wurde auch für das Reichskommissariat Ukraine eine einstweilige Anordnung über die Behandlung der Karaimen im gleichen Sinne getroffen. Der diesbezügliche Erlass ist gleichfalls beigefügt.

Die in der Zwischenzeit von hier über die Karaimen durchgeführten Ermittlungen, bei denen nicht nur das vorliegende Quellenmaterial geprüft, sondern auch rassische Untersuchungen vorgenommen wurden, haben folgendes ergeben:

Die Karaimen sind eine Volksgruppe mit krimtatarischer bzw. karaimischer Sprache. Die karaimische Sprache gehört an sich zur Gruppe des Kiptschakisch-Kumanischen, also zur Gruppe der Turksprachen. Es handelt sich bei der karaimischen Sprache um eine alt-türkische Sprache. Die Karaimen wohnen in einer Anzahl von 9000 in der Krim, etwa 6 bis 700 sind in Litauen vorhanden, kleinere Gruppen befinden sich in Riga, Weissruthenien, Generalgouvernement, hier insbesondere in Galizien (Halitsch), sowie in Wolhynien (Luzk). Ausserdem gibt es einige wenige Karaimen in West- und Mittel-Europa. Ausserhalb des unter deutscher Hoheit stehenden Gebietes befinden sich etwa 7 bis 8000 Karaimen in der Türkei und vor allem in Ägypten. Die Karaimen sind mosaischen Glaubens. Sie verwerfen den Talmud und lassen nur das alte Testament gelten. Wie bei allen Orientalen herrscht bei ihnen die Sitte der Beschneidung. Die Leitung aller Karaimen erfolgt durch ih geistliches Oberhaupt, das den Titel "Hachan" führt und seinen Sitz in Wilna hat, den Prof. Hachan Seraia Schapschal, bezw. seinen in Traken (Troki) wohnenden Vertreter Simon Firkowitsch.

Nach den hier vorliegenden Feststellungen sind die Karaimen turktatarischer Herkunft. Zwar wird, insbesondere von jüdischer Seite, behauptet, die Karaimen seien die Abkömmlinge von Juden, die im 13. oder 14.Jahrhundert von Byzanz nach der Krim ausgewandert seien. Wenn dies zutreffen würde, müssten die Karaimen dieselben Rassenkomponenten wie die Juden aufweisen. Das ist jedoch nicht der Fall. Während bei den Juden neben dem vorderasiatischen und orientalischen Blutsanteil erhebliche Beimischungen europider Rassen bezeichnend sind, fehlen derartige europide Einschläge bei den Karaimen. Im Gegenteil sind bei ihnen neben der vorderasiatisch-orientalischen,

Grundlage deutliche mongolide Rassenkomponente vorhanden. Dies wird durch die von mir angestellten rassischen Untersuchungen, die sich auch mit dem Ergebnis frührerer Feststellungen decken, bestätigt. Es wurde eine Reihe von Karaimen in Wilna, Traken und Riga und auch im Reich rassisch untersucht. Hierbei ergab sich, dass die Karaimen engste verwandtschaftliche Blutsbande zu den Krim-Tataren besitzen. Neben den auch bei den Krimtataren vorhandenen vorderasiatischen und orientaliden Rassemerkmalen waren bei den untersuchten Personen deutlich mongolide Beimischungen ersichtlich. Der Vergleich der Karaimen mit der litauischen, polnischen, weissruthenischen und jüdischen Bevölkerung des Wilnagebietes erwies, dass offenbar nur geringe Beimischungen nichtkaraimischer Herkunft unter den Karaimen vorhanden sind. Lediglich ein bis zwei Fälle konnten als Folge einer stattgefundenen Vermischung der Karaimen mit nicht-jüdischen Einwohnern des Wilnagebietes vermutet werden. Vermischungen der Karaimen mit Juden sind im übrigen, abgesehen von einigen Fällen in Luzk und Halitsch, nicht bekannt. Nach allem ist daher meines Erachtens anzunehmen, dass es sich bei den Karaimen abstammungsmässig um eine nicht jüdische und zwar turk-tatarische Volksgruppe handelt, die nach den hier vorliegenden Ermittlungen bereits im 9. und 10. Jahrhundert, also zur Zeit des Chasarenreiches, auf der Krim ansässig war. Offenbar sind die Karaimen durch jüdische Missionare zum Judentum bekehrt worden. Dass es sich bei den Karaimen abstammungsmässig nicht um Juden handelt, dafür sprechen noch folgende Momente:

Die Karaimen Litauens kamen dorthin, als der Grossfürst Witold im 14. Jahrhundert nach einem siegreichen Feldzug 500 Familien aus der Krim als Kontribution mit sich führte und sie als Leib- und Burgwächter verwendete. Er siedelte sie in der Art von Wehrbauern an der litauischen Grenze gegen die Gebiete des Deutsch-Ritterordens an. Noch heute berufen sich die Karaimen auf diese soldatische Tradition. Die Karaimen dienten in der Zarenzeit vielfach als Gardeoffiziere, 1919 kämpften verschiedene in der Wrangel-Armee. Diese Haltung steht im Gegensatz zu dem im Judentum vorherrschenden Denken und Werten. Die Karaimen Litauens beschäftigen sich vorwiegend mit Ackerbau, was gleichfalls nicht der Neigung des Judentums entspricht. Kulturell stehen die Karaimen wesentlich höher als die Ostjuden des gleichen Wohngebietes; sie gelten all-

- 4 -

gemein als ehrlich und zuverlässig. Eine Auslese in Richtung des Händlerischen und Parasitären, wie sie im Judentum vorliegt, ist bei den Karaimen nicht gegeben.

Eine Gleichstellung der Karaimen mit den Juden kommt daher nicht in Betracht. Sie sind meines Erachtens wie andere turk-tatarische Völker zu behandeln. Infolge der bei ihnen vorhandenen Rasseneinschläge sind sie als artfremden Blutes zu bezeichnen. Vermischungen von Deutschen mit Karaimen sind infolgedessen aus rassischen Gründen abzulehnen.

Ich füge in der Anlage den Entwurf eines von mir beabsichtigten Erlasses an die Reichskommissare betreffend Stellung und Behandlung der Karaimen bei mit der Bitte, bis zum 30. Juni 1943 hierzu Stellung zu nehmen. Falls keine weitere Äusserung erfolgt, nehme ich an, dass Bedenken gegen den Entwurf nicht erhoben werden.

Im Auftrag
gez. Leibbrandt

Beglaubigt

Anlage zur vorläufigen Stellungnahme Dr. Holtz

A b s c h r i f t.

Anlage
zu meinem Bericht über die Karaimen-Frage.

Am 20. 6. 1942 fand zwischen dem Semitisten Dr. Kuhn und mir in Stuttgart eine Unterredung über die Frage der Abstammung der Karaim statt, in der sich im wesentlichen eine Übereinstimmung in der beiderseitigen Stellungnahme ergab.

Dr. Kuhn ist nach den historischen Daten der Ansicht, daß mit großer Wahrscheinlichkeit auf eine turk-tatarische Abstammung der Karaim geschlossen werden könne. Exakte Unterlagen fehlen jedoch. Mit Bestimmtheit hatten die Karaim schon im 9. und 10. Jahrhundert, also in der Zeit des Chasarenreiches, auf der Krim gelebt. Damit sind die jüdischen Angaben, daß die Karaim erst im 13. oder 14. Jahrhundert von Byzanz nach der Krim ausgewanderte Juden darstellen, hinfällig. Ein europäischer Reisender des 12. Jahrhunderts gibt an, daß er unter den turko-tatarischen Angehörigen der Nomadenvölker der Krim, also nicht unter den Juden, Leute gefunden habe, die religiös den Juden ähnlich seien. Damit sind nach der Meinung Dr. Kuhn's die Karaim gemeint. Sie seien schon in dieser Darstellung klar als Nicht-Juden und als Rurkotataren bezeichnet. Dr. Kuhn hält die Karaim infolgedessen für Nicht-Juden, die durch jüdische Missionare zu einer jüdischen Sekte bekehrt wurden. Es sei möglich oder wahrscheinlich, daß das Blut dieser jüdischen Missionare unter den Karaim mit enthalten sei, jedoch handele es sich zweifellos um einen prozentual äußerst geringfügigen jüdischen Grundstock. Während die Karaim in der historischen Zeit mit Juden keine Ehengeschlossen hätten, seien diese Mischehen mit Tataren nicht selten gewesen.

Zum Fall der Karaim sieht Dr. Kuhn zwei Parallelen, die ihm als mehr oder minder eng erscheinen. Es handelt sich um die Bergjuden des Kaukasus und um die Krimjuden (Krimtschaken). Beide Gruppen sind Anhänger der jüdisch-rabbinischen Religion. Jedoch sei der jüdische Grundstock bei beiden Gruppen abstammungsmäßig sicher oder sehr wahrscheinlich gering. Es handelt sich im wesentlichen bei den Bergjuden abstammungsmäßig um nichtjüdische Kaukasier und bei den Krimtschaken überwiegend um Turkestaner.

Wenn rabbinische Ostjuden heute gelegentlich angeben, von nichtjüdischen Chasaren abzustammen, so ist dieser Angabe nach Dr. Kuhn kein Glauben zu schenken. Die Tradition darüber könne sich nicht erhalten haben und überdies bestehe kein Grund, anzunehmen, daß die rabbinischen Nachkommen der Chasaren sich blutsmäßig von den übrigen Juden abgesondert hielten. Sie haben sich vielmehr mit ihnen vermischt, so daß die Nachkommen der nichtjüdischen, turkotatarischen Chasaren, die zum rabbinischen Judentum bekehrt wurden, heute von den Ostjuden nicht mehr zu treffen sind.

gez. Dr. H o l t z.

Schreiben Dr. Wetzel (RPA) an Kuhn

Abschrift

Rassenpolitisches Amt (RL) der NSDAP
Potsdam-Babelsberg
Griebnitzstrasse 4

Herrn
Prof. Dr. Karl Georg K u h n   26. Juli 1948
(14) Tübingen-Lustnau   VIII/Dr.W./M.
Wildenaustrasse 3   R 875/41-43

Betr.: Karaim

Sehr geehrter Herr Professor!

Sie hatten seinerzeit die Freundlichkeit, mit meinem Referenten, Pg. Dr. Holtz, in der Frage der Herkunft der Karaimen zusammen zu arbeiten. Das damalige Ergebnis Ihrer sowie der Holtz'schen Untersuchungen war, dass eine Gleichstellung der Karaimen mit den Juden nicht erfolgen konnte. Wie Ihnen vielleicht bekannt sein wird, hat die Schriftstellerin Frau Dagmar Brandt vor einiger Zeit ein Buch "Gardariki" veröffentlicht, in dem sie auch zur Karaimen-Frage Stellung genommen hat. Dieses Buch hat das grösste Interesse des Führers erregt. Auch die Partei-Kanzlei und Reichsleiter Rosenberg haben sich sehr lobend über das Buch geäussert. Von Frau Dagmar Brandt habe ich nunmehr die anliegende Abhandlung über die Karaimen erhalten. Diese Abhandlung kommt zu anderen Ergebnissen.

Ich wäre Ihnen sehr dankbar, wenn Sie mir Ihre Meinung zu der Auffassung der Frau Brandt möglichst umgehend mitteilen würden und dabei die Abhandlung auch einer wissenschaftlichen Kritik unterziehen würden.

Gleichzeitig füge ich Ihnen einen Durchschlag aus der russischen Enzyklopädie "Granat" bezüglich der Karaimen-Frage bei. Ich wäre Ihnen dankbar, wenn Sie mir den Durchschlag wieder zur Verfügung stellen könnten.

Heil Hitler!
gez. Dr. Wetzel

Gutachten Kuhn zu Dagmar Brandt

Prof. Dr. K. G. Kuhn
Tübingen-Lustnau
Wildenaustr. 3

G u t a c h t e n

über den als Manuskript vorgelegten Aufsatz von

Dagmar B r a n d t (Krüger), D i e K a r ä e r. Eine jüdische Sekte tarnt sich zu einem turc-tatarischen Volk.
(Von der Verfasserin abgefasst als Ergänzung und Erläuterung der Grundgedanken ihres vor einiger Zeit im Druck erschienenen Romans "G a r d a r i k i").

========================

Die Arbeit der Frau Dagmar Brandt über die Karäer kann unter wissenschaftlichem Gesichtspunkt gar nicht beurteilt werden, da ihr auch die einfachsten Voraussetzungen einer historisch-kritischen Methode fehlen. Dies an jeder Einzelheit nachzuweisen, ist müssig. Ich greife nur einige charakteristische Punkte heraus zur Kennzeichnung des Sachverhalts:

Die Verfasserin hat kritiklos die (jeder historischen Grundlage entbehrenden) Behauptungen der mittelalterlichen karäischen Schriftsteller übernommen, die diese zum Nachweis des angeblich hohen Alters der Karäersekte zu deren Verherrlichung erfunden hatten und die dann noch teilweise bis ins 19. Jahrhundert hinein in karäischen Schriften und in Büchern über die Karäer abgeschrieben wurden (aus solcher Sekundärliteratur hat sie dann die Verfasserin entnommen). Nach diesen Vorstellungen der mittelalterlichen karäischen Schriftsteller wären die Karäer bereits identisch mit den verloren gegangenen zehn israelitischen Stämmen des ersten Exils 722 v.Chr. (Wie überhaupt diese zehn Stämme, da nichts weiter über sie bekannt ist, für alle möglichen jüdischen und nichtjüdischen Sekten zu allen Zeiten ein dankbares Objekt der Spekulation waren. Es war so einfach sich mit Hilfe irgendwelcher Geschichtskonstruktionen als deren Nachkommen auszugeben und damit sich mit dem Nimbus eines hohen Alters zu umgeben.)
In gleicher völlig unhistorischer Weise haben die mittelalterlichen karäischen Schriftsteller den Gegensatz Karäer - rabbinische Juden auch mit der etwa zur Zeit Jesu bestehenden im palästinischen Judentum bestehenden Spaltung Sadduzäer - Pharisäer identifiziert.

- 2 -

Da das rabbinische Judentum auf die Pharisäer als Vorläufer zurückgeht (was historisch feststeht), identifizierten sich die Karäer einfach mit der Oppositionspartei der Sadduzäer, was historisch unhaltbar ist.

Diese Behauptungen der karäischen Autoren, dass die Karäer gleich den verlorengegangenen zehn Stämmen und ebenso dass sie gleich den Sadduzäern seien, glaubt nun die Verfasserin Dagmar Brandt unbedenklich und von ihnen aus kommt sie zu ihrer Vorstellung von den Karäern als "uralter" "Geheimsekte" des Judentums.

Ein anderes Beispiel: Die Verfasserin spricht in ihrer Arbeit mehrfach von den "uralten Papyri" (sie meint damit: Handschriften) der Karäer, "die bisher nur unter Beschwörungen durch die Geschlechterreihen weitergegeben worden sind und Nichtjuden nie zugänglich waren, d.h.also wohl den Schlüssel zu vielen Judenfragen bergen", und die, wie sie sagt, nachdem sie jetzt im Krieg in unsere Hand gefallen waren, den Karäern wieder zurückgegeben worden seien. Wie sich aus ihrem Manuskript Anm.14 ergibt, ist die Quelle für ihre Vorstellung von den "nur unter Beschwörungen durch die Ketten der Erbfolgen als religiöse und familiäre Geheimnisse" weitergegebenen Handschriften ihr dortiges Zitat aus dem Reisebericht von E.Markoff, Otscherki Kryma(1855), und meint sie mit diesen geheimnisvollen Handschriften die der Sammlung Firkowitsch.

Dazu ist zu sagen: Abraham <u>Firkowitsch</u> (1786 - 1874), ein Karäer, hatte sich im Unterschied von seinen gänzlich unwissenden Sektengenossen an ostjüdischen Talmudschulen Bildung erworben, die ihn befähigte, die talmudische und ebenso die karäische Literatur zu studieren und zu bearbeiten. Er hat dann als "karäischer Gelehrter" seinen Wohnsitz in der alten Karäersiedlung Tschufut-Kale auf der Krim aufgeschlagen. Von dort aus hat er sich dann durch Entdeckung und Sammlung von alten Handschriften (hauptsächlich karäischen) in den weltabgeschiedenen Synagogen des Ostens zweifellose Verdienste für die Wissenschaft erworben. Aber nichts lag Firkowitsch ferner, als diese alten Handschriften etwa geheim zu halten und sie andern, vor allem Nichtjuden, nicht zugänglich zu machen. Im Gegenteil, er hatte alles Interesse, diese Handschriften durch Veröffentlichung der wissenschaftlichen Welt vorzulegen, weil sich das ja propagandistisch für die Karäer günstig auswirkte und ihnen zum Ruhm gereichte. Seine ganze Sammlung von Handschriften wurde dann auch von ihm 1862/63 an

- 3 -

die kaiserliche Bibliothek in Petersburg verkauft, ist dort vollständig katalogisiert und zum Teil veröffentlicht. So vor allem der von Firkowitsch in der Synagoge von Tschufut-Kale gefundene, bekannte "Petersburger Prophetenkodex", geschrieben im Jahre 916, der 1876 in Faksimiledruck veröffentlicht wurde.

Es kann also von "geheimen" uralten Handschriften, die "Nichtjuden nie zugänglich waren" und "nur unter Beschwörungen weitergegeben wurden", gar keine Rede sein. Vollends gehört das, was die Verfasserin in "Gardariki" Seite 781f. über den Besuch bei Firkowitsch in Tschufut-Kale (Firk. wird da zum "Patriarchen" gemacht) und über dessen mit "drei mal neun Schlüsseln "verschlossenen" Handschriftenschrank ("die grösste Schatzkammer der Welt") erzählt, in das Gebiet Dagmar Brandt'scher Märchendichtung.

Noch ein drittes Beispiel: Firkowitsch hat auch die Grabsteine auf dem alten Judenfriedhof von Tschufut-Kale untersucht und die Grabinschriften zum Teil veröffentlicht. Es leitete ihn dabei das Interesse aus den Jahreszahlen der Grabinschriften zu beweisen, dass die Karäer schon seit sehr alten Zeiten, ja bereits zur Zeit Christi dort gesessen haben, also an der Kreuzigung Christi gar nicht beteiligt gewesen sein können, im Gegensatz zu den rabbinischen Juden (also auch nicht dafür bestraft werden dürfen, d.h. nicht wie die rabbinischen Juden, unter Ausnahmegesetze - im damaligen Russland - gestellt werden dürfen!). Da es nun aber in Tschufut-Kale keine Grabsteine gab und gibt, die älter sind als das 13. Jahrhundert, hat Firkowitsch einfach die Jahreszahlen auf den Grabsteinen gefälscht. Die Tatsache dieser Fälschungen ist bereits im Jahre 1875 völlig eindeutig festgestellt worden (siehe H.L.Strack, A.Firkowitsch und seine Entdeckungen. Leipzig 1876) und seitdem von sämtlichen Wissenschaftlern als solche bestätigt. Selbst der von Dagmar Brandt mehrfach als Kronzeuge angeführte Chwolson, der zunächst für die Echtheit der von Firkowitsch X "entdeckten" Grabinschriften eingetreten war, hat später in seinem Corpus Inscriptionum Hebraicarum (St.Petersburg 1882) unter dem Druck der Beweise die Tatsache der Firkowitsch'schen Fälschungen zugegeben.

Es gehört zum Unverantwortlichsten an der ganzen "Methode" Dagmar Brandt's, dass sie in "Gardariki" S.777f. gerade die zwei grössten Grabsteinfälschungen Firkowitsch's wörtlich als echt ahführt, nämlich den angeblich aus dem Jahre 6 n.Chr. stammenden und den "Tochtamysch-

– 4 –

stein", angeblich aus dem 3. Jahrhundert n.Chr.; und dies, <u>obwohl
sie weiss</u> (wie sich aus ihrem Kerker-Manuskript Anm.10 ergibt), dass
alle Wissenschaftler, <u>sogar Chwolson</u>, diese Fälschungen als solche
erkannt haben.

Interessant ist nur, daran zu sehen, wie solche Dinge, die in
der Wissenschaft nun schon seit 70 Jahren geklärt und abgetan sind,
plötzlich in der pseudo-wissenschaftlichen Literatur wieder fröhliche
Urständ feiern.

K.Y.Kuhn.

5. Chaim Tykocinski

Brief an Frau Pfarr

Abschrift

Berlin, den 19.7.41

Liebe Frau Pfarr !

Herzlichen Dank für Ihre freundliche Bereitwilligkeit, mein Manuskript aufzubewahren. Beifolgend erhalten Sie das Packet mit dem Manuskript. Hoffentlich lege ich Ihnen kein zu grosses Opfer auf.

Für den Fall meines Ablebens oder für den Fall, dass Sie das Manuskript nicht mehr aufbewahren können, nenne ich folgende Adressen:

Dr. Benno Walter, mein Testamentsvollstrecker, Berlin-Charlottenburg, Roscherstr. 15,
Dr. Leo Baeck, Vorsitzender der wissenschaftlichen Gesellschaft, die meine Arbeit veröffentlichen will, Berlin-Schöneberg, Am Park 15, Da in der jetzigen Zeit leicht Veränderungen eintreten können, so nenne ich noch die Adressen von Frl. Johanna Nathan Berlin W 35 Grossgörschenstr. 23 IV, Frau Rosa Kranz, bei Frau Kutnewsky, Berlin-Halensee, Joachim Friedrichstr. 16 IIIr.
Mein Ableben wird Ihnen von einer dieser Personen mitgeteilt. Für den Fall, dass die weitere Aufbewahrung nicht mehr möglich sein sollte, so wollen Sie dann an eine der genannten Personen schreiben.

Die Abschrift des Briefes von Frl Hedwig habe ich mit grossem Interesse gelesen. Sie hat viel durchgemacht, und es ist erfreulich, dass ihr die Befreiung gelungen ist.

Mit herzlichen Grüssen von uns beiden für Sie und Ihre Familie
       Ihr Tykocinski

Dankschreiben Leo Baeck an Kuhn

Abschrift
283 Watford Way
Hendon, N.W.4.
Hendon 1759

London, 12. August 1948

Sehr geehrter Herr Professor,

empfangen Sie meinen aufrichtigen Dank für Ihr freundliches Schreiben vom 24.6. Ich habe es voller Wehmut, aber doch auch voller Dankbarkeit gelesen.

Dr. Chaim Tykocinski hatte diese Arbeit auf meine Veranlassung bezw. auf die der "Gesellschaft zur Förderung der Wissenschaft des Judentums" deren Vorsitzender ich war, verfasst und er hatte mir auch mitgeteilt, dass er eine Abschrift der Arbeit nach Tübingen in Verwahrung gegeben habe.

Tykocinski war ein seltener Mensch, eine Seele voller Reinheit. Er ist leider der Verfolgung zum Opfer gefallen; alle, die ihn kannten, werden die Erinnerung an ihn als ein Besitztum ihres Herzens bewahren.

Dr. Benno Walter und ebenso Fräulein Johanna Nathan, die treue Sekretärin der "Gesellschaft zur Förderung der Wissenschaft des Judentums" sind im Osten um ihr Leben gebracht worden. Frau Rosa Kranz ist mir nicht bekannt.

Soweit ich unterrichtet bin, sind Erben von Dr. Tykocinski nicht vorhanden.

Ich bitte Sie, das Manuskript gütigst an mich gelangen lassen zu wollen. Ich will alles tun, was in meinen Kräften steht, amit der letzte Wunsch des Verewigten, seine Arbeit veröffentlicht zu sehen, ein Wunsch, der zugleich der Auftrag der "Gesellschaft zur Förderung der Wissenschaft des Judentums", die in den letzten

b.w.

-2-

Jahren durch jährliche Subvention für den Lebensunterhalt des Heimgegangenen gesorgt hatte, jetzt erfüllt werde.

Darf ich Sie bitten, das Manuskript, wenn möglich, eingeschrieben an mich senden zu wollen? Ich erlaube mir, 3 internationale Antwortscheine beizufügen.

Empfangen Sie nochmals herzlichen Dank für Ihr freundliches Schreiben. Ich bitte Sie, auch dem Aufbewahrer des Manuskripts meinen aufrichtigen Dank übermitteln zu wollen.

Mit vorzüglicher Hochachtung bin ich

Ihr sehr ergebener

gez. L. Baeck
(Dr. Leo Baeck)

Anlagen

6. Briefe Horowitz an Kuhn

Abschrift.

Abs. Ch. Horowitz
Bad Zandvoort
Ten Katestr. 10
Holland

Herrn Dr. K. G. Kuhn
Lustnau b. Tübingen
Deutschland

Denzenberg 53

Sehr verehrter Herr Doktor

Mit gleicher Post lasse ich Ihnen Korrekturen zugehen. Da ich einige Tage krank war, hat es sich etwas verzögert. Zu Fahne 283 Zeile 13 v. u. möchte ich bemerken, dass nur die Mischna Ed Love כתוב‎ liest. Neapel u. Pesaro, ebenso Handschrift München lesen כסלו‎ Cambridge u. München II lesen כבוד‎. Der Ausdruck קלט‎ (mit) ist als zusammenzuziehen, zusammenschrumpfen bekannt (Seite 293 Anm. 20) Haben Sie den Trennungsstrich gezogen oder sind Sie in Bezug auf meine Person der Alte? Ich wünsche Ihnen alles Gute. Mit herzlichen Grüssen
Ihr ergebener

gez. Ch. Horowitz

10./VII 33

Auszugsweise Abschrift.

Zandvoort 3/VIII. 33.

Lieber Herr Doktor!

. . . .

Es freut mich, dass Sie Ihre Meinung über das Judentum nicht geändert haben; ich habe es, da Sie ein hervorragender Kenner der rabbinischen Literatur sind, auch nicht anders erwartet. Ich sehe in Ihnen nach wie vor den Herrn Dr. Kuhn, den ich als Mensch und Wissenschaftler zu schätzen weiss.

. . . .

gez. Ch. Horowitz

                    Abschrift.
                        Abs. Ch. Berl AY 48/31
                            Poste restante
                            Zandvoort

Herrn Dr. Karl Georg Kuhn
Lustnau/Württ.
bei Tübingen
Denzenberg 53

 Lieber Herr Doktor!
Infolge einer Erklältung während einer Woche bettlägerig konnte ich
erst heute die Post abholen. Ich sende Innen so Gott will am Anfang der
nächsten Woche die Übersetzung der fraglichen Sifrestelle.
In Eile mit herzl. Grüssen
                            gez. Horowitz
23./VIII 33

Brief Kuhn an Horowitz, datiert 7.7.1951, bislang unpubliziert[1]

Prof. Dr. K. G. Kuhn
Göttingen
Friedländerweg 46

Abschrift.

Göttingen, den 7. Juli 1951.

Lieber Herr Horowitz!

Ich danke Ihnen von Herzen für unser Gespräch und die anschliessenden Briefe. Es ist gut und richtig und notwendig, dass wir auf das zu sprechen kamen, was ich im 3. Reich zu dem Thema Judentum geschrieben habe. Dass ich überhaupt in jener Zeit zu diesem Thema geschrieben habe, bedaure ich sehr. Sie kennen mich, lieber Herr Horowitz, und Sie haben mir früher und jetzt oft gezeigt, dass Sie mich als ehrlich und aufrichtig schätzen. Und darum kann ich Ihnen das auch so rückhaltlos sagen, weil ich gewiss sein kann, dass Sie auch darin sehen, dass ich es aufrichtig meine und nicht aus irgendwelchem Opportunismus rede.

Wir sprechen hier nicht davon, was es mit dem Inhaltlichen des damals von mir Geschriebenen auf sich hat, von meinem Bemühen um sachliche Richtigkeit, um das, was die Spruchkammer als wissenschaftlich "einwandfrei" bezeichnet. Das können Sie als Fachkenner viel besser selbst beurteilen. Aber dass ich es überhaupt damals geschrieben habe und dass ich es im Rahmen der "Forschungen zur Judenfrage" veröffentlicht habe, das war nicht richtig. Ich habe - getragen von einem weltfremden sozialen Idealismus, der meine Zustimmung zur NSDAP begründet hatte - nicht gesehen, oder auf jeden Fall viel zu spät gesehen, wohin dieser Weg führte. Das muss ich auch heute, wenn ich ehrlich bin in meinem Gewissen, sagen, dass es zu keiner Zeit Fanatismus oder Hass war, was mich bestimmte, aber es war Blindheit. Das weiss ich als meine Schuld, diese mir damals leider nicht bewusst gewordene innere Nachlässigkeit des die Entwicklung der Dinge nicht wahr haben Wollens und nicht im Sehens. Erst als Soldat im Kriege, als die Gerüchte über die grauenvollen Judenabschlachtungen im Osten durchsickerten (ich war selbst nicht im Osten), gingen mir die Augen auf. Damals schrieb ich an Kittel aus dem Felde einen Brief, dass ich nach dem, was da geschah, nichts mehr über das Thema Judentum arbeiten und veröffentlichen könne und wolle. Aber es ist wahr, das hätte ich viel eher sehen müssen.

Ich habe mir seit 1945, seit nun 6 Jahren, immer wieder überlegt, ob ich nicht dieses Urteil, unter dem ich meine damaligen Veröffentlichungen sehe, nun auch öffentlich bekunden solle. Es drängte mich oft dazu. Aber immer wieder kam ich zu dem Entschluss: nein, noch nicht. Hatte ich früher geredet, wo ich hätte schweigen sollen, und - was ich ebenso als schuldhaft empfinde - manchesmal auch geschwiegen, wo ich hätte reden sollen, so kam es mir jetzt zu, vorläufig einmal bei diesem Thema zu schweigen. Ich durfte erst und nur dann reden, wenn es gewiss war, dass das nicht anders denn als echte Sinnesänderung begriffen werden konnte und nicht als ein billiger Rückzieher hinterher, um jetzt meine Position zu verbessern.

Wenn Sie heute den Eindruck haben, dass die Gefahr solcher Missdeutung nicht mehr besteht (und ich gebe dabei etwas auf Ihr Urteil), dann führe ich jetzt diesen meinen Plan aus. Einmal auch so öffentlich gesagt werden soll es. Aber ich fürchte, dass auch heute noch, gerade in der augenblicklichen Situation, gar zu viele, die es lesen würden, nicht wirklich auf die Sache hören als auf ein wirkliches Bekenntnis echtes Bekenntnis, sondern es als ein taktisches Manöver, um in meiner Laufbahn vorwärtszukommen, werten oder vielmehr entwerten würden. Und das will ich um der Sache willen unter allen Umständen

---

[1] UA Mainz Bstd. 11, Nr. 11/80.

– 2 –

vermeiden.

Eines möchte ich zum Schluss noch sagen als das, was in all diesen Dingen mir lebenschaffende und lebenermöglichende Wirklichkeit geworden ist. Verzeihen Sie, wenn ich es gerade Ihnen als Juden gegenüber sage, denn es liegt darin, wie ich glaube, ein wesentlicher, wenn nicht der wesentliche Unterschied zwischen Judentum und Christentum. Sie kennen mich ja zur Genüge, um zu wissen, dass ich das nicht etwa irgendwie in missionarischer Absicht schreibe. Aber sehen Sie, das ist das eigentlich Grosse an der christlichen Frohbotschaft, dass sie nicht bloss sagt, dass wir Gott um Vergebung bitten können und dürfen, sondern sagt, dass wir gewiss sein sollen und können und davon leben sollen, dass Gott uns vergeben hat, schon längst, "da wir noch Sünder waren" (Römer 5,8).

Schreiben Sie mir bald wieder. Mit einem herzlichen Gruss

bin ich

Ihr

KJKuhn

11. Abkürzungsverzeichnis

1. Archivalien

ADMü	Archiv Institutum Judaicum Münster
BABe	Bundesarchiv Berlin
BAKo	Bundesarchiv Koblenz
BArchMA	Bundesarchiv-Militärarchiv Freiburg
CDIC	Centre de Documentation Juive Contemporaine Paris
HStA	Hauptstaatsarchiv Berlin
LkADü	Landeskirchliches Archiv Düsseldorf
LkAS	Landeskirchliches Archiv Stuttgart
NiedsHStA	Niedersächsisches Hauptstaatsarchiv
StALbg	Staatsarchiv Ludwigsburg
StASi	Staatsarchiv Sigmaringen
StAMü	Stadtarchiv Münster
StAObh	Stadtarchiv Oberhausen
UABe	Universitätsarchiv Berlin
UAG	Universitätsarchiv Göttingen
UAMz	Universitätsarchiv Mainz
UAT	Universitätsarchiv Tübingen

2. Zeitschriften, Reihen, Institutionen

BBKL	Biographisch-Bibliographisches Kirchenlexikon
BWANT	Beiträge zur Wissenschaft vom Alten und Neuen Testament
DBE	Deutsche Biographische Enzyklopädie
DFG	Deutsche Forschungsgemeinschaft
EJ	Encyclopaedia Judaica
EdN	Enzyklopädie des Nationalsozialismus
EvTh	Evangelische Theologie
FzJFr	Forschungen zur Judenfrage
HZ	Historische Zeitschrift
IJD	Institum Judaicum Delitzschianum in Münster
JBL	Journal of Biblical Literature
JQR	Jewish Quarterly Review
JSt	Jewish Studies

KZG	Kirchliche Zeitgeschichte
NdB	Neue deutsche Biographie
OLZ	Orientalistische Literaturzeitung
RPA	Rassenpolitisches Amt in der Reichsleitung der NSDAP
SBL	Studies in Biblical Literature
SBB	Staatsbibliothek Berlin
Schr.RIGnD	Schriften d. Reichsinstituts f. Gesch. d. neuen Deutschlands
TC	Tübinger Chronik
ThR	Theologische Rundschau
ThLZ	Theologische Literaturzeitung
ThLBl	Theologische Literaturblätter
ThWNT	Theologisches Wörterbuch zum Neuen Testament
U.Schl.A.	Untersuchungs- und Schlichtungsausschuss
UT	Universität Tübingen
WUNT	Wissenschaftliche Untersuchungen zum Neuen Testament
ZKG	Zeitschrift für Kirchengeschichte
ZDMG	Zeitschrift der Deutschen Morgenländischen Gesellschaft
ZThKZ	Zeitschrift für Theologie und Kirche
ZNW	Zeitschrift für die neutestamentliche Wissenschaft

12. Literatur

1. Schrifttum Kuhn

I. Veröffentlichungen 1930-1945

1930
Rezension zu: Alexander Guttmann: Das redaktionelle und sachliche Verhältnis zwischen Mišna und Tosephta, ThLbl 51, 1930, 386-387.

1931
Röm 6,7, ZNW 30, 1931, 305-310.
Rezension zu: Chanoch Albeck, Untersuchungen über die halachischen Midraschim, Theologisches Literaturblatt 1931, 52/1, 1-3.

1933
Sifre Numeri [§§ 1-89] in: G. Kittel - A. Marmorstein (Hg.): Rabbinische Texte. 2. Reihe: Tannaitische Midraschim Bd. 2: H.1-3, Stuttgart 1933.

1934
Sifre Numeri [§§ 89-118] in: G. Kittel - A. Marmorstein (Hg.): Rabbinische Texte. 2. Reihe: Tannaitische Midraschim Bd. 2: H.4-5, Stuttgart 1934.

1935
Die inneren Voraussetzungen der jüdischen Ausbreitung. Deutsche Theologie. Monatsschrift für die Deutsche Evangelische Kirche 2, 1935, 9-17.
[1. Teil der am 19. Dezember 1934 unter dem Titel „Die Ausbreitung des Judentums in der antiken Welt" vor phil. Fak. der Uni Tübingen gehaltenen Antrittsvorlesung].
Die Entstehung des Namens Jahwe, Orientalistische Studien Enno Littmann zu seinem 60. Geburtstag, Leiden 1935, 25-42.
Sifre Numeri [§§ 118-136] in: G. Kittel - A. Marmorstein (Hg.): Rabbinische Texte. 2. Reihe: Tannaitische Midraschim Bd. 2: H.6-7, Stuttgart 1935.

1936
Sifre Numeri [§§ 13-155] in: G. Kittel - A. Marmorstein (Hg.): Rabbinische Texte. 2. Reihe: Tannaitische Midraschim Bd. 2: H.8, Stuttgart 1936.

1937
Die älteste Textgestalt der Psalmen Salomos, insbesondere auf Grund der syrischen Übersetzung neu untersucht, BWANT 73, Berlin 1937.
Die Entstehung des talmutischen [2. A.: talmudischen] Denkens in: FzJFr 1, 1937, 64-80; [2. A. 1943, 54-70].
Weltjudentum in der Antike, in: FzJFr 2, 1937, 7-27.

Rezension zu: Hermann Schröer: Blut und Geld im Judentum, dargestellt am Jüdischen Recht (Schulchan Aruch), übersetzt von Heinrich Georg F. Löwe sen. 1836, neu herausgegeben und erläutert, Erster Band: Eherecht und Fremdenrecht, München 1936.
HZ 156, 1937, 313–316.

1938

Ursprung und Wesen der talmudischen Einstellung zum Nichtjuden, in: FzJFr 3 (1938), 199–234.

1939

Renzension zu: A. Causse: Du group ethnique à la communauté religieuse. La problème sociologique de la religion d'Israël, Zeitschrift der Savigny – Stiftung für Rechtsgeschichte 59, 1939, Kanon Abt. XXVIII, 507f.
Die Judenfrage als weltgeschichtliches Problem, Schr.RIGnD, Hamburg 1939.

1940

Der Talmud. Das Gesetzbuch der Juden, in: Miller, Thomas (Hg.) Aus den Jahresbänden der wissenschaftlichen Akademie des NS-Dozentenbundes / Wissenschaftliche Akademie Tübingen des NS-Dozentenbundes I, Tübingen 1940, 226–233.

1941

Der Talmud. Der Gesetzesbund der Juden. Neuauflage Tübingen 1941.

II. Berichte und Dokumentationen

Rede auf dem Tübinger Marktplatz, 1.April 1933, Tübinger Chronik 3.4.1933.
Der Talmud als Spiegel des Judentums, Vortrag im Rahmen der Ausstellung „Der ewige Jude", München 1938.
Talmud. Vortrag 191.1939 Berliner Vortragreihe, Reichinstitut für Geschichte des neuen Deutschlands, in: Völkischer Beobachter 20.1.1939 = Stuttgarter Neuestes Tageblatt 28./29.1.1939.

III. Artikel in „Theologisches Wörterbuch zum Neuen Testament" (1933–1942)

Ααρών, Aaron (ThWNT I, 1933, 3–4).
Αβελ, Abel-Kain (ebd., 6–7).
Βαβυλών, Babylon (ebd., 512–514).
Βαλαάμ, Balaam (ebd., 521–523).
Γώγ και Μαγώγ, GoG – Magog (ebd. 790–792).
Ἰσραήλ, Ἰουδαῖος, Ἑβραῖος, Israel – Ioudaios – Hebraios [III., 360–370).
ἅγιος, hagios/heilig (ebd., 97–101).
βασιλεία, basileia /Herrschaft (Gottes) (ebd., 570–573).
θεός, theos/Gott (III, 1938, 93–95), I 97–101).
μαραναθά, maranatha/ unser Herr kommt (IV, 1942, 470–475).

IV. Artikel in „Der neue Brockhaus. Allbuch in 4 Bd." Leipzig (1937–1939)

Israel, Bd. 2, 507
Juda, Bd. 2, 542
Juden, Bd. 2, 542–544
Talmud, Bd. 4, 383
Talmudismus, Bd. 4, 383

V. Veröffentlichungen nach 1945 – zu schon vor 1945 bearbeiteten Themen

Achtzehngebet und Vater unser und der Reim, WUNT 1, Tübingen 1950.
Art. προσήλυτος, Proselyt, ThWNT VI, Stuttgart 1959, 727–745 (1934/35 angekündigt).
Die Schriftrollen vom Toten Meer. Zum heutigen Stand ihrer Veröffentlichung, EvTh 2, 1951/52, 72–75.
Der tannaitische Midrasch Sifre zu Numeri. Übersetzt und erklärt von D.Dr. Karl Georg Kuhn, Stuttgart 1959.
Giljonim und sifre minim in: Elthester, Walter (Hg.), Judentum. Urchristentum. Kirche, (Festschrift für Joachim Jeremias) de Gruyter 1960, 24–61 (in Sifre Numeri angekündigter Exkurs I).
Antrittsrede in der Heidelberger Akademie der Wissenschaften, Jahrbuch der Akademie 1963/64, Heidelberg 1965, 61–63.

2. Sekundärliteratur

Adam, Uwe Dietrich: Judenpolitik im Dritten Reich, Düsseldorf **1972**.
Ders.: Hochschule und Nationalsozialismus. Die Universität Tübingen im Dritten Reich, Contubernium 23, Tübingen **1977**.
Ahlheim, Hannah: Deutsche, kauft nicht bei Juden! Antisemitismus und politischer Boykott in Deutschland 1924 bis 1935, Göttingen **2011**.
Alicke, Klaus-Dieter (Hg.): Lexikon der Jüdischen Gemeinden im deutschen Sprachraum, Gütersloh **2008**.
Alwast, Jendris: Jirku, Anton. BBKL 3, Herzberg **1992**, 105–105.
Apenszlak, Jacob (ed.): The Black Book of Polish Jewry. An account of the Martyrdom of Polish Jewry under the Nazi occupation (1943), Frankfurt **1995**.
Arnhold, Oliver: „Entjudung" – Kirche im Abgrund. Die Thüringer Kirchenbewegung Deutsche Christen 1928–1939 und das „Institut zur Erforschung und Beseitigung des jüdischen Einflusses auf das deutsche christliche Leben" 1939–1945, 2 Bd. , Studien zu Kirche und Israel 25/1.2, Berlin **2010/2**.

Arntz, Hans-Dieter: Ordensburg Vogelsang 1934–1945. Erziehung zur politischen Führung im Dritten Reich. 4. Aufl., Aachen **2010**.

Auerbach, Hellmuth: „Weltjudentum" und „jüdische Weltverschwörung", in: Wolfgang Benz (Hg.), Legenden, Lügen, Vorurteile. Ein Wörterbuch zur Zeitgeschichte, München **1995**, 217–220.

Bachmann, Michael: Rengstorf, (Otto Wilhelm) Karl Heinrich (Gustav), BBKL XXXV, **2005**, 1126–1158.

Ders.: K.H. Rengstorf (1903–1992), in: Breytenbach, Cilliers/Hoppe, Rudolf (Hg.): Neutestamentliche Wissenschaft nach 1945. Hauptvertreter der deutschsprachigen Exegese in der Darstellung ihrer Schüler, Neukirchen **2008**, 371–386.

Barkenings, Hans-Joachim: Spuren im Warschauer Ghetto, in: Siegele-Wenschkewitz, Leonore: Christlicher Antijudaismus und Antisemitismus. Theologische und kirchliche Programme Deutscher Christen, Arnoldshainer Texte 85, Frankfurt **1994**, 111–124.

Baumann, Arnulf: Aus Liebe zum Volk Israel, Begegnungen 2, **2017**, 30–51.

Bautz, Friedrich Wilhelm: Fiebig, Paul, Neutestamentler und Talmudist, BBKL 2, Herzberg **1990**, 31–32.

Ders.: Hirsch, Emanuel, lutherischer Theologe, BBKL II, Herzberg **1990**, 893–896.

Beek, Martinus A.: Rezension zu K. G. Kuhn, 'Achtzehngebet und Vaterunser und der Reim', Vox Theologica 21, **1950/51**, 21f.

Begrich, Joachim: Der Text der Psalmen Salomos, ZNW 38, **1939**, 131–164.

Bein, Alex: Die Judenfrage. Biographie eines Weltproblems, Stuttgart **1980**.

Beireuther, Erich: Zinzendorf und das Judentum, in: Judaica 19,4, **1963**, 193–246.

Benz, Wolfgang: Gewalt im November 1938. Die „Reichskristallnacht". Initial zum Holocaust, Berlin **1988**.

Ders.: Hoheneichen Verlag, in: EdN, Stuttgart **2007**, 569.

Ders.: „Der ewige Jude". Metaphern und Methoden nationalsozialistischer Propaganda, Berlin **2010**.

Ders.: „Der ewige Jude" (Propaganda-Ausstellung), in: Handbuch des Antisemitismus – Ereignisse, Dekrete, Kontroversen. Bd. 4, Berlin **2011**, 114–117.

Berg, Matthias: Forschungsabteilung Judenfrage des Reichsinstituts für Geschichte des neuen Deutschlands, in: Haar, Ingo/Fahlbusch, Michael (Hg.), Handbuch der völkischen Wissenschaften, München **2008**, 168–178.

Ders.: Karl Alexander von Müller. Historiker für den Nationalsozialismus, Göttingen **2014**.

Bertholet, Albert: Die Stellung der Israeliten und der Juden zu den Fremden, **1896**.

Ders.: Fremde und Heiden in Israel, Artikel in RGG II, **1928**.

Besson, Waldemar: Zur Geschichte des nationalsozialistischen Führungsoffiziers, Vierteljahreshefte für Zeitgeschichte 9, **1961**, 76–116.

Betz, Werner: Wortschatz, Weltbild, Wirklichkeit. In: Bauer, Clemens u. a. (Hg.), Speculum historiale, Freiburg/München **1965**, 34–44.

Billerbeck, Paul: Kommentar zum Neuen Testament aus Talmud und Midrasch, 6 Bde., München **1922–1928**.

Binder, Hans-Otto/Ulmer, Martin/Rathe, Daniela/Röck, Uta (Hg.): Vom braunen Hemd zur weißen Weste. Vom Umgang mit der Vergangenheit in Tübingen nach 1945, Kleine Tübinger Schriften, Heft 38, Tübingen **2011**.

Boas, Franz: Rasse und Kultur, Jena **1932**.

Bollmus, Reinhard: Das Amt Rosenberg und seine Gegner. Studien zum Machtkampf im nationalsozialistischen Herrschaftssystem (1969), 2. Auflage, München **2006**.

Borin, Jacqueline: Embers of the Soul. The Destruction of Jewish Books and Libraries in Poland during World War II, Libraries & Culture 28/4, Austin **1993**, 445–460.

Bormann, Lukas: Walter Grundmann und das Ministerium für Staatssicherheit, Chronik einer Zusammenarbeit, in: KZG 22 (**2009**), 595–632.

Ders.: „Auch unter politischen Gesichtspunkten sehr sorgfältig ausgewählt": Die ersten deutschen Mitglieder der Studiorum Novi Testamenti Societas (SNTS) 1937–1946, New Testament Studies 58, **2012**, 416–452.

Börner-Klein, Dagmar: Sifre zu Numeri. Text, Übersetzung und Erklärung, Rabbinische Texte, Zweite Reihe: Tannaitische Midraschim, Band III, Stuttgart **1997**.

Brann, Markus: Geschichte des jüdisch-theologischen Seminars (Fraenckel'sche Stiftung) in Breslau. Festschrift fünfzigjähriges Jubiläum der Anstalt, Breslau **1905** *(2010)*.

Brechenmacher, Thomas/Oelke, Harry: Die Kirchen und die Verbrechen im nationalsozialistischen Staat, Göttingen **2011**.

Breitenstein, W., Acten und Gutachten in dem Prozesse Rohling contra Bloch, 1. Bd., Wien **1890**.

Brenner, Michael: Between Triumph and Tragedy. The Use and Misuse of Hebrew in Germany from Mendelssohn to Eichmann, Prooftexts 33, **2013**, 9–24.

Broszat, Martin: Behandlung der jüdischen Sekte der Karaiten (Krim) im Rahmen der nationalsozialistischen Verfolgung der Juden, Gutachten des Instituts für Zeitgeschichte 2, Stuttgart **1966**, 2–43.

Buber, Martin: Die Brennpunkte der Jüdischen Seele (1933). Wieder abgedruckt in: Der Jude und sein Judentum, Köln **1963** = Gerlingen 1993, 196–215. Im Internet über: https://jochenteuffel.files.wordpress.com/2019/05/buber-die-brennpunkte-der- jc3bcdischen-seele.pdf (zuletzt aufgerufen 30.7.2020).

Burchard, Christoph: Joachim Jeremias, in: Breytenbach, Cilliers/März, Klaus-Peter/Hoppe, Rudolf (Hg.): Neutestamentliche Wissenschaft nach 1945. Hauptvertreter der deutschsprachigen Exegese in der Darstellung ihrer Schüler, Neukirchen **2008**, 257–268.

Casey, Maurice: Some Antisemitic Assumptions in the Theological Dictionary of the New Testament, Novum Testamentum 41, **1999**, 280–291.

Causse, Antonin: Du groupe ethnique à la communauté religieuse. Le problème sociologique de la religion d'Israël, Paris **1937**.

Colibri, Peter: Dokumentation. Ad memoriam: 1000jährige Wissenschaft, in: Frontal. Zeitschrift für demokratische Studenten 26, Bonn **1965**, 10–13.

Colpe, Carsten: Rezension zu K.G. Kuhn, Sifre Numeri, ZDMG 112 [N.F. 37], **1962**, 387–389.

Czerniaków, Adam: Im Warschauer Ghetto. Das Tagebuch des Adam Czerniaków 1939–1942, München **1986**; dt. Übersetzung der polnischen Ausgabe: Dziennik getta warsawskiego 6.IX.1939–23.VII.1942, Warschawa **1983**; engl. Ausgabe hg. von Hilberg, Raul u. a., New York **1979**.

Dahm, Christof: Gerhard Kittel, BBKL 3, **1992**, 1544–1546.

Dainath, Rolf: Germanistische Literaturwissenschaft, in: Hausmann, Frank-Rutger (Hg.): Die Rolle der Geisteswissenschaften im Dritten Reich 1933–1945, Schriften des Historischen Kollegs. Kolloquien 53, München **2002**, 65–86.

Daniels, Mario: Geschichtswissenschaft im 20. Jahrhundert. Institutionalisierungsprozesse und Entwicklung des Personenverbandes an der Universität Tübingen 1918–1964, Contubernium. Tübinger Beiträge zur Universitäts- und Wissenschaftsgeschichte, Stuttgart **2009**.

Dannenmann, Arnold (Hg.): Jugend bekennt sich zu Christus und Nationalsozialismus, Dresden **1933**.

Delitzsch, Franz, Rohling's Talmudjude beleuchtet, Leipzig **1881**.

Denzler, Georg: Antijudaismus und Antisemitismus in der Theologie unseres Jahrhunderts: Karl Adam, Michael Schmaus und Anton Stonner, Facta Universitatis, Series: Law and Politics, Nis **1997**.

Dönges, Katrin: Die lange Flucht des Charles Horowitz, Schichtenwechsel. Journal für die Geschichte Oberhausens 1, **2009a**, 38–41.

Dies.: Die Oberhausener Stadtverwaltung und die Verfolgung der Juden 1933–1945, Magisterarbeit phil. Fak. Heinrich Heine Universität Düsseldorf, **2009b**, 61–66.

Döscher, Hans Jürgen: „Reichskristallnacht", Die Novemberpogrome 1938, Berlin/Frankfurt **1988**.

Drüll, Dagmar: Kuhn, Karl Georg, in: Heidelberger Gelehrten Lexikon 1933–1986, Berlin **2009**, 372a–373a.

Dunn, James D.G. (ed.): Jews and Christians. The Parting of the Ways. A.D. 70 to 135, Tübingen **1992**, Grand Rapids/Cambridge 1999.

Eisenmenger, Johann Andreas/Rohling, August/Ecker, Jakob: Die Sittenlehre des Juden. Auszüge aus dem Talmud (Schulchan Aruch). [Broschüre] zu beziehen durch den Deutschen Schutz- und Trutzbund, Nürnberg 1920.

Eitner, Otmar (Hg.): Das Gymnasium St. Maria-Magdalena zu Breslau, Bad Honnef **2003**.

Elon, Menachem: Jewish Law. History, Sources, Principles, Philadelphia **1994**.

Engelking, Barbara/Leociak, Jacek: The Warsaw Ghetto. A Guide to the Perished City, New Haven – London **2009** (polnisches Original, 2001).

Elze, Martin: Tübingen I. Universität, in: RGG 3. Auflag Bd. 6, 1066.

Erbe, Walter: Was bedeuten uns heute Volk, Nation, Reich? Stuttgart **1961**.

Ericksen, Robert P.: Theologian in the Third Reich: The Case of Gerhard Kittel, Journal of Contemporary History 12, **1977**, 595–622.

Ders.: Theologen unter Hitler. Das Bündnis zwischen evangelischer Dogmatik und Nationalsozialismus, München **1986**.

Ders.: Religion und Nationalsozialismus im Spiegel der Entnazifizierungsakten der Göttinger Universität, KZG 7, **1994**, 83–101.

Ders.: Antisemitism for Academics: Forschungen zur Judenfrage as an Interdisciplinary Journal, German Studies Association **1996**, 5–8.

Faulenbach, Heiner: Die Evangelisch-Theologische Fakultät Bonn. Sechs Jahrzehnte aus ihrer Geschichte seit 1945, Göttingen **2009**.

Feferman, Kiril: Nazi Germany and the Karaites in 1938–1944: between Racial Theory and Realpolitik, Nationalities Papers 39, **2011**, 277–294.

Fiebig, Paul: Juden und Nichtjuden. Erläuterungen zu Th. Fritsch's „Handbuch der Judenfrage" (28. Auflage), Leipzig **1921**.

Ders.: Der Talmud, seine Entstehung, sein Wesen, sein Inhalt unter besonderer Berücksichtigung seiner Bedeutung für die neutestamentliche Wissenschaft dargestellt. Leipzig, **1929**.

Ders.: Neues Testament und Nationalsozialismus. Drei Universitäts-Vorlesungen über Führerprinzip – Rassenfrage – Kampf, in: Schriften der Deutschen Christen, Heft 11, Dresden **1935**.

Fischer, Eugen, Rassenentstehung und älteste Rassengeschichte der Hebräer. In: Forschungen zur Judenfrage, Band 3. 2., Hamburg **1943**.

Fischer, Jens Malte: Richard Wagners „Das Judentum in der Musik"- eine kritische Dokumentation als Beitrag zur Geschichte des Antisemitismus, Frankfurt **2000**.

Frank, Walter: Deutsche Wissenschaft und Judenfrage, in: FzJFr 1, **1939**, 17–32.

Frey, Jörg: Neutestamentliche Wissenschaft und antikes Judentum. Probleme – Wahrnehmungen – Perspektiven, ZThK 109, **2012**, 529–564.

Ders.: Qumran Research and Biblical Scholarship in Germany, in: Dimant, Deborah (ed.), The Dead Sea Scrolls in Scholarly Perspective: A History of Research, Leiden **2012**, 529–564.

Friedman, Philip: The Karaites under Nazi Rule, in: Beloff, Max (Ed.). On the Track of Tyranny. Essays presented by the Wiener Library to Leonardo G. Montefiore, London **1960**, 97–123 = New York 1980, 153–175.

Gailus, Manfred/ Volnhals, Clemens: Christlicher Antisemitismus im 20. Jahrhundert, Göttingen **2020**.

Geisenhainer, Katja: Frankfurter Völkerkundler, in: Kobes, Jörn/Hesse, Jan-Otmar (Hg.): Frankfurter Wissenschaftler zwischen 1933 und 1945, Göttingen **2008**.

Gerdmar, Anders: Roots of Theological Anti-Semitism. German Biblical Interpretation and the Jews, from Herder and Semler to Kittel and Bultmann, Studies in Jewish History and Culture 20, Leiden **2008**.

Glasser, Paul: Max Weinreich, in: Hundert, Gershon David (ed.): The YIVO Encyclopedia of Jews in Eastern Europe, Yale University Press, New Haven/London **2008**, Band 2, 2014–2016.

Goschler, Constantin: Wiedergutmachung. Westdeutschland und die Verfolgten des Nationalsozialismus 1945–1954, München **1992**.

Gotzen-Dold, Maria: Mojzesz Schorr und Majer Balaban. Polnisch-jüdische Historiker in der Zwischenkriegszeit, Göttingen **2014**.

Graml, Hermann: Reichskristallnacht. Antisemitismus und Judenverfolgung im Dritten Reich, München **1988**.

Green, Warren Paul: The Nazi Racial Policy towards the Karaites, Soviet Jewish Affairs 8, **1978**, 36–44.

Gregor, Birgit: Zum protestantischen Antisemitismus. Evangelische Kirchen und Theologen in der Zeit des Nationalsozialismus, in: Fritz-Bauer-Institut (Hg.), „Beseitigung des jüdischen Einflusses…" Antisemitische Forschung, Eliten und Karrieren im Nationalsozialismus, Frankfurt/New York **1999**, 171–200.

Gremels, Georg (Hg.): Die Hermannsburger Mission und das „Dritte Reich". Zwischen faschistischer Verführung und lutherischer Beharrlichkeit, Münster **2005**.

Grieger, Manfred: NS-Verfolgung und Tod des Juden Faybusch Itzkewitsch aus Ehmen, in: Historische Kommission für Niedersachsen und Bremen. Arbeitskreis Geschichte der Juden. Rundbrief Nr. 19 (Juli **2009a**), 2–3.

Ders. Verfolgung des langjährigen Nachbarn. Der Mord an Faybusch Itzkewitsch im Juli 1941, Tribüne 4/192, **2009b**, 131–138.

Gruen, Arno: Falsche Götter. Über Liebe, Hass und die Schwierigkeit des Friedens, Düsseldorf **1991**.

Ders.: Der Fremde in uns, Stuttgart **2000**.

Grundmann, Walter: Erkenntnis und Wahrheit. Aus meinem Leben (maschinenschriftliches Skript), Stuttgart **1969**.

Gunkel, Mechthild: Karl Georg Kuhn als Mitarbeiter an den „Forschungen zur Judenfrage". Ein kritischer Bericht. Wissenschaftliche Hausarbeit zum Ersten Theologischen Examen in der EKHN, Hamburg **1987**.

Guttmann, Michael: Das Judentum und seine Umwelt. Eine Darstellung der religiösen und rechtlichen Beziehungen zwischen Juden und Nichtjuden mit besonderer Berücksichtigung der talmudisch-rabbinischen Quellen, Bd.I, Berlin **1927**.

Gutteridge, Richard: Open Thy Mouth for the Dumb: The German Evangelical Church and the Jews 1879–1950, Oxford **1976**.

Haberman, Jakob: Karl Georg Kuhn (1906–1976): Choker germani shel madae hajahaduth tachat ha-shultan hanazi [Ein deutscher Gelehrter der Wissenschaft des Judentums unter der Nazi-Herrschaft], Mahut. Journal of Jewish Literature and Art 31, **2005/2006**, 9–56 (engl.: **2007**).

Häfner, Johannes: Der globale Feind – Die Idee des „Weltjudentums" in der nationalsozialistischen „Judenforschung", Masterarbeit Geschichte Marburg **2016**, über: https://www.academia.edu/27306495/Der_globale_Feind_-_Die_Idee_des_ Weltjudentums_in_der_nationalsozialistischen_Judenforschung_.pdf.

Harpprecht, Klaus: Ein ganz besonderer Tag. Die Geschichte des Pfarrers Julius von Jan und seiner Predigt gegen die Pogrome der Nazis. Ein Lehrstück, DIE ZEIT 45, 4.11.**1999**.

Harling, Otto von: Juden und Judenmission, Kirchliches Jahrbuch 57, **1930a**, 257ff.

Ders.: Die 5. Tagung über die Judenfrage in Stuttgart. 3.–5. März 1930, Saat auf Hoffnung 67, **1930b**, 46–61.

Hartmann, Anton Theodor: Johann Andreas Eisenmenger und seine jüdischen Gegner in geschichtlich literarischen Erörterungen kritisch beleuchtet, Parchim **1834**.

Hauser, Elisabeth: Der Tübinger Anglist Carl August Weber (1895–1955), Anglistik-Amerikanistik 27, Berlin **2007**, 83–87, 117–122, 147–149.

Hausmann, Frank-Rutger: „Deutsche Geisteswissenschaft" im zweiten Weltkrieg. „Die Aktion Ritterbusch" (1940–1945), Schriften zur Wissenschafts- und Universitätsgeschichte 1, Dresden/München **1998**.

Heck, Frank: Beer, Georg (Gottfried), BBKL 33, Nordhausen **2012**, 109–151.

Heiber, Helmut: Walter Frank und sein Reichsinstitut für Geschichte des neuen Deutschlands, Quellen und Darstellungen der Zeitgeschichte 13, Stuttgart **1966**.

Heidegger, Martin: Schwarze Hefte, In: Gesamtausgabe, Überlegungen XII, 56; XIV, 243, **1996**.

Hengel, Martin: Otto Bauernfeind, in: Thornton, Claus Jürgen (Hg.): Kleine Schriften VII. Theologische, historische, biographische Skizzen, Tübingen **2010**, 364–368.

Heni, Clemens: Ahasver, Moloch und Mammon. Der „ewige Jude" und die deutsche Spezifik in antisemitischen Bildern seit dem 19. Jahrhundert, in: Hoffmann, Andrea/Jeggle, Utz/Johler, Reinhard/Ulmer, Martin (Hg.), Die kulturelle Seite des Antisemitismus zwischen Aufklärung und Shoah, Tübingen **2006**, 51–80.

Heschel, Susannah: Dejudaizing Jesus – On Nazi „Judenforschung" and its Christian Ramifications, Simon Dubnow Institute Yearbook 5, **2006**, 353–373.

Dies., The Aryan Jesus. Christian Theologies and the Bible in Nazi Germany, Princeton/Oxford **2008** /2010[3].

Higger, Michael: Tannaitic Literature. Sifre to Numbers, JQR 27, **1936/37**, 208–212.

Hoberg, Clemens August: Reichsinstitut – 3. Arbeitstagung zur Judenfrage, in: HZ 159, München u. Berlin **1938**, 219–221.

Hoffmann, David: Der Schulchan-Aruch und die Rabbinen über das Verhältniß der Juden zu Andersgläubigen, 2. Aufl. Berlin **1894**.

Jäger, Ludwig: Seitenwechsel, Der Fall Schneider/Schwerte und die Diskretion der Germanistik, München **1998**.

Jansen, Katrin Nele: Biographisches Handbuch der Rabbiner, Bd. 2: Die Rabbiner im Deutschen Reich 1871–1945, München **2009**.

Jens, Walter: Eine deutsche Universität. 500 Jahres Tübinger Gelehrtenrepublik, München **1977** (= 1993[6]).

Jeremias, Gert/Kuhn, Heinz-W./Stegemann, Hartmut (Hg.): Tradition und Glaube. Das frühe Christentum in seiner Umwelt. Festgabe Karl Georg Kuhn zum 65. Geburtstag, Göttingen **1971**.

Jeremias, Gert: Karl-Georg Kuhn, in: Breytenbach, Cilliers/ Hoppe, Rudolf (Hg.): Neutestamentliche Wissenschaft nach 1945. Hauptvertreter der deutschsprachigen Exegese in der Darstellung ihrer Schüler, Neukirchen **2008**, 297–312.

Joosten, Jan: Reflections on the Original Language of the Psalms of Salomon, in: Bons, Eberhard/Pouchelle, Patrick (ed.), The Psalms of Salomon. Language, History, Theology, Atlanta **2015**, 31–48.

Junginger, Horst: Von der philologischen zur völkischen Religionswissenschaft. Das Fach Religionswissenschaft an der Universität Tübingen von der Mitte des 19. Jahrhunderts bis zum Ende des Dritten Reiches, Contubernium 51, Stuttgart **1999**.

Ders.: Judenforschung in Tübingen. Von der jüdischen zur antijüdischen Religionswissenschaft, Jahrbuch des Simon-Dubnow-Instituts 5, Göttingen **2006**, 375–398.

Ders.: Das Bild des Juden in der nationalsozialistischen Judenforschung, in: Hoffmann, Andrea u. a. (Hg.), Die kulturelle Seite des Antisemitismus zwischen Aufklärung und Shoah, Tübingen **2006**, 171–220.

Ders.: Antisemitismus in Theorie und Praxis. Tübingen als Zentrum der nationalsozialistischen „Judenforschung", in: Wiesing, Urban/Brintzinger, Klaus-Reiner/Grün, Bernd/Junginger, Horst/Michl, Susanne (Hg.): Die Universität Tübingen im Nationalsozialismus, Contubernium 73, Stuttgart **2010**, 483–558.

Ders.: Die Verwissenschaftlichung der „Judenfrage" im Nationalsozialismus. Veröffentlichungen der Forschungsstelle Ludwigsburg der Universität Stuttgart, Bd. 19, Darmstadt **2011**.

Ders: Gerhard Kittel – Tübinger Theologe und Spiritus rector der nationalsozialistischen »Judenforschung«, in: Gailus, Manfred (Hg.): Täter und Komplizen in Theologie und Kirchen 1933–1945, Göttingen **2015**, 81–112.

Ders.: The Scientification of the "Jewish Question" in Nazi Germany, Leiden **2017**.

Kater, Michael H.: Das ‚Ahnenerbe' der SS 1935–1945: Ein Beitrag zur Kulturpolitik des Dritten Reiches, Stuttgart **1974**.

Ders.: The Myth of Myths: Scholarship and Teaching in Heidelberg, Central European History 36, Leiden **2003**, 570–577.

Kaufmann, Thomas: Konfession und Kultur: Lutherischer Protestantismus in der zweiten Hälfte des Reformationsjahrhunderts, Tübingen **2006**.

Ders.: Luthers „Judenschriften". Ein Beitrag zu ihrer historischen Kontextualisierung, Tübingen **2011**.

Kisch, Guido (Hg.): Das Breslauer Seminar. Jüdisch-Theologisches Seminar (Fraenckelscher Stiftung) in Breslau 1854–1938. Gedächtnisschrift, Tübingen **1963**.

Kittel, Gerhard: Die Judenfrage, Stuttgart **1933**.

Ders.: Die Entstehung des Judentums und die Entstehung der Judenfrage, in: Reichsinstitut für Geschichte des Neuen Deutschlands, Forschungen zur Judenfrage I, Hamburg **1937**.

Ders.: Meine Verteidigung. Neue, erweiterte Niederschrift. **1946**.

Kizilov, Mikhail/Mikhaylova, Diana: The Khazar Kaganate and the Khazars in European Nationalist Ideologies and Scholarship, Archivum Eurasii Medi Aevi 14, **2005**, 31–53.

Kizilov, Mikhail: Jüdische Protestanten? Die Karäer und christliche Gelehrte im früh- neuzeitlichen Europa, in: Decot, Rolf/Arnold, Matthieu (Hg.): Christen und Juden im Reformationszeitalter, Mainz **2007**, 237–264.

Ders.: The Sons of Scripture. The Karaites in Poland and Lithuania in the Twentieth Century, Berlin **2015** – Chapter V: Between Scylla and Charybdis: Polish – Lithaunian Karaites between Nazi Germany and the Soviet Union (1939–1945), 295–368.

Klee, Ernst: Das Personenlexikon zum Dritten Reich, Frankfurt/M. **2003**.

Knauf, Axel: Enno Littmann, BBKL 5, **1993**, 134–136.

Köhn, Andreas, Der Neutestamentler Ernst Lohmeyer, Tübingen **2004**.

Koshar, Rudy. Two 'Nazisms': The Social Context of Nazi Mobilization in Marburg and Tübingen, Social History 7,1, **1982**, 27–42.

Körte, Monika: Die Uneinholbarkeit des Verfolgten: Der ewige Jude in der literarischen Phantastik, Frankfurt **2000**.

Koonz, Claudia: The Nazi Conscience, Harvard University Press **2003**.

Kraus, Hans-Joachim: Die Evangelische Kirche, in: Mosse, Werner E./Pauker, Arnold (Hg.), Entscheidungsjahr 1932. Zur Judenfrage in der Endphase der Weimarer Republik, Tübingen **1965**, 249–270.

Krondorfer, Björn/Kellenbach, Katharina von/Reck, Norbert (Hg.): Mit Blick auf die Täter Fragen an die deutsche Theologie nach 1945. Gütersloh **2006**.

Kroner, Theodor, Entstelltes, Unwahres und Erfundenes in dem „Talmudjuden" Professor Dr. August Rohling´s. Nachgewiesen vom Rabbiner Dr. Kroner, Seminardirector, Münster 1871: auf: http://www.diss-duisburg.de/Internetbibliothek/Artikel/3%20Kronerl1871.pdf; (eingesehen am 30.10.2008).

Kühn-Ludewig, Maria: Johannes Pohl (1904–1960). Judaist und Bibliothekar im Dienste Rosenbergs, Eine biographische Dokumentation, Kleine historische Reihe 10, Hannover **2000**.

Küttler, Thomas: Umstrittene Judenmission. Der Leipziger Zentralverein für Mission unter Israel von Franz Delitzsch bis Otto von Harling, Leipzig **2009**.

Kuhn, Heinz-Wolfgang: Karl Georg Kuhn 70 Jahre, Ruperto Carola 28, 57, **1976**, 106f.

ders.: Karl Georg Kuhn †, Ruperto Carola 28/29, 58/59, **1977**, 117.

ders.: Karl Georg Kuhn, der Forscher und Lehrer [Nachruf], Ruperto Carola 31. Jg., Bd. 63/2, **1979**, 53–58.

ders.: Kuhn, K.G., Dictionary of Biblical Interpretation, 2, **1999**, 39f.

Kusche, Ulrich, Die unterlegene Religion. Das Judentum im Urteil deutscher Alttestamentler. Zur Kritik theologischer Geschichtsschreibung, Berlin **1991**.

Kuttner, Sven: Geraubte Bücher. Jüdische Provenienzen im Restbestand der Bibliothek der „Forschungsabteilung Judenfrage" in der Bibliothek des Historicums der UB München, Bibliotheksdienst 37, **2003**, Heft 89, 1059–1064.

Lammers, Karl Christian: Die ‚Judenwissenschaft' im nationalsozialistischen Dritten Reich. Überlegungen zur „Forschungsabteilung Judenfrage" in Walter Franks „Reichsinstitut für Geschichte des neuen Deutschlands" und zu den Untersuchungen Tübinger Professoren zur „Judenfrage", in: Raphaël, Freddy (Hg.): ‚... das Flüstern eines leisen Wehens ...', Beiträge zur Kultur und Lebenswelt europäischer Juden, Festschrift Fritz Jeggele, Konstanz **2001**, 369–391.

Lang, Hans Joachim: Jüdische Lehrende und Studierende in Tübingen, in: Wiesing, Urban/Brintzinger, Klaus-Rainer/Grün, Bernd/Junginger, Horst/Michl, Susanne (Hg.): Die Universität Tübingen im Nationalsozialismus, Contubernium 73, Stuttgart **2010**, 609–628.

Lehr, Stefan: Ein fast vergessener 'Osteinsatz'. Deutsche Archivare im Generalgouvernement und im Reichskommissariat Ukraine, Düsseldorf **2007**.

Leitner, Irene Maria: „Bis an die Grenzen des Möglichen". Der Dekan Viktor Christian und seine Handlungsspielräume an der Philosophischen Fakultät 1938–1943, in: Ash, Mitchell u. a. (Hg.), Geisteswissenschaften im Nationalsozialismus. Das Beispiel der Universität Wien, Göttingen **2010**.

Lerchenmüller, Joachim: Die Geschichtswissenschaft in den Planungen des Sicherheitsdienstes der SS. Der SD-Historiker Hermann Löffler und seine Denkschrift „Entwicklungen und Aufgaben der Geschichtswissenschaft in Deutschland", Archiv für Sozialgeschichte, Beiheft 21, Bonn **2001**.

Leutzsch, Martin: Wissenschaftliche Selbstvergötzung des Christentums: Antijudaismus und Antisemitismus im „Theologischen Wörterbuch zum Neuen Testament", in: Gailus, Manfred/Vollnhals, Clemens (Hg.) Christlicher Antisemitismus im 20. Jahrhundert. Der Tübinger Theologe und „Judenforscher" Gerhard Kittel, Göttingen **2020**, 101–118.

Lichtenberger, Hermann: Karl Georg Kuhn – a Tuebingen career in the Dritte Reich. Vortrag beim Sympsion zu „Protestant Bible Scholarship: Antisemitism, Philosemitism and Anti-Judaism" am Oriel-College Oxford, 26./27.Mai **2019**.

Lindemann, Gerhard: Christian Teaching about Jews in Protestant Germany (1919–1945), KZG 16, **2003**, 37–51.

Ders.: Theological Research about Judaism in different political contexts: The Example of Karl Georg Kuhn, KZG 17, **2004**, 331–338.

Linden, Walther (Hg.): Luthers Kampfschriften gegen das Judentum, (Leipzig **1936**), Reprint, Burg 2005.

Loesch, Niels C.: Rasse als Konstrukt: Leben und Werk Eugen Fischers. Frankfurt am Main **1997**.

Lösch, Anna Maria von: Der nackte Geist. Die Juristische Fakultät der Berliner Universität im Umbruch von 1933, Tübingen **1999**.

Lokatis, Siegfried, Hanseatische Verlagsanstalt. Politisches Buchmarketing im „Dritten Reich", Frankfurt **1992**.

Loomans, Pieter (Hg.) Licht und Schatten der Meister. Karlfried Graf Dürckheims Propagandatätigkeit und C.G. Jungs Thesen in der NS-Zeit, Gießen **2020**.

Lührmann, Dieter: Rezension zu Theißen, Gerd, Neutestamentliche Wissenschaft vor und nach 1945, ThR 76, **2011**, 120–121.

Marcus, Ralph, Rezension zu Karl Georg Kuhn, Die älteste Textgestalt der Psalmen Salomos (1937), JBL 60, **1941**, 197–201.

Markner, Reinhard: Forschungen zur Judenfrage - a notorious journal and some of its contributors, European Journal of Jewish Studies I, 2, **2007**, 395–415.

Marmorstein, Emile: My father – a memoir, in: Rabbinowitz, Joseph/Lew, M.S. (ed.), Studies in Jewish Theology, by A. Marmorstein, London/New York **1950**, XV–XXVI.

Marx, Gustav (= Dalman, Hermann Gustav): Jüdisches Fremdenrecht, antisemitische Polemik und jüdische Apologetik, Kritische Blätter für Antisemiten und Juden. Schriften des Institutum Judaicum in Berlin. Nr. 1, Karlsruhe/Leipzig **1886**.

Meeks, Wayne: A Nazi New Testament Professor reads his Bible. The strange case of Gerhard Kittel, in: Najman, Hindy/Newman, Judith H. (ed.), The Idea of Biblical Interpretation: Essays in Honor of James L. Kugel, Leiden **2004**, 513–544.

Merz, Annette: Philhellenism and Antisemitism: Two Sides of One Coin in the Academic Writings of Carl Schneider, Kirchliche Zeitgeschichte 17, **2004**, 314–330.

Metzger, Hartmut: Kristallnacht. Dokumente von gestern zum Gedenken heute, Stuttgart 1978, in: DIE ZEIT 45, 4.11.**1999**.

Meyer, Dietrich: Zu Geschichte der Evangelisch-Theologischen Fakultät der Universität Breslau (1811–1945), in: Jahrbuch für Schlesiens Kirchengeschichte NF 68/1989, Sigmaringen **1989**, 149–171.

Mezynski, Andrzej: Kommando Paulsen. Organisierter Raub polnischer Kulturgüter während des Zweiten Weltkriegs, Köln **2000**.

Ders.: Die judaistische Bibliothek bei der großen Synagoge in Warschau und das Schicksal der Bücher aus dem Warschauer Ghetto, in: Dehnel, Regine (Hg.); Jüdischer Buchbesitz als Raubgut. Zweites Hannoversches Symposion 2005, Zeitschrift für Bibliothekswesen, Sonderheft 88, **2006**, 85–95.

Möhlenbrink, Kurt, Die Entstehung des Judentums. Versuch einer Darstellung und Wertung altpalästinischer Religionsgeschichte, Hamburg **1936**.

Mohr, Richard: Erich Kamke, 1890–1961, in: Wiesing, Urban/Brintzinger, Klaus-Rainer/ Grün, Bernd/ Junginger, Horst/Michl, Susanne (Hg.): Die Universität Tübingen im Nationalsozialismus, Stuttgart **2010**, 863–879.

Morgenstern, Matthias: Otto Michel und Charles Horowitz – ein Briefwechsel nach der Schoah, Judaica 68, **2012**, 278–294.

Ders.: Von Adolph Schlatter zum Tübinger Institutum Judaicum, in: Ders./Rieger, Reinhold (Hg.): Das Tübinger Institutum Judaicum, Contubernium 83, Tübingen **2015**, 11–147.

Ders. (Hg.): Martin Luther, Von den Juden und ihren Lügen – Neu bearbeitet und kommentiert, Berlin **2016**.

Ders.: Gerhard Kittel (1888 – 1948) et „l'antisemitisme chrétien", in: Tsafon. Revue d'études juives du Nord, No. 80, **2020**.

Müller(-Sommerfeld), Hannelore: Religionswissenschaftliche Minoritätenforschung. Zur religionshistorischen Dynamik der Karäer im Osten Europas, Wiesbaden **2010**.

Dies.: Gunst und Tragik einer Privilegierung – Karäer im Osten Europas im 20. Jahrhundert, Judaica 67, **2011**, 48–96.

Müller, Karl: Werner Wiesner, BBKL 29, Herzberg **2008**, 1555–1559.

Nicklas, Tobias: Vom Umgang mit biblischen Texten in antisemitischen Kontexten, Hervormde Teologiese Studies/Theological Studies 64, **2008**, 1895–1921.

Niewöhner Friedrich: Entdecktes Judentum und jüdische Augen=Gläser. Johann Andreas Eisenmenger. In: van Dülmen, Richard/Rauschenbach,Sina (Hg.), Denkwelten um 1700. Zehn intellektuelle Profile, Köln/Weimar/Wien **2002**, 167–180.

Neuer, Werner: Adolf Schlatter. Ein Leben für Theologie und Kirche, Stuttgart **1996**.

Noack, Hannelore: Unbelehrbar? Antijüdische Agitation mit entstellten Talmudzitaten. Antisemitische Aufwiegelung durch Verteufelung der Juden, Paderborn **2001**.

Ott, Norbert H.: Kuhn, Hugo, NDB 13, **1982**, 261–263.

Palescheck, Sylvia: Entnazifizierung und Universitätsentwicklung in der Nachkriegszeit am Beispiel der Universität Tübingen, in: vom Bruch, Rüdiger (Hg.): Wissenschaften und Wissenschaftspolitik: Bestandsaufnahme zu Formationen, Brüchen und Kontinuitäten im Deutschland des 20. Jahrhunderts, Stuttgart **2002**, 393–408.

Papen[-Bodek], Patricia von: „Scholarly" Antisemitism during the Third Reich. The Reichsinstitut's Research on the „Jewish Question", 1935–1945, Diss. Columbia University **1999a**.

Dies.: Schützenhilfe nationalsozialistischer Judenpolitik. Die „Judenforschung" des „Reichsinstituts für Geschichte des neuen Deutschlands" 1935–1945, in: Fritz Bauer Institut (Hg.), „Beseitigung des jüdischen Einflusses …". Antisemitische Forschung, Eliten, Karrieren im Nationalsozialismus, Frankfurt/M. **1999b**, 17–42.

Dies.: Die Bibliothek der Forschungsabteilung Judenfrage in München 1936–1945, in: Freundeskreis des Lehrstuhls für jüdische Geschichte und Kultur e.V. an der Ludwig-Maximilians-Universität, 3. Rundbrief, Oktober **2001**.

Dies.: Rez. von: Diner, Dan (Hg.), Jahrbuch des Simon-Dubnow-Instituts V, Göttingen 2006, in: sehepunkte 7, (**2007**), Nr. 10.

Piper, Ernst: Alfred Rosenberg. Hitlers Chefideologe, München **2005**.

Poliak, Avraham: Khazaria, Toldot mamlakha jehudit be-Europa [Khasariah - The History of a Jewish Kingdom in Europe (Hebr.)], Tel Aviv 1943 = **1951**.

Poliakov, Léon/Wulf, Joseph: Das Dritte Reich und seine Denker, Berlin **1959** = Wiesbaden 1989.

Porter, J. R.: The Case of Gerhard Kittel, in: Theology, Vol. L, No. 329, November **1947**, 402–406.

Prauss, Christina: Vom Untergang bürgerlicher Lebenswelten – Der Kaufhausgründer Lehmann Löwenstein aus Datterode und seine Kinder, in: Eschweger Geschichtsblätter 23, **2012**, 59-84.

Przyrembel, Alexandra: „Rassenschande". Reinheitsmythos und Vernichtungslegitimation im Nationalsozialismus, Göttingen **2003**.

Rahden, Till van: Mingling, Marrying and Distancing: Jewish Integration in Wilhelminian Breslau and its Erosion in Early Weimar Germany, in: Benz, Wolfgang/Paucker, Arnold/Pulzer, Peter (Hg.): Jüdisches Leben in der Weimarer Republik, Tübingen **1998**, 197–224.

Ders.: Juden und andere Breslauer: die Beziehungen zwischen Juden, Protestanten und Katholiken in einer deutschen Großstadt, Göttingen **2000**.

Raiser, Konrad: Von der politischen Verantwortung des Nichtpolitikers. Ein Lebensbild meines Vaters Ludwig Raiser, Norderstedt **2020**.

Rapaport, Samuel: Ahasver, der ewige Jude, Jüdisches Lexikon 1, Berlin **1927**, 159–161.

Reich-Ranicki, Marcel: (zu A. Cerniakow:) Ein Intellektueller, ein Märtyrer, ein Held, in: ders.: Mein Leben, Bd. 2: Von 1938 bis 1944, München **2012**, 243–252.

Remy, Steven P.: The Heidelberger Myth: The Nazification and Denazification of a German University, Harvard **2002**.

Renan, Ernest: Le Judaïsme comme race et comme religion: conférence faite au circle Saint-Simon, le 27 Janvier 1883, Paris 1883, 351–65 = Das Judenthum vom Gesichtspunkte der Rasse und der Religion, Basel **1883**.

(Kittel, Gerhard/) Rengstorf, Karl-Heinrich (Hg.), Rabbinische Texte. Zweite Reihe. 3. Band: Sifre zu Numeri, Stuttgart **1959**.

Rieger, Reinhold: Die Tübinger evangelisch-theologische Fakultät während der Zeit der Weimarer Republik, in: Lächele, Rainer/ Thierfelder, Jörg (Hg.), Württembergs Protestantismus in der Weimarer Republik, Stuttgart **2003**.

Röhm, Eberhard: Werner Georg Kümmel, in: Ludwig, Hartmut u. a. (Hg.), Evangelisch getauft – als Juden verfolgt. Theologen jüdischer Herkunft in der Zeit des Nationalsozialismus. Ein Gedenkbuch, Stuttgart **2014**, 188–189.

Röhm, Eberhard/Thierfelder, Jörg: Juden – Christen – Deutsche 1933–1945, 1: 1933–1935, Stuttgart 1990; Stuttgart **2007**.

Roemer, Nils: Jewish Scholarship and Culture in Nineteenth-Century Germany. Between History and Faith, Madison **2005**.

Rohrbach, Hans: Kamke, Erich, in: NdB 11, Berlin **1977**, 81f.

Rosen, Allan: „Familiarly known as Kittel": The Moral Politics of the „Theological Dictionary of the New Testament" in: Harrowitz, Nancy A. (Hg.), Tainted Greatness. Antisemitism and Cultural Heroes, Philadelpia **1994**, 37–50.

Rüger, Hans Peter: Fiebig, Paul, NDB 5, Berlin **1961**, 139.

Rupnow, Dirk: „Arisierung" jüdischer Geschichte. Zur nationalsozialistischen Judenforschung, Leipziger Beiträge zur jüdischen Geschichte und Kultur 2, **2004**, 349–367.

Ders.: Antijüdische Wissenschaft im ›Dritten Reich‹ – Wege, Probleme und Perspektiven der Forschung, Simon-Dubnow-Institute Yearbook 5, **2006a**, 539–598.

Ders.: Eine neue nationalsozialistische Musterdisziplin? - „Judenforschung" an der Universität Leipzig, in: Wendehorst, Stephan (Hg.): Bausteine einer jüdischen Geschichte der Universität Leipzig, **2006b**, 353–384.

Ders.: Pseudowissenschaft als Argument und Ausrede. Antijüdische Wissenschaft im »Dritten Reich« und ihre Nachgeschichte, in: Rupnow, Dirk/Lipphardt, Veronika/ Thiel, Jens/ Wessely, Christina (Hg.) Pseudowissenschaft - Konzeptionen von Nichtwissenschaftlichkeit in der Wissenschaftsgeschichte, Berlin **2008a**, 279–307.

Ders.: Institut zur Erforschung der Judenfrage in Frankfurt am Main, in: Haar, Ingo/ Fahlbusch, Michael (Hg.), Handbuch der völkischen Wissenschaften, München **2008b**, 288–295.

Ders.: Judenforschung, in: Ingo Haar/Michael Fahlbusch (Hg.), Handbuch der völkischen Wissenschaften, München **2008c**, 312–321.

Ders.: Brüche und Kontinuitäten – Von der NS-Judenforschung zur Nachkriegsjudaistik, in: Ash, Michell/Nieß, Wolfram/Pils, Ramon (Hg.), Geisteswissenschaften im Nationalsozialismus. Das Beispiel der Universität Wien, Göttingen **2010**, 79–110.

Ders.: Judenforschung im Dritten Reich. Wissenschaft zwischen Politik, Propaganda und Ideologie, in: Middell, Matthias/Sommer, Ulrike (Hg.): Historische West- und Ostforschung in Zentraleuropa zwischen dem ersten und dem Zweiten Weltkrieg, Geschichtswissenschaft und Geschichtskultur 5, Baden Baden **2011**, 107–132.

Sand, Shlomo: De la nation et du „peuple juif" chez Renan. Le liens que liberent, Paris **2009**.

Ders.: Die Erfindung des jüdischen Volkes. Israels Gründungsmythos auf dem Prüfstand, Berlin **2010**.

Sauer, Paul (Hg.): Dokumente über die Verfolgung jüdischer Bürger in Baden-Württemberg durch das Nationalsozialistische Regime 1933–1945, 2 Bd., Stuttgart **1966**.

Schaller, Berndt: Der Reichpogrom 1938 und unsere Kirchen, Kirche und Israel 4, **1989**, 123–148.

Ders.: Paul Billerbecks „Kommentar zum Neuen Testament aus Talmud und Midrasch". Wege und Abwege, Leistung und Fehlleistung christlicher Judaistik. In: Waubke, Hans-Günther (Hg.): Judaistik und neutestamentliche Wissenschaft: Standorte, Grenzen, Beziehungen, Göttingen **2008**, 61–84.

Ders.: Programm „Entjudung". Walter Grundmann – NS-Theologe und Mann der Kirche 1922–1945 und 1945–1976, leqach 11, Leipzig **2013**, 31–66.

Schenk, Wolfgang: Der Jenaer Jesus, in: Von der Osten-Sacken, Peter (Hg.), Das missbrauchte Evangelium: Studien zur Theologie und Praxis der Thüringer Deutschen Christen, Studien zu Kirche und Israel 20, Berlin **2002**.

Schiefelbein, Dieter: Das „Institut zur Erforschung der Judenfrage Frankfurt am Main". Vorgeschichte und Gründung 1935–1939, Frankfurt **1993**.

Schieferl, Franz Xaver: Joh. Andr. Eisenmenger's Entdecktes Judentum. Zeitgemäß überarbeitet und herausgegeben, Dresden **1893**.

Schmitz-Berning, Cornelia: Vokabular des Nationalsozialismus, Berlin **2000**.

Schneider, Carl: Rezension zu Kuhn, Karl Georg, Das Judentum als weltgeschichtliches Problem, Hamburg (o.J.), in: ThLZ 65, **1940**, 120.

Schochow, Werner: Deutsch-jüdische Geschichtswissenschaft. Eine Geschichte ihrer Organisationsformen unter besonderer Berücksichtigung der Fachbibliographie, Berlin **1969**.

Schönhagen, Benigna: Tübingen unterm Hakenkreuz. Eine Universitätsstadt in der Zeit des Nationalsozialismus, Beiträge zur Tübinger Geschichte 4, Stuttgart **1991**.

Scholem, Gershom: Briefe II 1948–1970, Thomas Sparr (Hg.), München **1995**.

Scholl, Friedemann: Heinrich Harmjanz. Skizzen aus der nationalsozialistischen Wissenschaftspolitik. In: Jahrbuch für Europäische Ethnologie, 3, **2008**, 105–130.

Schopenhauer, Arthur: Parerga und Paralipomena, in: Kleine philosophische Schriften, Zürich **1988**, 238–240.

Schroer, Hermann, Blut und Geld im Judentum. Dargestellt am jüdischen Recht (Schulchan aruch), übersetzt von Heinrich Georg F. Löwe sen. 1936, neu herausgegeben von Hermann Schroer, Rechtsanwalt in Wuppertal. Erster Band: Eherecht und Fremdenrecht, München **1936**.

Schudt, Johann Jacob: Jüdische Merkwürdigkeiten, Frankfurt **1714–1718**.

Schünemann, Bodo: Birnbaum, Walter, Hamburgische Biografie 5, Göttingen **2010**, 50–52.

Schultheis, Herbert: Die Reichskristallnacht in Deutschland nach Augenzeugenberichten, Bad Neustädter Beiträge zur Geschichte und Heimatkunde Frankens 3, Bad Neustadt an der Saale, **1986**.

Schur, Nathan, History of the Karaites, Frankfurt/M. **1992**.

Seeliger, Rolf: Professor D. Georg Bertram, Frankfurt, in: Braune Universität. Deutsche Hochschullehrer gestern und heute. Dokumentation mit Stellungnahmen, Heft 3, München **1965**, 19–25.

Ders.: Professor D. theol., Dr. phil. Karl Georg Kuhn, Heidelberg, in: Braune Universität. Deutsche Hochschullehrer gestern und heute. Dokumentation mit Stellungnahmen, Heft 6, München **1968**, 46–56.

Segal, Sanford L.: Mathematicians under the Nazis, Princeton, **2003**.

Sellheim, Rudolf (Hg.), Autobiographische Aufzeichnungen und Erinnerungen von Carl Brockelmann, in: Oriens 27, Leiden **1981**, 1–65.

Siegele-Wenschkewitz, Leonore: Die Evangelisch-Theologische Fakultät Tübingen in den Anfangsjahren des Dritten Reichs. II. Gerhard Kittel und die Judenfrage, in: ZThK Beiheft 4, **1978**, 53–80.

Dies.: Neutestamentliche Wissenschaft vor der Judenfrage. Gerhard Kittels theologische Arbeit im Wandel deutscher Geschichte, München **1980**.

Dies.: Mitverantwortung und Schuld der Christen am Holocaust, EvTh 42 (**1982**), 171–190.

Dies.: Protestantische Universitätstheologie und Rassenideologie in der Zeit des Nationalsozialismus. Gerhard Kittels Vortrag „Die Entstehung des Judentums und die Entstehung der Judenfrage" von 1936, in Brakelmann, Günther/Rosowski, Martin (Hg.): Antisemitismus. Von religiöser Judenfeindschaft zur Rassenideologie. Göttingen **1989**, 52–75.

Späth, Andreas: Luther und die Juden, Bonn **2001**.

Staples, Jason A.: The Idea of Israel in Second Temple Judaism. A New Theory of People, Exile and Israelite Identity, Cambridge **2021**.

Stegemann, Wolfgang: Judentum, Israel, Christentum. Ein unveröffentlichtes Manuskript von Gerhard Kittel (1888–1948), Kirche und Israel 27, **2012**, 177–184.

Stein, Harry: Chronik, in: Stiftung Gedenkstätten Buchenwald und Mittelbau-Dora (Hg.): K.L.Buchenwald, Post Weimar, Spröda **1999**.

Steinweis, Alan E.: Studying the Jew. Scholarly Antisemitism in Nazi Germany, Cambridge Mass. **2006**, 66–76.

Stemberger, Günter: Talmud und rabbinische Literatur, in: Brenner, Michael/ Rohrbacher, Stefan (Hg.): Wissenschaft vom Judentum. Annäherung nach dem Holocaust, Göttingen **2000**, 121–133.

Steudel, Annette: Basic Research, Methods and Approaches to the Qumran Srolls in German-Speaking Countries, in: Dimant, Devorah (ed.), The Dead Sea Scrolls in Scholarly Perspective: A History of Research, Leiden **2012**, 565–599.

Suchy, Barbara: The Verein zur Abwehr des Antisemitismus (II). From the First World War to its Dissolution in 1933. In: The Leo Baeck Institute Year Book 30, **1985**, 67–103.

Szysman, Simon: Das Karäertum. Lehre und Geschichte, Wien **1983**.

Taylor, Frederick: Zwischen Krieg und Frieden. Die Besetzung und Entnazifizierung Deutschlands 1944–1946, Berlin **2011**.

Theison, Philipp/Braungart, Gregor (Hg.): Philosemitismus. Rhetorik, Poetik, Diskursgeschichte, Paderborn **2017**.

Theißen, Gerd: Neutestamentliche Wissenschaft vor und nach 1945. Karl Georg Kuhn und Heinrich Bornkamm, Heidelberg **2009**.

Ders.: Von Jesus zur urchristlichen Zeichenwelt. Neutestamentliche Grenzgänge im Dialog, Göttingen **2011**.

Thiel, Jens: Nutzen und Grenzen des Generationenbegriffs für die Wissenschaftsgeschichte. Das Beispiel der „unabkömmlichen" Geisteswissenschaftler am Ende des Dritten Reiches, in: Middel, Matthias / Thoms, Ulrike / Uekötter, Franz (Hg.), Verräumlichung, Vergleich, Generationalität. Dimensionen der Wissenschaftsgeschichte, Leipzig **2004**.

Ders.: Akademische „Zinnsoldaten"? Karrieren deutscher Geisteswissenschaftler zwischen Beruf und Berufung (1933/1945), in: von Bruch, Rüdiger/Gerhardt, Uta/Pawliczek, Alexandra (Hg.): Kontinuitäten und Diskontinuitäten in der Wissenschaftsgeschichte des 20. Jahrhunderts, Wissenschaft, Politik und Gesellschaft 1, Stuttgart **2006**, 167–194.

Trafton, Joseph L.: A Critical Evaluation of the Syriac Version of the Psalms of Solomon, Diss. Duke University, Durham **1981**.

Ders.: The Psalms of Solomon. New Light from the Syriac Version, JBL 105, **1986**, 227–237.

Ders.: The Syriac Version of the Psalms of Solomon. A Critical Evaluation, SBL.SCS 11, Atlanta GA, **1985**.

Ders.: The Psalms of Solomon in Recent Research, JSP 12, **1994**, 3–19.

Trevisan-Semi, Emanuela: L'oscillation ethnique: Le cas des Caraites pendant la Seconde Guerre Mondiale, Revue de l'histoire des religions 206, **1989**, 377–398.

ebd.: The Image of the Karaites in Nazi and Vichy France Documents, Jewish Journal of Sociology 32, **1990**, 81–93.

Trey, Oliver: Die Entwicklung von Rassentheorien im 19. Jhdt.: Gobineau und sein Essai „Die Ungleichheit der Menschenrassen", Hamburg **2014**.

Ullmann, Manfred: Die Universitätsbibliothek Tübingen und die Anfänge des arabischen Wörterbuchs, in: Fiand, Bettina u. a. (Hg.), „Fest-Platte": Beiträge aus der Universitätsbibliothek Tübingen für Berndt Egidy, Tübingen **2003**, 144–147.

Ders.: Wörterbuch der klassischen arabischen Sprache, Bd. II/4, Wiesbaden **2009**.

Ulmer, Martin: Pogromnacht 1938. Die Zerstörung der Jüdischen Gemeinde und die Folgen. In: Tübinger Blätter **1998/99**, 27–31.
Ulrichs, Karl Friedrich: Werner Georg Kümmel, BBKL 18, Herzberg **2001**, 827–828.
Viteau, Joseph: Les Psaumes de Salomon. Introduction, texte grec et traduction. Avec les principales variantes de la version syriaque par F. Martin, Paris **1911**.
Verschuer, Othmar Frhr. von: Rassenbiologie der Juden, FzJFr 3, Hamburg **1938**, 137–151.
Volkov, Shulamit: Antisemitismus als kultureller Code, München 2. Aufl. **2000**.
Vollnhals, Clemens: Evangelische Kirche und Entnazifizierung 1945–1949. Die Last der nationalsozialistischen Vergangenheit, München **1989**.
Vos, Johannes Sijko: Antjudaimus/Antisemitismus im Theologischen Wörterbuch zum Neuen Testament, Nederlands Theologisch Tijdskrift, 35, **1984**, 89–109.
Walk, Joseph (Hg.): Das Sonderrecht für die Juden im NS-Staat. Eine Sammlung der gesetzlichen Richtlinien und Maßnahmen – Inhalte und Bedeutung. Motive – Texte – Materialien, UTB 1989, 2. Auflage Heidelberg **1996**.
Wassermann, Henry: Fehlstart: Die „Wissenschaft vom späteren Judentum" an der Universität Leipzig (1912–1941), in: Wendehorst, Stephan (Hg.): Bausteine einer jüdischen Geschichte der Universität Leipzig, Leipzig **2006**, 321–344.
Weber, Cornelia: Altes Testament und völkische Frage. Der biblische Volksbegriff in der alttestamentlichen Wissenschaft der nationalsozialistischen Zeit, dargestellt am Beispiel von Johannes Hempel, Tübingen **2000**.
Weinreich, Max: Hitler's Professors. The Part of Scholarship in Germany's Crimes against the Jewish People, New York **1946** = 2011; jiddische Fassung: Hitlers profesorn. Kheylek fun der daytsher visnshaft in daytshlands farbrekhn kegn yidishn folk. Yidisher visnshaftlekher institut, Historishe sektsye, Nyu-York **1947**.
Weiss, Yfaat: Projektionen vom „Weltjudentum". Die Boykottbewegung der 1930er Jahre, in: Dan Diner (Hg.): Deutschlandbilder, Tel Aviver Jahrbuch für deutsche Geschichte, Tel Aviv **1997**, 151–179.
Werner, Fritz: Das Judentumsbild der Spätjudentumsforschung im Dritten Reich. Dargestellt anhand der „Forschungen zur Judenfrage" Bd. I–VIII, Kairos 12, **1971**, 161–194.
Wesseling, Klaus-Gunther: Leipoldt, Johannes, ev. Theologe, BBKL 4 1992, 1391–1395.
Ders.: Stauffer, Ethelbert, protestantischer Neutestamentler, BBKL 10, Herzberg **1995**, 1245–1250.
Ders.: Windisch, Hans, evangelischer Neutestamentler, BBKL 13, Herzberg **1998**, 1375–1381.
Winkler, Heinrich August: Weimar 1918–1933. Die Geschichte der ersten deutschen Demokratie, München **1993**.
Wischnath, Johannes Michael: Eine Frage des Stolzes und der Ehre. Die politische Säuberung der Universität Tübingen und ihr letzter Rektor Otto Stickl, in: Sannwald, Wolfgang (Hg.), Persilschein, Käferkauf und Abschlachtprämie. Von Besatzern, Wirtschaftswundern und Reformen im Landkreis Tübingen, Tübingen **1998**, 103–123.
Wolfes, Matthias: Walter Birnbaum (Theologe), BBKL 16, **1999a**.
Ders.: Heinz Erich Eisenhuth, BBKL 16, **1999b**, 437–451.

Ders.: Edo Osterloh, BBKL 16, **1999c**, 1179–1182.

Zager, Werner (Hg.): Rudolf Bultmann / Günther Bornkamm. Briefwechsel 1926–1976, Tübingen **2014**.

Zauner, Stefan: Die Entnazifizierung der Universität Tübingen, in: Hans-Otto Binder u. a. (Hg.), Vom braunen Hemd zur weißen Weste. Vom Umgang mit der Vergangenheit in Tübingen nach 1945, Tübingen **2011**, 77–100.

Zocher, Peter: Edo Osterloh – vom Theologen zum christlichen Politiker: eine Fallstudie zum Verhältnis von Theologie und Politik im 20. Jahrhundert, Göttingen **2007**.

13. Personenregister

A

Adam, Karl 29
Alt, Johannes 42
Avidan, Igal 59
Avriel, Franz 20

B

Baeck, Leo 26, 117, 164
Balaban, Majer 20, 98, 103, 104
Bauernfeind, Otto 111, 112, 120
Beer, Georg 29
Bertram, Georf 21
Bertram, Georg 16, 29
Birnbaum, Walter 110
Bogner, Hans 42
Börner-Klein, Dagmar 57
Bornkamm, Günther 22, 30, 109, 130
Brandt(-Krüger), Dagmar 48, 99, 100, 159
Buber, Martin 37, 112, 137
Bultmann, Rudolf 22, 30, 31, 36
Buttmann, Rudolph 42

C

Cassirer, Ernst 135
Causse, Antonin 88, 89
Christian, Viktor 29
Cohn, Conrad 135
Colibri, Peter 128
Czerniakow, Adam 20
Czerniaków, Adam 103, 104

D

Dalman, Gustav 76
Dannenmann, Arnold 117
Delekat, Friedrich 119, 120, 126
Delling, Gerhard 29

Dinkler, Erich 120
Doering, Lutz 122, 143
Doerries, Hermann 120, 125, 126
Doh, Wilhelm 108
Durkheimer, Emil 88

E

Eichrodt, Walther 37
Eisenhuth, Heinz Erich 29
Eisenmenger, Johann Andreas 75
Elias, Norbert 135
Elitzur, Yosef 59
Erbe, Walter 108, 109, 116
Ettlinger, Sophie 20, 21
Euler, Karl-Friedrich 21, 29

F

Fiebig, Paul 21, 29, 91–93, 138, 145
Focke, Friedrich 42, 111
Frank, Walter 16, 19, 20, 44–46, 49, 106, 150, 152
Frey, Herman-Walther 44
Friedman, Philipp 99
Fritsch, Theodor 47, 92

G

Geiger, Abraham 26
Gobineau, Arthur de 89
Goebbels, Joseph 49, 114
Gollwitzer, Helmut 122, 127
Grau, Wilhelm 48, 49
Grieger, Manfred 93
Grundmann, Walter 16, 22, 23, 29, 46, 52, 53, 107, 138, 139
Guttmann, Michael 76, 136

H

Haber, Fritz 135
Haberman, Jacob 23
Habermann, Jakob 31
Haering, Theodor 15
Hardenberg, Anna Marie von (spätere von Holst) 35, 113
Harding, Otto 47
Harmjanz, Heinrich 44
Heckel, Johannes 42
Heim, Karl 15, 37
Heinemann, Isaak 136
Hempel, Johannes 29
Heschel, Abraham J. 27
Hess, Rudolf 42
Heydrich, Reinhard 106
Higger, Michael 55
Himmler, Heinrich 106
Hirsch, Emmanuel 29
Hitler. Adolf 39, 93, 99, 100
Hitler, Adolf 14, 24
Holtz, Günther 98, 100
Horowitz, Charles Chaim 13, 14, 37, 48, 56, 115, 116, 121–126, 133, 137, 140, 141, 166, 168
Horowitz, Jules 13, 122
Horowitz, Lea 13, 122, 123
Horowitz, Suzanne 13, 122, 124

I

Itzkewitsch, Faybusch 93, 95, 97
Iwand, Hans Joachim 109

J

Jacob, Benno 26
Jan, Julius von 139
Jantke, Carl 47
Jeremias, Alfred 37
Jeremias, Gert 53
Jeremias, Joachim 26, 37, 50, 109, 112, 113, 120

Jirku, Anton 99, 100
Junginger, Horst 14, 18–21, 23, 31

K

Kalmanovitch, Zelig 98
Kamke, Erich 81, 108, 109
Käsemann, Ernst 22, 119, 126
Kellenbenz, Hermann 43
Kittel, Gerhard 14–16, 18, 19, 21, 22, 25, 29, 36, 37, 40, 42, 46, 48, 49, 52, 53, 55, 57, 58, 63–67, 69, 87, 99, 115, 121, 122, 133, 137, 138, 140, 141
Köberle, Adolf 37
Koch, Franz 49
Kratz, Reinhard Gregor 143
Krondorfer, Björn 25, 26
Krügel 139
Krüger, Gerhard 47
Kuhn, Peter 121, 122, 143
Kümmel, Werner 119, 120
Küster, Otto 114, 115

L

Landé, Alfred 15
Landwehr, Hanna 38
Laqueur, Walter 135
Leibbrandt, Georg 97, 153
Leibowitz, Gutel 56, 115
Leipoldt, Johannes 29, 37
Lenard, Philipp 42
Lessing, Gotthold Ephraim 87
Lévy-Bruhl, Lucien 88
Lewkowitz, Albert 136
Lindemann, Gerhard 16, 18, 31
Linden, Walther 60
Litterscheid, Wolfgang 113
Littmann, Enno 15, 36, 37, 61, 110–112
Löffler, Hermann 29
Lohmeyer, Ernst 35
Lorenz, Ottokar 42
Luther, Martin 59, 60, 142

M

Marck, Siegfried 135
Marmorstein, Arthur 55–58, 137, 141
Mayer, Reinhold 130
Mende, Gerhard von 20, 96, 103, 104
Mengele, Adolf 81
Meyer, Eduard 78
Meyer, Herbert 42
Meyer, Rudolf 21
Meyer, Rudolph 23, 29
Meyer-Erlach, Wolf 29
Michel, Otto 121, 122, 124
Morgenstern, Matthias 143
Müller, Karl Alexander von 85
Müller, Walter 115
Müller-Sommerfeld, Hannelore 98
Musculus, Andreas 87

N

Noack, Hermann 47
Nöldeke, Theodor 37

O

Osiander, Andreas 87
Osterloh, Edo 114

P

Papen, Patricia von 31
Paulsen, Peter 106
Pfarr 163
Pohl, Johannes 29

R

Rabin, Israel Abraham 15, 56, 135, 136
Raiser, Ludwig 109, 115
Reese, Martin 31, 125
Renan, Ernest 89
Rengstorf, Karl Heinrich 29, 37, 56, 60, 113, 122, 124, 140
Ritter, Joachim 47
Röhm, Ernst 41, 53

Rosenberg, Alfred 40, 44, 46, 47, 76, 97, 99, 100, 106
Rössler, Hermann 108
Rubensohn, Erich 115
Rupnow, Dirk 14, 18, 31
Ruppin, Arthur 20, 77, 80

S

Sasse, Martin 59
Schäfer, Peter 143
Schall, Jakob 98
Schlatter, Adolf 15, 37, 112, 122
Schneider, Carl 29, 78
Schneider, Philipp 94
Scholem, Gershom 23, 31
Schroer, Hermann 85, 94, 100
Seebaß, Ernst 69
Seeliger, Rolf 24, 31, 129
Shapira, Yitzchak 59
Shipper, Jitzchak 98
Spener, Philipp Jacob 134
Stacklies, Astrid 143
Staerk, Willy Otto Alexander 37
Stapel, Wilhelm 42
Stauffer, Ethelbert 29
Steinbach, Ernst 115
Steinweis, Alan E. 18, 31
Stern, Otto 135
Steudel, Annette 143
Streicher, Julius 43, 46, 75, 114, 116, 132, 139

T

Theißen, Gerd 14, 18, 32, 64, 134
Toeplitz, Otto 135
Tykocinski, Chaim 116, 117, 163

V

Verschuer, Otmar von 42, 79–81
von der Osten-Sacken, Peter 143
von Ranke, Leopold 85

W

Wagner, Richard   69
Weber, Max   88
Weber, Otto   126
Wehrun, Georg   15
Weinreich, Max   18, 23, 30, 45, 46
Weisberg, Tadeusz   103
Weiss, Rudolf   108
Wendel, Adolf   29
Wetzel, Erhard   98–100, 158
Wiese, Benno von   47

Wiesner, Werner   113, 119, 120
Windisch, Hans   55
Winter, Jakob   55, 57
Wolf, Ernst   126–128
Wundt, Max   19, 42, 49
Wurm, Theophil   109

Z

Ziegler, Wilhelm   42, 48, 49
Zinzendorf, Nikolaus Ludwig von   134
Zündel, Ernst   68

Bibliographie Berndt Schallers

Zusammengestellt von Annette Steudel und Lutz Doering

Die Bibliographie ist für die Jahre 1961–2000 erschienen in B. SCHALLER, Fundamenta Judaica. Studien zum antiken Judentum und zum Neuen Testament, hg. v. L. DOERING/ A. STEUDEL, StUNT 25, Göttingen 2001, 211–218. Sie ist im Folgenden geringfügig überarbeitet und bis einschließlich 2021 fortgeschrieben worden. Abkürzungen richten sich nach Theologische Realenzyklopädie Abkürzungsverzeichnis, zusammengestellt von S.M. SCHWERTNER, Berlin/New York ²1994.

1961
Gen. 1.2 im antiken Judentum. Untersuchungen über Verwendung und Deutung der Schöpfungsaussagen von Gen. 1.2 im antiken Judentum, Diss. theol. (masch.), Göttingen 1961.

1962
Gen. 1.2 im antiken Judentum. Untersuchungen über Verwendung und Deutung der Schöpfungsaussagen von Gen. 1.2 im antiken Judentum, Diss. Göttingen, 1961 [Autoreferat], ThLZ 87 (1962), 784–786.
Rez. G. KLEIN, Die Zwölf Apostel. Ursprung und Gehalt einer Idee, 1961, ZRGG 14 (1962), 287–289.
Rez. U. WILCKENS, Die Missionsreden in der Apostelgeschichte, 1961, ZRGG 14 (1962), 289–292.

1963
Hekataios von Abdera über die Juden. Zur Frage der Echtheit und der Datierung, ZNW 54 (1963), 15–31.

1967
Art. ‚Feste: πάσχα‘, TBLNT I (1967), 324–326.
Art. ‚Gadara‘, KP II (1967), 654.
Art. ‚Hannas‘, KP II (1967), 933–934.
Art. ‚Iakobos‘, KP II (1967), 1302–1303.
Art. ‚Iosephos‘, KP II (1967), 1440–1444.
Art. ‚Iotapata‘, KP II (1967), 1444.
Art. ‚Ituraea‘, KP II (1967), 1492.
Art. ‚Iucundus‘, KP II (1967), 1495.

1968

Rez. J. COLIN, Les villes libres de l'orient gréco-romain et l'envoi au supplice par acclamations populaires, ZDPV 84 (1968), 88–90.

1969

Art. ‚Kallirihoe', KP III (1969), 85.
Art. ‚Kana', KP III (1969), 103.
Art. ‚Libias', KP III (1969), 625.
Art. ‚Machairus', KP III (1969), 852.
Art. ‚Magdala', KP III (1969), 872–873.
Art. ‚Malichos', KP III (1969), 932.
Art. ‚Manaemos', KP III (1969), 940–941.
Art. ‚Mariamme', KP III (1969), 1024.
Art. ‚Marion', KP III (1969), 1029.
Art. ‚Masada', KP III (1969), 1061.
Art. ‚Mattathias', KP III (1969), 1085.
Art. ‚Matthias', KP III (1969), 1086.
Art. ‚Monobazos', KP III (1969), 1411–1412.

1970

Die Sprüche über Ehescheidung und Wiederheirat in der synoptischen Überlieferung, in: Der Ruf Jesu und die Antwort der Gemeinde. Exegetische Untersuchungen J. Jeremias zum 70. Geburtstag gewidmet von seinen Schülern, hg. v. E. LOHSE mit Chr. BURCHARD/ B. SCHALLER, Göttingen 1970, 226–246.
Art. ‚Phasael', PRE.S XII (1970), 1084–1086.

1972

"Commits Adultery with Her" not "against Her", Mk 10^{11}, ET 83 (1972), 107–108.
Targum Jeruschalmi I zu Deuteronomium 33,11. Ein Relikt aus hasmonäischer Zeit?, JSJ 3 (1972), 52–60.
Art. ‚Nazareth', KP IV (1972), 27.
Art. Nehemia', KP IV (1972), 38–39.
Art. ‚Nerabos', KP IV (1972), 66.
Art. ‚Onias', KP IV (1972), 303–304.
Art. ‚Phasael', KP IV (1972), 718–719.
Art. ‚Phasaelis', KP IV (1972), 719.
Art. ‚Pheroras', KP IV (1972), 731–732.
Art. ‚Philon [der Ältere]', KP IV (1972), 771.
Art. ‚Philon von Alexandreia', KP IV (1972), 772–776.
Art. ‚Rabbinische Literatur', KP IV (1972), 1323–1327.
Rez. E. JANSSEN, Das Gottesvolk und seine Geschichte, 1971, LR 22 (1972), 110–111.

1973
Rez. Ch. ALBECK, Einführung in die Mischna, übers. v. T. u. P. GALEWSKI, 1971, ThLZ 98 (1973), 28–33.

1975
Art. ‚Sepphoris', KP V (1975), 121–122.
Art. ‚Simon der Gerechte', KP V (1975), 202–203.
Art. ‚Sodom', KP V (1975), 246–247.
Übersetzung: Art. 'Feast: πάσχα', NIDNT I (1975), 632–635.

1976
Rez. O. BETZ/K. HAACKER/M. HENGEL (Hg.), Josephusstudien. Untersuchungen zu Josephus, dem antiken Judentum und dem Neuen Testament. FS O. Michel, 1974, ThBeitr 7 (1976), 123–124.

1979
Das Testament Hiobs, JSHRZ III/3, Gütersloh 1979 [303–387].
Zur Überlieferungsgeschichte des ps.-philonischen *Liber Antiquitatum Biblicarum* im Mittelalter, JSJ 10 (1979), 64–73.

1980
Zum Textcharakter der Hiobzitate im paulinischen Schrifttum, ZNW 71 (1980), 21–26.
Das Testament Hiobs und die Septuaginta–Übersetzung des Buches Hiob, Bib. 61 (1980), 377–406.
Art. ‚Ἀδάμ', EWNT I (1980 [= ²1992]), 65–67.
Art. ‚βῆμα', EWNT I (1980 [= ²1992]), 517–518.

1981
Jesus und die Tora. Erwägungen zu den Antithesen der Bergpredigt, in: Festgabe für Christoph Burchard. Zum 50. Geburtstag am 19. Mai 1981 von Kollegen, Freunden und Schülern, hg. v. H. THYEN (masch.), Heidelberg 1981, 133–160.

1983
Philon von Alexandreia und das „Heilige Land", in: Das Land Israel in biblischer Zeit. Jerusalem-Symposion 1981 der Hebräischen Universität und der Georg-August-Universität, Vorwort N. KAMP, hg. v. G. STRECKER, GTA 25, Göttingen 1983, 172–187.
Art. ‚Israel: A. Sprachgebrauch', TRT⁴ II (1983), 342–343.
Art. ‚Israel: C. Exilische bis römische Zeit; D. Von der Spätantike bis zur Neuzeit' [mit L.M. PÁKOZDY], TRT⁴ II (1983), 353–368.
Art. ‚Synagoge', TRT⁴ V (1983), 127–130.

1984

ΗΞΕΙ ΕΚ ΣΙΩΝ Ο ΡΥΟΜΕΝΟΣ. Zur Textgestalt von Jes 59:20f. in Röm 11:26f., in: De Septuaginta. Studies in Honour of John William Wevers on his Sixty-Fifth Birthday, hg. v. A. Pietersma/C. Cox, Mississauga, OT 1984, 201–206.

1989

Zur Komposition und Konzeption des Testaments Hiobs, in: Studies on the Testament of Job, hg. v. M.A. Knibb/P.W. van der Horst, SNTS.MS 66, Cambridge/New York/Port Chester/Melbourne/Sidney 1989, 46–92.

Der Reichspogrom 1938 und unsere Kirchen, KuI 4 (1989), 123–148.

Grabinschriften vom jüdischen Friedhof in Nörten, Northeimer Jahrbuch 54 (1989), 140–152.

Art. ‚Hasmonäer', EKL³ II (1989), 389–390.

Art. ‚Henoch', EKL³ II (1989), 489–490.

Art. ‚Herodes/Herodianer', EKL³ II (1989), 502–503.

Art. ‚Hoherpriester', EKL³ II (1989), 550–551.

1990

Das 4. Makkabäerbuch als Textzeuge der Septuaginta, in: Studien zur Septuaginta – Robert Hanhart zu Ehren. Aus Anlaß seines 65. Geburtstages hg. v. D. Fraenkel/U. Quast/J.W. Wevers, AAWG.PH 190, Göttingen 1990, 323–331.

Art. ‚Hiob', EdM VI, Berlin 1990, 1060–1064.

100 Jahre deutscher Rassismus, Skript, Druck Stadt Göttingen.

Übersetzung: Art. ‚Ἀδάμ', Exegetical Dictionary of the New Testament I (1990), 27–28.

Übersetzung: Art. ‚βῆμα', Exegetical Dictionary of the New Testament I (1990), 215–216.

1991

Ein jüdischer Grabstein aus der Stadtmauer von Hofgeismar, in: Juden – Hessen – Deutsche. Beiträge zur Kultur- und Sozialgeschichte der Juden in Nordhessen, hg. v. H. Burmeister/M. Dorhs, Die Geschichte unserer Heimat 8, Hofgeismar 1991, 20–21.

Die Fürbitte des Christus. Predigt über Lk 22,31.32, in: Gott lieben und seine Gebote halten – Loving God and Keeping bis Commandments. In memoriam Klaus Bockmühl, hg. v. M. Bockmuehl/H. Burkhardt, Gießen/Basel 1991, 344–348.

1992

Die Grabinschriften des jüdischen Friedhofs von Hedemünden [mit A. Markus], in: Hedemünden. Aus der Geschichte einer kleinen Ackerbürgerstadt bis zu ihrem Verzicht auf die Stadtrechte 1930, hg. v. H. Hampe, Hann. Münden – Oberrode 1992, 258–277.

„Judenmission" und christliches Zeugnis. Anmerkungen zu einem unzeitgemäßen, aber nötigen Streit, RKZ 133 (1992), 253–257.

Judenmission und christliches Zeugnis. Anmerkungen zu einem nötigen Streit, EvKomm 25 (1992), 638–641.

Nicht in der Abstraktion theologischer Glasperlenspiele. Das Gespräch zwischen Juden und Christen: Stand und Aufgabe, Evangelische Aspekte 2 (1992), 4–7.

Art. ‚Pharisäer', EKL³ III (1992), 1777–1778.

1993

Jüdische und christliche Messiaserwartungen. Vortrag im Pastoralkolleg „Jesus in jüdischer und christlicher Sicht" Loccum 3.2.1993, FÜI 76 (1993), 5–14.

1994

Jesus und der Sabbat. Franz-Delitzsch-Vorlesung 1992, FDV Heft 3, Münster 1994.

Probleme und Ergebnisse der Erforschung jüdischer Friedhöfe und ihrer Grabinschriften. Bericht aus der Arbeit im Göttinger Umfeld, in: Juden in Südniedersachsen, hg. v. R. SABELLEK, Schriftenreihe des Landschaftsverbands Südniedersachsen 2, Hannover 1994, 179–184.

Philo, Josephus und das sonstige griechisch-sprachige Judentum in ANRW und weiteren neueren Veröffentlichungen, ThR 59 (1994), 186–214.

Jesus der Jude. Gekürzte Fassung eines Vortrages am 2. Februar 1994 in der Marktkirche (Hannover), Marktkirche 1993/1994, hg. v. Kirchenvorstand der Marktkirchengemeinde, 22–30.

1995

Art. ‚Baeck, Leo', Deutsche Biographische Enzyklopädie (DBE) I (1995), 254– 255.

Art. ‚Buber, Martin', in: Deutsche Biographische Enzyklopädie (DBE) II (1995), 177– 179.

Die Erwählung Israels und das Selbstverständnis der Kirche, in: Juden und Christen, hg. v. R. BEMBENNECK, Falkenburger Blätter 16, Ganderkesee 1995 32–50.

Übersetzung: Art. ‚Ἀδάμ', Dizionario esegetico del Nuovo Testamento I (1995), 71–74.

Übersetzung: Art. ‚βῆμα', Dizionario esegetico del Nuovo Testamento I (1995), 570–571.

1996

Orte des Lehrens und Lernens: Cheder, Bet ha-Midrasch, Jeschiwa, Jüdische Hochschule, in: Jüdischer Glaube – Jüdisches Leben. Juden und Judentum in Stadt und Universität Göttingen, hg. v. E. MITTLER/B. SCHALLER, Göttingen 1996, 54.

[Mit-Hg.] Jüdischer Glaube – Jüdisches Leben. Juden und Judentum in Stadt und Universität Göttingen, hg. v. E. MITTLER/B. SCHALLER, Göttingen 1996.

Jüdisches Schrifttum, in: Jüdischer Glaube – Jüdisches Leben. Juden und Judentum in Stadt und Universität Göttingen, hg. v. E. MITTLER/B. SCHALLER, Göttingen 1996, 66–83.

Juden und Judentum an der Georgia Augusta, in: Jüdischer Glaube – Jüdisches Leben. Juden und Judentum in Stadt und Universität Göttingen, hg. v. E. MITTLER/B. SCHALLER, Göttingen 1996, 84–106.

Fragmente von Bibelhandschriften aus Göttingen, in: Jüdischer Glaube – Jüdisches Leben. Juden und Judentum in Stadt und Universität Göttingen, hg. v. E. MITTLER/B. SCHALLER, Göttingen 1996, 127–128.

Ein verschollenes und vergessenes Dokument jüdischen Lebens aus dem mittelalterlichen Arneburg, in: Theologisches geschenkt. Festschrift für Manfred Josuttis, hg. v. C. BIZER/ J. CORNELIUS-BUNDSCHUH/H.-M. GUTMANN in Zusammenarbeit mit R. KEUNECKE/ F. PRITZKE/U. TIMMERBERG-SCHUTT, Bovenden 1996, 205–208.

Aarons Segen. Predigt über 4. Mose 6,22–27, RKZ 137 (1996), 525–528.

Art. ‚Sabbat', EKL³ IV (1996), 1–6.

Art. ‚Sadduzäer', EKL³ IV (1996), 9–10.

Übersetzung: Art. ‚Ἀδάμ', Diccionario exegético del Nuevo Testamento I (1996), 81–84.

Übersetzung: Art. ‚βῆμα', Diccionario exegético del Nuevo Testamento I (1996), 646–647.

1997

„Judenmission" und Neues Testament. Die Rolle biblischer Texte im Streit über Auftrag und Absage, in: „Räumet die Steine hinweg". Beiträge zur Absage an die Judenmission, hg. v. S. VON KORTZFLEISCH/R. MEISTER-KARANIKAS, Hamburg 1997, 10–35.

Häuser des Lebens. Von der Beredsamkeit jüdischer Friedhöfe, in: Herausgeforderte Kirche. Anstöße – Wege – Perspektiven. Eberhard Busch zum 60. Geburtstag, hg. v. C. DAHLING-SANDER/M. ERNST/G. PLASGER, Wuppertal 1997, 133–139.

Jesus, ein Jude aus Galiläa. Zur Trilogie von Geza Vermes, EvTh 57 (1997), 552–559.

Art. ‚Feste: πάσχα', TBLNT (Neubearbeitung) I (1997), 456–458.

1998

Paralipomena Jeremiou, JSHRZ 1/8, Gütersloh 1998 [659–777].

Art. ‚Sabbat: III. Neues Testament', TRE XXIX (1998), 525–527.

Art. ‚Antisemitismus/Antijudaismus: III. Neues Testament (Ur- und Frühchristentum); IV. Christliche Antike bis zum Beginn des Mittelalters', RGG⁴ I (1998), 558–565.

Art. ‚Rosenzweig, Franz', Deutsche Biographische Enzyklopädie (DBE) VIII (1998), 402.

Art. ‚Scholem, Gershom', Deutsche Biographische Enzyklopädie (DBE) IX (1998), 105.

Art. ‚Schürer, Emil', Deutsche Biographische Enzyklopädie (DBE) IX (1998), 172.

Art. ‚Hannas', Der Neue Pauly (DNP) V (1998), 151.

Art. ‚Iotapata', Der Neue Pauly (DNP) V (1998), 1092–1093.

1999

4000 Essener – 6000 Pharisäer. Zum Hintergrund und Wert antiker Zahlenangaben, in: Antikes Judentum und Frühes Christentum. Festschrift für Hartmut Stegemann zum 65. Geburtstag, hg. v. B. KOLLMANN/W. REINBOLD/A. STEUDEL, BZNW 97, Berlin/New York 1999, 172–182.

Zukünftige Aufgaben der Gesellschaften für christlich-jüdische Zusammenarbeit, in: Der Dialog zwischen Juden und Christen, hg. v. H. ERLER/A. KOSCHEL, Frankfurt/New York 1999, 234–244.

Eröffnungsansprache zur Woche der Brüderlichkeit in Potsdam, in: bedenken. was trägt! Dokumentation der zentralen Eröffnung der Woche der Brüderlichkeit 1999, Deutscher KoordinierungsRat der Gesellschaften für Christlich-Jüdische Zusammenarbeit, Themenheft 1999, Bad Nauheim 1999, 16.

Art. ‚Christlich-jüdische Zusammenarbeit', RGG⁴ II (1999), 265–266.

2000

Introduction [zum Themenheft zu den Paralipomena Jeremiou, mit J.W. VAN HENTEN], JSPE 22 (2000), 3–8.

Is the Greek Version of the *Paralipomena Jeremiou* Original or a Translation?, JSPE 22 (2000), 51–89.

Paralipomena Jeremiou. Annotated Bibliography in Historical Order, JSPE 22 (2000), 91–118.

2001

Fundamenta Judaica. Studien zum antiken Judentum und zum Neuen Testament, hg. v. L. DOERING/A. STEUDEL, StUNT 25, Göttingen 2001.

Darin (a = neuer Beitrag; b = erstmals auf Deutsch publiziert; c = bearbeitete Fassung):

Philon von Alexandreia und das „Heilige Land", 13–27;

Zur Komposition und Konzeption des Testaments Hiobs, 28–66 (c);

Die griechische Fassung der Paralipomena Jeremiou: Originaltext oder Übersetzungstext?, 67–103 (b);

Die Sprüche über Ehescheidung und Wiederheirat in der synoptischen Überlieferung, 104–124 (c);

Jesus und der Sabbat. Franz-Delitzsch-Vorlesung 1992, 125–147 (c);

Jesus, ein Jude aus Galiläa. Zur Trilogie von Geza Vermes, 148–155;

Zum Textcharakter der Hiobzitate im paulinischen Schrifttum, 156–161;

ΗΞΕΙ'ΕΚ'ΣΙΩΝ'Ο'ΡΥΟΜΕΝΟΣ.'Zur Textgestalt von Jes. 59:20f. in Röm 11:26f., 162–166;

1 Kor 10,1–10(13) und die jüdischen Voraussetzungen der Schriftauslegung des Paulus, 167–190 (a);

Jesus der Jude. Gekürzte Fassung eines Vortrags am 2. Februar 1994 in der Marktkirche (Hannover), 191–200;

Jüdische und christliche Messiaserwartungen. Vortrag im Pastoralkolleg „Jesus in jüdischer und christlicher Sicht" Loccum 3.2.1993, 201–210.

„… denn er ist wie du …". Einer alten Übersetzung auf die Spur kommen, in: … denn er ist wie Du …. Themenheft 2001, hg. v. Deutscher KoordinierungsRat der Gesellschaften für Christlich-Jüdische Zusammenarbeit, Bad Nauheim 2001, 16–19.

Christianization of Ancient Jewish Writings [mit J.W. VAN HENTEN], JSJ 32 (2001), 369–370.

Art. ‚Jeremias, Joachim', RGG⁴ IV (2001), 424.

Art. ‚Jeremiaschriften: II.', RGG⁴ IV (2001), 424–425.

Art. ‚Judentum und Christentum: I. Probleme der Begriffsdefinition; II. Antikes Judentum',
RGG⁴ IV (2001), 628–630.

2002

Zur Methodologie der Datierung und Lokalisierung pseud- und anonymer Schriften dargestellt an Beispielen vornehmlich aus dem Bereich der JSHRZ, in: Jüdische Schriften in ihrem antik-jüdischen und urchristlichen Kontext, hg. v. H. LICHTENBERGER/G.S. OEGEMA, JSHRZ-St 1, Gütersloh 2002, 59–74.

… z. B. Familie Hahn: Gedenkstunde am Göttinger Platz der Synagoge [mit B. KRATZ-RITTER/L. SCHNEIDER-FELLNER], Schriften der Göttinger Gesellschaft für christlich-jüdische Zusammenarbeit 1, Göttingen 2002.

2003

Zwischen den Mauern. Der jüdische Friedhof zu Goslar an der Glockengießerstraße. Dokumentation der Grabstätten und Inschriften. Bearbeitet von B. SCHALLER/J. BEHNSEN, fotografiert von F. GEYER, hg. v. der Stadt Goslar, Fachbereich Kultur und Stadtgeschichte, Goslar 2003.

ΑΠΟΒΟΛΗ – ΠΡΟΣΛΗΜΨΙΣ. Zur Übersetzung und Deutung von Röm 11,15, in: Frühjudentum und Neues Testament im Horizont Biblischer Theologie. Mit einem Anhang zum Corpus Judaeo-Hellenisticum Novi Testamenti, hg. v. W. KRAUS/K.-W. NIEBUHR, unter Mitarb. v. L. DOERING, WUNT I 162, Tübingen 2003, 135–150.

Ergebnisse des christlich-jüdischen Dialogs können sich sehen lassen, epd Dokumentation, Der christlich-jüdische Dialog auf dem Prüfstand, 16. März 2004, 7.

„Haus des Lebens – Haus der Ewigkeit", Fundstücke. Nachrichten und Beiträge zur Geschichte der Juden in Niedersachsen und Bremen (2003), 13–16.

2004

Adam und Christus bei Paulus. Oder: Über Brauch und Fehlbrauch von Philo in der neutestamentlichen Forschung, in: Philo und das Neue Testament. Wechselseitige Wahrnehmungen, 1. Internationales Symposium zum Corpus Judaeo-Hellenisticum, 1.–4. Mai 2003, Eisenach/Jena, hg. v. R. DEINES/K.-W. NIEBUHR, WUNT I 172, Tübingen 2004, 143–153.

Die Zukunft des christlich-jüdischen Gesprächs und der christlich-jüdischen Zusammenarbeit, in: „Wenn nicht ich, wer? Wenn nicht jetzt, wann?" Zur gesellschaftspolitischen Bedeutung des Deutschen Koordinierungsrates der Gesellschaften für Christlich-Jüdische Zusammenarbeit (DKR), hg. v. CHR. MÜNZ/R. W. SIRSCH, Forum Christen und Juden 5, Münster 2004, 252–261.

Walter Proskauer: Rechtsanwalt. Rede anläßlich der Enthüllung einer Gedenktafel am 24.03.2004, Hainholzweg 68, Göttinger Jahrbuch 52 (2004), 175–177.

Art. ‚Rabbi, III. [Neues Testament]', RGG⁴ VII (2004), 4–5.

Art. ‚Sedrach-Apokalypse', RGG⁴ VII (2004),1088–1089.

2005
The Character and Function of the Antitheses in Matt 5:21–48 in the Light of Rabbinical Exegetic Disputes, in: The Sermon on the Mount and its Jewish Setting, hg. v. H.-J. BECKER/ S. RUZER, CRB 60, Paris 2005, 70–88.
Art. ‚Baeck, Leo', Deutsche Biographische Enzyklopädie (DBE), 2. Ausgabe, I (2005), 318.
Art. ‚Buber, Martin', in: Deutsche Biographische Enzyklopädie (DBE), 2. Ausgabe, II (2005), 146–147.

2006
Synagogen in Göttingen. Aufbrüche und Abbrüche jüdischen Lebens, Göttingen 2006.
Christus, „der Diener der Beschneidung …, auf ihn werden die Völker hoffen", in: Das Gesetz im frühen Judentum und im Neuen Testament. Festschrift für Christoph Burchard zum 75. Geburtstag, hg. v. D. SÄNGER/M. KONRADT, NTOA 57, Göttingen 2006, 261–285.

2007
„…, der Sohn des Israel". Das hebräische Grabsteinfragment aus dem mittelalterlichen Heidelberg – nochmals entziffert und neu rekonstruiert, Aschkenas 17 (2007/2), 565–571.
Art. ‚Rosenzweig, Franz', Deutsche Biographische Enzyklopädie (DBE), 2. Ausgabe, VIII (2007), 548.

2008
Paul Billerbecks „Kommentar zum Neuen Testament aus Talmud und Midrasch". Wege und Abwege, Leistung und Fehlleistung christlicher Judaistik, in: Judaistik und neutestamentliche Wissenschaft. Standorte, Grenzen, Beziehungen, hg. v. L. DOERING/H.-G. WAUBKE/F. WILK, FRLANT 226, Göttingen 2008, 61–84.
Jesus und der Sabbat, in: Interesse am Judentum. Die Franz-Delitzsch-Vorlesungen 1989–2008, hg. v. J.C. DE VOS/F. SIEGERT, MJSt 23, Berlin 2008, 172–193.
Art. ‚Scholem, Gershom', Deutsche Biographische Enzyklopädie (DBE), 2. Ausgabe, IX (2008), 167–168.
Art. ‚Schürer, Emil', Deutsche Biographische Enzyklopädie (DBE), 2. Ausgabe, IX (2008), 252–253.

2009
Paul Billerbecks „Kommentar zum Neuen Testament aus Talmud und Midrasch". Wege und Abwege, Leistung und Fehlleistung christlicher Judaistik, in: Zwischen Zensur und Selbstbesinnung: Christliche Rezeptionen des Judentums. Beiträge des von der Alfried Krupp von Bohlen und Halbach-Stiftung geförderten interdisziplinären Symposiums am 15.–16. Februar 2007 im Alfried Krupp Wissenschaftskolleg Greifswald; Julia Männchen zum 70. Geburtstag, hg. v. C. BÖTTRICH/J. THOMANEK/Th. WILLI, Greifswalder theologische Forschungen 17, Frankfurt am Main u. a. 2009, 149–173.

2010
Die Rolle des Paulus im Verhältnis zwischen Christen und Juden, in: Between Gospel and Election – Explorations in the Interpretation of Romans 9–11, hg. v. F. WILK/J.R. WAGNER, unter Mitarb. von F. SCHLERITT, WUNT I 257, Tübingen 2010, 1–36.

Im Steilhang. Der jüdische Friedhof zu Adelebsen. Erinnerung an eine zerstörte Gemeinschaft [mit E. DIETERT], Göttingen 2010.

2011
Anhang: Dokumentation der Grabsteine des jüdischen Friedhofs [mit B. GELDERBLOM], in: B. GELDERBLOM, Die Juden von Hameln von ihren Anfängen im 13. Jahrhundert bis zu ihrer Vernichtung durch das NS-Regime. Holzminden 2011, 194–295.

2013
Programm „Entjudung": Walter Grundmann – NS-Theologe und Mann der Kirche 1922–1945 und 1945–1976, Leqach 11 (2013), 31–66.

2014
Spuren jüdischer Geschichte zwischen Solling und Weser. Die Synagogengemeinden Bodenfelde-Uslar-Lippoldsberg und Lauenförde [mit D. HERBST], Holzminden 2014.

2017
Synagogen in Göttingen. Aufbrüche und Abbrüche jüdischen Lebens, 2. überarb. und erg. Aufl., Göttingen 2017.

Benno Jacob – Rabbiner in Göttingen (1891–1906), Göttingen 2017 (auch als freie Onlineversion: https://univerlag.uni-goettingen.de/bitstream/handle/3/isbn-978-3-86395-296-9/schaller_jacob.pdf?sequence=3 [Stand: 4.3.2021]).

2018
[Mit-Hg.] Evangelisch-Reformierte Gemeinde Göttingen. Archiv 1713–2012, hg. v. M. BLÄNKNER/U. JUSTUS/G. KORBEL/M. NIELSEN/B. SCHALLER/G. WEHR, Göttingen 2018; 2. Aufl., 2018.

2021
Juden und Judentum an der Georgia Augusta. Beitrag zur Göttinger Universitätsgeschichte, Göttinger Jahrbuch 68 (2020), 35–59 (erschienen 2021).

Christlich-akademische Judentumsforschung im Dienst der NS-Rassenideologie und -Politik. Der Fall des Karl Georg Kuhn, JRGK 31, Göttingen 2021.